Couvertures supérieure et inférieure manquantes

LE
THÉÂTRE DE LA FOIRE

LA COMÉDIE ITALIENNE

ET

L'OPÉRA-COMIQUE

PREMIÈRE SÉRIE, DE 1658 A 1720

TYPOGRAPHIE FIRMIN-DIDOT. — MESNIL (EURE).

LE
THÉÂTRE DE LA FOIRE

LA COMÉDIE ITALIENNE

ET

L'OPÉRA-COMIQUE

RECUEIL DE PIÈCES CHOISIES

Jouées de la fin du XVIIe siècle aux premières années du XIXe siècle

AVEC ÉTUDE HISTORIQUE, NOTES ET TABLE CHRONOLOGIQUE

PAR

MAURICE DRACK

PREMIÈRE SÉRIE

1658 A 1720

PARIS
LIBRAIRIE DE FIRMIN-DIDOT ET Cie
IMPRIMEURS DE L'INSTITUT, RUE JACOB, 56

1889

HISTOIRE
DES
THÉÂTRES DE LA FOIRE
ET DE LA COMÉDIE ITALIENNE.

PREMIÈRE PÉRIODE.
1678-1720.

Nous ne pouvons avoir ici la prétention de conter par le menu l'histoire des spectacles forains. En effet, nous ne disposons que de quelques pages pour dire ce que les écrivains spéciaux qui ont étudié cette question à fond ont développé en plusieurs volumes.

Le but de notre étude est surtout de montrer par quelles formes successives a passé la pièce à couplets, la comédie accompagnée d'ariette, la farce musicale avant d'arriver à la création de ce genre, très exclusivement propre au génie français qu'on appelle l'opéra-comique.

La filiation est facile à suivre et l'histoire en est intéressante. Les directeurs de scènes foraines, après avoir borné leur ambition à produire des acrobates, à montrer des phénomènes, à combiner des divertissements où les danseurs, les jongleurs et les équilibristes avaient une part égale, excités par le succès des boniments débités sur leurs tréteaux, encouragés par la curiosité du public, profitant d'une tolérance qui ne devait pas être de longue durée, entreprirent de donner des saynètes et des vaudevilles au public spécial qui fréquentait les foires, tout comme les scènes des boulevards ou les théâtres privilégiés de la ville.

Mais cette audace devait naturellement soulever des tempêtes. Les troupes à privilège se plaignirent de la concurrence et la lutte engagée devant les tribunaux de différents ressorts dura, avec des alternatives diverses, suivant les influences qui se mêlaient de la question, presque autant que la faveur de nos grandes foires.

Nous allons esquisser rapidement les phases de cet interminable procès, sans perdre de vue le but principal de cette étude, c'est à dire les origines et les formes primitives du vaudeville et de l'opéra-comique.

Piganiol de la Force, l'un des historiens du vieux Paris, compte quatre foires importantes seulement, qu'il énumère ainsi : « celle du Temple, celle aux Jambons, celle de Saint-Germain et celle de Saint-Laurent. » Il en omettait deux : la foire Saint-Clair et la foire Saint-Ovide.

Mais de ces réunions populaires deux seulement comptent dans l'histoire du théâtre en France et méritent de retenir notre attention : la FOIRE SAINT-LAURENT et la FOIRE SAINT-GERMAIN.

Dans les autres foires on voyait bien figurer des saltimbanques et des bateleurs, mais les entrepreneurs de spectacles se réservaient pour celles dont la durée leur permettaient d'espérer des recettes en rapport avec les frais qu'ils étaient forcés de faire.

La FOIRE SAINT-LAURENT, établie sur les terrains de l'enclos Saint-Lazare, s'étendait dans l'espace compris entre les rues du Faubourg Saint-Denis et du Faubourg Saint-Martin, au-dessus de l'église Saint-Laurent, à peu près sur les terrains où se trouve installée aujourd'hui la gare du chemin de fer de l'Est.

En 1663 les procureurs de la congrégation des missions, qui avaient l'exploitation de ces terrains, firent construire, pour la commodité des marchands forains leurs locataires, huit halles principales qui furent augmentées bientôt de quatre nouvelles halles, le tout avec auvents de trois pieds et demi sur chaque face.

Le préau des spectacles était situé à l'extrémité des halles et tout entouré de jardins remplis de restaurants, de cabarets et de guinguettes.

La FOIRE SAINT-LAURENT durait trois mois et s'ouvrait, dans la plus belle saison de l'année, du 28 juin au 29 septembre.

C'était la grande foire du peuple, par excellence, car sa rivale la FOIRE SAINT-GERMAIN avait plus particulièrement la clientèle des gens de cour et des élèves de l'université.

La FOIRE SAINT-GERMAIN, établie sur les dépendances de l'abbaye Saint-Germain des Prés, était de toutes les foires la plus ancienne, car il en est déjà fait mention dans une charte de 1176.

A partir du quinzième siècle elle fut fixée définitivement au mois de février. Elle s'ouvrait au commencement de ce mois, le lendemain de la Chandeleur et se prolongeait jusqu'au dimanche des Rameaux, ne prenant fin de la sorte qu'à la semaine sainte.

Elle occupait l'emplacement dont le marché Saint-Germain tient aujourd'hui une notable partie et, des abords de Saint-Sulpice et de la rue de Tournon, descendait aux environs du carrefour où la rue de Buci coupe la rue de Seine.

Jean Brioché fut le premier qui ouvrit un théâtre à la foire Saint-Germain. C'était en 1646, mais ses acteurs étaient des marionnettes. Datelin, puis Archambault lui succédèrent attirant le public à leurs loges.

Mais la première scène occupée par une véritable troupe fut celle du Jeu de Paume d'Orléans ouverte à la foire Saint-Germain en l'année 1678. C'est là que fut jouée la pièce par laquelle s'ouvre ce recueil : *Les Forces de l'Amour et de la magie*, la seule dont le texte ait été conservé de cette période et qui avait été composée par Maurice Vondrebeck et Charles Alard, que la brochure qualifie de *Paristen*.

Comme on le verra, les danseurs et les acrobates tiennent une large place dans cet imbroglio féerique.

Pendant les années qui suivirent, jusqu'en 1697, on cite plusieurs troupes de sauteurs et de danseurs de corde, ayant alternativement leurs loges (c'étaient de véritables baraques foraines), à la foire Saint-Germain. C'étaient les troupes des frères Alard, d'Alexandre Bertrand et de Maurice Vondrebeck. Toutes ces compagnies tour à tour s'étaient plus ou moins risquées à représenter des pièces en couplets à la façon des *Forces de l'Amour et de la magie*, mais qui n'ont pas été conservées ni imprimées, n'étant que des improvisations des chefs de troupes.

Un événement considérable dans le monde des théâtres vient leur donner l'ambition de mieux faire.

Les Italiens de la rue Mauconseil (Hôtel de Bourgogne) eurent le malheur de déplaire à Mme de Maintenon. L'annonce d'une pièce intitulée : *La Fausse Prude* avait mis la cour en émoi. Quelques-uns s'y promettaient revanche et scandale. Le lieutenant général de la police intervint et le théâtre de la rue Mauconseil fut fermé.

C'étaient pour les forains une belle occasion d'attirer à eux le public habituel de la Comédie italienne. Ils s'empressèrent d'en profiter, engagèrent les artistes que l'ordonnance du lieutenant-général privait de leur emploi et représentèrent dans leurs loges des bribes du répertoire italien.

Mais avant de les suivre dans cette tentative qui

devait profiter à l'Opéra-Comique nous devons parler de cette comédie italienne qu'on venait brutalement d'interdire et qui depuis des années faisait les délices de la bonne société parisienne, jouant à peu près, à côté de l'Opéra et des comédiens français, le rôle du moderne Palais-Royal, des Variétés et de l'ancien Vaudeville.

Les troupes italiennes avaient été en grande faveur au commencement du dix-septième siècle. Et cela s'expliquait par la mode imposée par les reines italiennes, qui avaient communiqué le goût de leur langue natale à tous les gens de leur entourage, où figuraient déjà de nombreux gentilshommes venus d'au delà des monts.

Pendant une cinquantaine d'années, on parla couramment l'italien, et d'autant plus volontiers, que c'était montrer qu'on tenait à la cour.

Mais après la majorité de Louis XIV la mode changea. Le roi devint le centre de tout. Et l'on se piqua surtout de parler un français correct.

Les comédiens de la troupe italienne de l'hôtel de Bourgogne s'aperçurent vite, à la diminution de leurs recettes, de ce changement d'habitudes de la cour. Leurs lazzis n'étant plus compris parurent vides de sens et l'on s'en fatigua. La salle devint déserte.

Dominique, le célèbre arlequin, dont le jeu avait été si goûté du public, voulut essayer de ramener la foule à son théâtre et un beau soir il mêla à son canevas italien des phrases françaises. La tentative plut aux uns, mais choqua les autres. Il y a toujours d'ardents détracteurs de toute nouveauté. Dominique eut la fermeté de persévérer. Ses camarades l'imitèrent et bientôt Mezzetin, Scapin, Octave, Aurélio, le Docteur, Scaramouche, Pierrot, Léandre, Isabelle, Colombine, Marinette et la Chanteuse; c'est-à-dire tous les personnages de la Comédie italienne se mirent à jouer en français et virent le public accourir en masse pour les applaudir.

Dès lors il leur fallut renouveler leur répertoire, les scènes italiennes n'étant plus qu'un accessoire dans le spectacle, et ils se mirent à la recherche d'auteurs capables de leur donner non plus des canevas qu'ils pussent broder à leur guise et selon leur fantaisie, mais de véritables comédies dialoguées et intriguées, au moins un peu plus soigneusement que les pièces de leur ancien répertoire.

Fatouville, Montchesnay, Regnard et Dufresny furent pendant cette période les principaux fournisseurs de la Comédie italienne.

Regnard y fit ses débuts, préludant par de joyeuses farces à sa carrière dramatique qui devait avoir tant d'éclat à la Comédie française.

De ses nombreuses pièces, qui firent les beaux soirs de l'hôtel de Bourgogne de 1688 à 1697, nous en avons choisi trois, que nous reproduisons dans ce volume :

Le Divorce, La Coquette ou *l'Académie des Dames*, et la *Foire Saint-Germain*. »

La dernière fut écrite en société avec Dufresny.

Lors de l'ordonnance de 1697 qui fermait le théâtre de la rue Mauconseil et dispersait la troupe italienne, Regnard avait déjà commencé à travailler pour les comédiens français. Le *Joueur* est de 1696, le *Distrait* de 1697.

Les directeurs des spectacles forains, lorsqu'ils voulurent attirer à eux les habitués de la Comédie italienne comprirent l'insuffisance de leurs loges pour retenir un public désireux de ses aises et pouvant payer en conséquence. Et c'est de cette époque que date la construction à la foire Saint-Germain et à la foire Saint-Laurent de salles de spectacles coquettes et confortables.

Mais si le public tint compte aux directeurs des théâtres de la foire de leurs efforts pour le satisfaire, si le succès le plus vif répondit à leur attente, leur exploitation ne laissa pas que de se heurter à de grosses difficultés.

Les comédiens français jaloux de leurs privilèges et qui sans doute avaient cru trouver grand profit à la fermeture de la Comédie italienne, s'irritèrent de voir les forains construire des salles de spectacles et se poser en concurrents sérieux.

Ils portèrent plainte au lieutenant de police, obtinrent une première fois gain de cause. Mais les forains en appelèrent au Parlement. Le procès traîna jusqu'en 1703. Alors le Parlement ayant confirmé les sentences de police, ils s'ingénièrent à tourner la prohibition de donner des farces et comédies.

Ils jouèrent d'abord des scènes sans suite, coupées par des intermèdes. Nouvelles plaintes, nouvelles sentences, nouvel appel. Tout le monde bientôt se mêla de ce procès. L'abbé de Saint-Germain, cardinal d'Estrées crut devoir intervenir. Mais le Parlement mit à néant toutes les oppositions et il fallut se résigner. Ceci se passait en 1707.

Mais la résignation fut féconde en trouvailles. On commença par donner des monologues, mais des monologues d'un genre particulier. Chaque acteur après avoir débité sa tirade rentrait dans la coulisse, un autre lui succédait et seul en scène répliquait au précédent, puis il se retirait pour faire place à un troisième et ainsi de suite ; cette série de monologues finissait par composer une action.

Les monologues furent à leur tour dénoncés au parlement et condamnés en 1708. La résistance fut tentée. Mais les comédiens français envoyèrent des huissiers et des charpentiers qui démolirent et brûlèrent les salles foraines.

Là-dessus nouveau conflit et les comédiens pour avoir excédé leurs droits sont condamnés à 6,000 livres de dommages et intérêts.

Si nous voulions raconter tot' la série des procès intentés aux forains par les comédiens français, il nous faudrait enregistrer trop d'arrêts contradictoires.

Enfin certains directeurs trouvèrent un procédé ingénieux pour sauvegarder leur exploitation. Ils achetèrent à beaux deniers comptants des directeurs de l'Opéra l'autorisation de mêler le chant à leurs comédies. Et de la sorte ils échappèrent aux revendications de leurs infatigables adversaires.

C'est de cette période que datent les pièces de Lesage et de Dorneval que nous donnons dans le premier volume de cette série. Seule la pièce intitulée *Arlequin roi de Serendib* a été représentée par une troupe qui, se trouvant en butte aux tribulations variées qu'imposait la Comédie française à ses adversaires, avait dû adopter le procédé des écriteaux à chanter dont on trouvera l'explication curieuse dans la notice qui précède cette pièce.

Cette période se termine par le triomphe des troupes foraines exploitant le genre opéra-comique, que nous allons voir se développer encore de 1720 à 1752, époque où les couplets sur des airs connus céderont la place à la musique nouvelle, spécialement composée pour la pièce représentée.

FOIRE SAINT-GERMAIN.

LES FORCES

DE

L'AMOUR ET DE LA MAGIE

DIVERTISSEMENT COMIQUE EN TROIS INTERMÈDES

PAR MAURICE VONDREBECK ET CHARLES ALARD, *Parisien*

Représenté le 3 février 1678 par les Sauteurs établis au Jeu de Paume d'Orléans, à la foire Saint-Germain.

Cette pièce est la plus ancienne du théâtre de la Foire dont il nous soit resté le texte imprimé. Elle donne une idée de ce que pouvaient être ces spectacles dans les dernières années du dix-septième siècle. Le droit de faire parler les artistes en scène et de leur faire jouer une sorte d'action n'était toléré alors que par le mélange de ces personnages avec des sauteurs et des acrobates. Grâce aux machineries, aux intermèdes de danse, aux sauts périlleux des farceurs les comédiens privilégiés de l'hôtel de Bourgogne ne s'opposaient pas à ce que les acteurs de la foire prissent la parole, encore leur fallait-il l'autorisation du lieutenant général de la police.

Le texte que nous donnons ici n'est à vrai dire qu'un canevas sur lequel il devait être permis à l'acteur de broder tout à son aise, au mieux de ses inspirations. *Les Forces de l'amour et de la magie* sont de l'invention de deux directeurs associés qui avaient formé une troupe de vingt-quatre danseurs et sauteurs d'une habileté fort vantée « Sauteurs de tous les pays, dit un contemporain, et les plus illustres qui aient jamais paru en France. »

Ces deux directeurs se nommaient Maurice Vondrebeck et Charles Alard. Ils se transportaient, selon la saison, avec leur *loge* de la foire Saint-Germain à la foire Saint-Laurent.

PERSONNAGES.

ZOROASTRE, magicien, amant de Grésinde.
GRÉSINDE, bergère.
MERLIN, valet de Zoroastre.
PLUSIEURS SAUTEURS sur des piédestaux.
QUATRE SAUTEURS en démons.
QUATRE SAUTEURS en bergers.
QUATRE SAUTEURS en polichinelles.

LES FORCES
DE
L'AMOUR ET DE LA MAGIE.

PREMIER INTERMÈDE.

La décoration du théâtre représente une grande forêt. On voit dans les côtés des ailes du théâtre quantité de sauteurs, sur des piédestaux. Après que les hautbois ont joué une ouverture fort agréable, on voit paraître un acteur, sous le nom de MERLIN.

SCÈNE I.

MERLIN, seul.

Amour, amour, chien d'amour, coquin d'amour, maraud d'amour, quoi! Jamais de repos! Dieux! faut-il être né sous une planette si malheureuse, pour être né valet, et valet d'un maître plus diable que le diable; qui ne passe sa vie et son tems qu'à lire des grammaires, qui n'a pour divertissement que des sorciers. Pour son manger, les ragoûts sont friands : vipères, crapauds et crocodiles. Ce ne seroit que demi-mal; mais il est, par-dessus ces belles qualités, amoureux. Il aime une bergère; mais il n'a pu jusqu'ici percer le cœur de cette pauvre brebis. Elle n'a, ma foi, pas tout le tort, car si une fois il s'en étoit rendu le maître, elle n'entendroit pour toute musique que hurlemens; ses beaux yeux ne verroient que Démons, que Furies et qu'Enfer, et ses belles dents d'ivoire ne seroient occupées qu'à ronger des aspics et des couleuvres. La seule pensée m'en fait frémir, car il me semble que je suis entouré de ces messieurs.

(Un crapaud paroît.)

En voilà un qui me prie à dîner : Ah! monsieur le crapaud, je vous remercie de tout mon cœur; je n'ai nul appétit.

(Un démon paroît en tourbillon.)

En voici un autre qui m'invite à la promenade.... Monsieur Astaroth, je vous rends mille grâces; mon médecin m'a défendu l'exercice.

(On voit un sauteur qui semble voler d'un bout à l'autre.)

En voici un autre : c'est un des valets de chambre de mon maître. J'ai trop tardé, il faut chercher Grésinde et m'acquitter de la commission que le magicien m'a donnée.

(Il fait un saut.)

SCÈNE II.

GRÉSINDE, MERLIN.

GRÉSINDE.

M'apportez-vous quelque bonne nouvelle?

MERLIN.

Entre deux.

GRÉSINDE.

Comment! Zoroastre n'est pas guéri de son extravagante passion?

MERLIN.

C'est-à-dire qu'il est gâté, plus empesté et plus amoureux que jamais de votre belle et charmante fressure (1).

GRÉSINDE.

Dis-moi, mon cher Merlin, est-il possible que tu m'abandonnes, et que tu ne fasses pas tous tes efforts pour me délivrer de cet importun?

MERLIN.

Voulez-vous que je vous parle net : — Mon maître est mon

---

(1) Au propre, *fressure* dont l'étymologie reste obscure signifie le *cœur*, le *foie* et par suite au figuré s'entendait des organes où s'éveillent les désirs. La Fontaine a dit :

Telle censure	De ma fressure
Ne fut si sûre	Dame Luxure
Qu'elle espérait	Já s'emparait.

Merlin emploie ici le mot *fressure* dans le sens de *joli minois*.

maître, et ses démons sont plus diables que les miens. Quand je prends la liberté de lui dire qu'il vaudroit mieux qu'il aimât une magicienne qu'une bergère, parce que, ce me semble, la garniture en seroit mieux assortie, si vous étiez témoin, aimable Grésinde, des contorsions et des grimaces que mon magicien fait, vous en seriez surprise ; et si je m'obstine à vouloir vous servir, les coups de bâton se mettent de la partie, et je suis régalé comme un enfant de bonne maison.

GRÉSINDE.

Cela n'est rien ; prends patience jusqu'au bout : je ne serai point ingrate.

MERLIN.

Mes épaules sont à votre service autant qu'il leur plaira ; mais quand elles seront bien lasses et bien fatiguées, vous trouverez bon, s'il vous plaît, que je me dispense de parler en votre faveur.

(Quatre sauteurs en démons paraissent.)

GRÉSINDE.

Dieu ! que vois-je ! miséricorde ! Amour, prends pitié de mes douleurs, et sauve-moi de tomber entre les mains de Zoroastre que je hais plus que la mort.

MERLIN.

Ah ! ma foi, me voilà étrillé comme il faut. Ce sont les domestiques de mon maître, qui lui servent d'espions, et qui vont en votre présence me donner de fortes et vigoureuses assurances de cette vérité. Que je serai heureux, s'ils ne me rompent que deux ou trois côtes !

(Les démons le battent en faisant des pas figurés.)

Ah ! messieurs, doucement, je vous prie ; comme camarade, épargnez la bastonnade..... Songez à vous, bergère, mon maître vous invite ce soir à un divertissement qu'il vous a préparé ; faites-lui bonne mine ; contraignez-vous, et si le cœur ne vous dit rien pour lui, dussé-je être assommé, je vous servirai de mon reste.

(Les Démons sortent.)

SCÈNE III.

MERLIN, seul.

Ah ! Démons impitoyables ! Si jamais je fais le voyage d'enfer, je vous ferai tous enrager. Je romprai les serrures des portes, j'abattrai les murs des Champs-Élisées, je brûlerai tous vos lauriers, j'ouvrirai tous les tombeaux, afin que les morts vous donnent cinq cents croquignoles; je barbouillerai Pluton, je ferai la grimace à Rhadamanthe, je prendrai la place de Minos; j'insulterai Caron, je briserai toutes ses rames, je ferai que la mer engloutisse tous les passans, et que Caron s'engloutisse lui-même... M'en voilà quitte, et j'ai enfin évité la barbarie de ces diablotins.

(Les Démons reviennent.)

Mais j'ai compté sans mon hôte, et je vois bien que je suis destiné à mourir sous le bâton. Il faut pourtant défendre ma peau et, par ruse ou par adresse, me tirer de ce mauvais pas. Mais comment faire?

(Merlin regarde les sauteurs qui sont sur leurs piédestaux.)

Il faut que je prenne la place d'un de ces messieurs; mais à qui m'adresser? C'est à toi que j'en veux; ta physionomie me déplaît.

(Il fait descendre un sauteur et saute en sa place.)

Ote-toi de là, et fais place à Merlin qui est plus honnête homme que toi.

(Les Démons reviennent et font mouvoir les statues en faisant des pas figurés.)

Ma foi, je n'y sçais plus rien, et je vois bien que mes épaules ni mes bras ne sont pas suffisans pour me tirer d'affaire. Il faut encore me rompre le col. Ah! maudite magie! maudite magie! maudit destin!

(Ils font ici tous des sauts périlleux.)

Sautons et mourons en homme d'honneur.

DEUXIÈME INTERMÈDE.

SCÈNE I.

ZOROASTRE, MERLIN.

ZOROASTRE.

Merlin, Merlin!

MERLIN.
Que vous plaît-il, monsieur?

ZOROASTRE.
Va-t'en dans mon cabinet, apporte mon livre, un réchaud, des bouteilles, et tout ce que tu trouveras sur ma table.

MERLIN.
Voilà justement un préparatif pour régaler Grésinde; et vous allez travailler à la réjouir de la belle manière. (A part.) Pauvre bergère, que je te plains! (Il sort.)

SCÈNE II.

ZOROASTRE, seul.

C'est à ce coup, belle Grésinde, c'est à ce coup que je viendrai à bout de vos rigueurs, et les Démons m'ont promis de me servir d'une manière que vous ne pourrez pas vous en dédire. Et toi, amour, qui m'as blessé de tes flèches les plus perçantes, achève ton ouvrage, et fais en sorte que ma bergère soit touchée de ma passion. Je me suis engagé de la régaler; je veux tenir ma promesse et enfin vaincre ou périr.

(Les Démons apportent la table et tout ce que le magicien a demandé.)

SCÈNE III.

ZOROASTRE, MERLIN.

MERLIN.
Voilà tout, monsieur, voilà la boutique, voilà les poteries, voilà les ingrédients; (à part) voilà les diables qui te puissent emporter. (Haut.) Faites du moins la sauce si bonne que tout le monde en puisse manger.

ZOROASTRE.
Ne te mets point en peine, je veux te régaler comme il faut, et te faire voir si Zoroastre sçait venir à bout de ses desseins... La bergère ne s'est pas voulu rendre à mes soumissions; je veux me servir de la force de ma magie.

(Il compose son charme.)

MERLIN.
Ah! monsieur, que j'ai vu une belle magicienne!

ZOROASTRE, sans l'écouter.

Que ma bergère est aimable !

MERLIN.

Mais, monsieur, vous ne voulez point entendre...

ZOROASTRE.

Tais-toi, coquin, ou mes valets de chambre...

MERLIN.

Ma foi, vous devez leur payer largement leurs gages, s'ils vous servent aussi exactement en tout ce que vous leur commandez, comme ils ont fait sur mon pauvre dos. Ils vous ont obéi amplement, j'en suis caution, à la vérité un peu rudement.

ZOROASTRE, riant.

C'est pour t'apprendre ton devoir, et tu ne seras pas si longtemps une autre fois à faire ce que je te commande.

MERLIN, lui montrant Grésinde qui arrive.

On ne peut plus juste ni plus régulièrement. Voyez.

SCÈNE IV.

GRÉSINDE, ZOROASTRE, MERLIN.

ZOROASTRE, abordant Grésinde.

Je vous suis obligé, aimable bergère, de votre visite ; c'étoit à moi à vous aller rendre mes devoirs, pour vous renouveler l'offre de mes services et de mon cœur ; mais vous sçavez que mes occupations me dispensent de sortir de cette retraite que les Dieux ne m'ont accordée pour mon séjour qu'à la condition que je n'en sortirais jamais : trop heureux, puisque vous avez choisi le même lieu pour y passer solitairement vos jours, et je le serais tout à fait, si vous vouliez faire la félicité de Zoroastre.

GRÉSINDE.

Je vous suis obligée de tous ces sentiments, mais contentez-vous de mon estime ; et puisque vous m'avez conviée à me faire voir le divertissement que vous m'avez préparé, je viens pour y prendre part, et j'amène avec moi des bergers qui, par leurs pas, tâcheront à vous donner par avance des marques de ma reconnaissance.

(Quatre sauteurs en bergers dansent une entrée.)

LES FORCES DE L'AMOUR ET DE LA MAGIE.

ZOROASTRE.

Rien n'est si agréable; mais mon amour et mes respects ne pourront-ils point fléchir la dureté de votre cœur?

(Un Danseur danse une entrée, les bergers en dansent une nouvelle, ensuite un sauteur en Arlequin danse une gigue.)

MERLIN, bas à Grésinde.

Tenez ferme, ou rendez-vous. Choisissez, car, par ma foi, vous allez voir beau jeu; et surtout gardez-vous bien de manger de notre souper.

GRÉSINDE, à Zoroastre.

Faites-moi donc voir ce que vous m'avez préparé.

Le magicien fait apporter une table, et, avec sa baguette, fait des conjurations et des cercles; ensuite il lève trois gobelets qui sont sur cette table, les montre et les remet; en les relevant, il en sort trois singes qui font quantité de sauts et se rangent au côté du théâtre. Il reprend le gobelet du milieu, le montre, et le remet; il le relève, et il en sort un pâté, duquel on voit voler quantité de serpents ailés. Il donne ensuite un coup de baguette sur la table. Deux Démons enlèvent la table, et il paroit un nouveau Démon qui fait des sauts périlleux avec des singes; ces sauts épouvantent la bergère qui semble forcée de se rendre.

GRÉSINDE.

C'en est assez, je vois bien qu'il faut que je cède à la force, et puisque, pour éviter ma mort, il faut se rendre, je vous prie de chasser vos Démons, et donnez-moi le temps de vous parler.

ZOROASTRE, s'adressant aux Démons.

Rentrez dans vos cachots; allez, je suis content; la bergère est adoucie, et je suis trop heureux.

(Les Démons et les Singes font de nouveaux sauts et s'en vont.)

MERLIN, riant.

Cela s'appelle, en bon françois, se faire aimer à coups de bâton.

ZOROASTRE.

Eh bien, bergère, que faut-il que j'espère?

GRÉSINDE.

Tout ce que vous voudrez. Je ne vous demande que deux heures pour me remettre de ma frayeur. Je m'en vais dans ma cabane, et je reviens.

ZOROASTRE.

Dieux! Que je suis content! Merlin accompagne ma bergère, et ne la quitte pas.

(Quatre sauteurs en Polichinelles forment une entrée qui finit ce second intermède.)

TROISIÈME INTERMÈDE.

SCÈNE I.

GRÉSINDE, MERLIN.

GRÉSINDE.
J'ai promis et je me suis engagée contre ma résolution et contre les sentiments de mon cœur. Merlin je suis au désespoir; conseille-moi.

MERLIN.
Dites-lui que vous êtes Normande.

GRÉSINDE.
Ne raille point, je te prie, et dis-moi ce que je dois faire.

MERLIN.
Tuez-vous, vous en serez débarrassée; mais non, il vaut mieux être la femme d'un sorcier, que de devenir une habitante du séjour de Pluton.

GRÉSINDE, après avoir un peu rêvé.
Attends, j'ai encore ma ressource à Junon. Elle aura pitié de mes maux : elle ne m'a jamais abandonnée, j'en suis sûre. Va-t'en trouver le magicien, amuse-le, et je reviens.

SCÈNE II.

ZOROASTRE, MERLIN.

MERLIN.
Le voici tout à propos. Seigneur, la bergère est fille de parole; elle l'avoit promis, et vous savez que les femmes n'en manquent jamais.

ZOROASTRE, d'un air content.
Je me suis fait heureux; mes Démons ont fait leur devoir et m'ont bien servi.

MERLIN.

Si vous vouliez, pour mes gages, me faire quelque petit sortilège pour obliger ma maîtresse à aimer le pauvre Merlin, je vous servirois encore de bon cœur six mois, par-dessus le marché.

ZOROASTRE.

Je le veux bien, et il ne t'en coûtera autre chose que de me bien servir; suis-moi et tu seras content.

SCÈNE III.

GRÉSINDE, seule.

Junon m'a promis de me secourir, et je viens pour en recevoir des assurances.

SCÈNE IV.

ZOROASTRE, GRÉSINDE, MERLIN.

ZOROASTRE.

Voici, charmante bergère, voici le jour heureux où mes vœux seront satisfaits. Souffrez que je vous embrasse.

(La bergère disparait, et en sa place un Démon fait un saut périlleux du haut du cintre.)

MERLIN.

Ma foi, pour ce coup, la bergère est plus magicienne que vous; vous voilà pris, et elle est du moins aussi bien servie.

ZOROASTRE, après avoir rêvé.

J'en devine la cause, Merlin; les Dieux se sont mêlés de cette affaire, et je suis puni de la violence que j'ai voulu faire à la bergère.

SCÈNE V.

MERLIN, seul.

Ma foi je m'en tiens à cette maxime : *Tout par amitié et rien par force.* Je renonce au charme que le magicien veut faire pour moi, et je ne veux, pour charmer ma maîtresse, que ma beauté et ma gentillesse.

Il danse une sarabande à neuf postures, dont voici les noms :

    1° L'Escalier.
    2° Le Berceau.
    3° La Fontaine.
    4° La Grande route.
    5° Le Fanal.
    6° La Pyramide.
    7° Les Chevrons.
    8° Les Forces de la Magie.
    9° La grande Posture.

FIN DES FORCES DE L'AMOUR ET DE LA MAGIE.

COMÉDIE ITALIENNE.

LE DIVORCE

COMÉDIE EN TROIS ACTES

PAR JEAN-FRANÇOIS REGNARD.

Jouée pour la première fois sur le théâtre de l'hôtel de Bourgogne,
le 17 mars 1688.

Le *Divorce* est la première œuvre dramatique de Regnard. Il était né en 1655, la pièce fut jouée en 1688; il avait alors trente-trois ans et une fort belle situation de fortune. L'héritage paternel et ses gains personnels lui avaient permis d'acheter une charge de trésorier de France au bureau des finances de Paris. Il occupait une belle maison au haut de la rue Richelieu, où il recevait tous les beaux esprits et les grands viveurs du temps. Et sa gaîté naturelle, aussi bien que ses relations avec les principaux écrivains dramatiques de son temps, devait l'entraîner à porter sur la scène les dons satiriques dont il avait fait preuve dans quelques pièces de vers.

Boileau disait que Regnard n'était pas médiocrement plaisant. Voltaire pensait que celui qui ne se plaisait pas aux comédies de Regnard n'était pas digne d'admirer Molière; et La Harpe, dont la critique moderne reconnaît la grande autorité, a porté sur l'auteur du *Divorce* et du *Légataire* le jugement suivant : « Ses situations sont moins fortes que celles de Molière, mais elles sont comiques, et ce qui le caractérise surtout, c'est une gaîté soutenue, qui lui est particulière, un fond inépuisable de saillies, de traits plaisants; il ne fait pas toujours penser, mais il fait toujours rire. »

Le mérite du *Divorce* est dans l'observation satirique des mœurs du temps. Les scènes du maître à danser et du maître à chanter sont prises sur le vif. La coquette Isabelle et le chevalier de Fondsec sont des originaux bien dessinés.

Le *Divorce*, joué dans l'origine par Dominique, fut repris en 1689 le 1er octobre, par Ghérardi qui lui avait succédé dans l'emploi des Arlequins.

LE DIVORCE

COMÉDIE EN TROIS ACTES.

PROLOGUE.

ACTEURS.

JUPITER, *Pierrot*.
MERCURE, *Mezzetin*.
ARLEQUIN, *Dominique*.

SCÈNE I.

ARLEQUIN, seul, sortant en colère.

Hé! que diable, messieurs, ne sauriez-vous mieux prendre votre temps pour être malades? Cela est de la dernière impertinence, de se trouver mal quand il faut gagner de l'argent. Que voulez-vous que je fasse de tout ce monde-là? (*Aux auditeurs.*) Messieurs, ce que je vais vous dire vous déplaira peut-être; mais, en vérité, j'en suis plus fâché que vous, et personne n'y perd tant que moi. Nous ne pouvons pas jouer la comédie aujourd'hui; voilà notre portier qui vient de se trouver mal, et Pantalon, qui devait faire un rôle de Patrocle, est indisposé. On va vous rendre votre argent à la porte. Vous voyez, messieurs, que nous ne suivons pas les mauvais exemples, et que nous rendons l'argent, quoique la comédie soit commencée.

SCÈNE II.

MERCURE, ARLEQUIN.

MERCURE chante.

Terminez vos regrets, que votre douleur cesse;

Dans votre sort Jupiter s'intéresse,
Et vient pour empêcher que tu rendes l'argent.

SCÈNE III.

JUPITER, MERCURE, ARLEQUIN.

MERCURE continue de chanter.
Je le vois qui descend.
(Jupiter descend, monté sur un dindon.)
Qu'un changement favorable
Nous arrête dans ces lieux,
Pour voir un spectacle aimable;
C'est l'ordre irrévocable
Du souverain des dieux.

JUPITER.

Arlequin.

ARLEQUIN.

Jupiter.

JUPITER.

Je descends exprès des cieux pour voir une répétition de la pièce nouvelle qu'il y a si longtemps que tu promets. On dit que l'on y sépare un mari d'avec sa femme; et comme Junon est une carogne qui me fait enrager, je pourrai bien en faire venir la mode là-haut.

ARLEQUIN.

Mais, monsieur Jupiter, quelle apparence? Nous ne la savons pas encore : il va venir un débordement de sifflets de tous les diables.

JUPITER.

Ne te mets pas en peine; j'ai fait provision de quantité de foudres de poches; et le premier siffleur qui branlera, par la mort! je lui brûlerai la moustache.

ARLEQUIN.

Oh! tout doucement, monsieur Jupiter; ne choquons point le parterre, s'il vous plaît; nous en avons besoin : cela ne se gouverne pas comme votre *Até. (Au parterre.)* Messieurs, puisque Jupiter l'ordonne, et que d'ailleurs..... l'occasion..... de la faveur..... votre bonté..... votre argent..... qu'on a de la peine à rendre;.... vous voyez bien, messieurs, que nous vous allons donner le Divorce.

JUPITER.

Je vais me placer aux troisièmes loges pour mieux voir.

ARLEQUIN.

Ah! monsieur Jupiter, un gentilhomme comme vous, aux troisièmes loges?

JUPITER.

Je me suis amusé, en venant, à jouer à la boule aux Petits-Carreaux, contre quatre procureurs qui ne m'ont laissé que trente sous.

ARLEQUIN.

Où diable vous êtes-vous fourré là? Ces messieurs-là savent aussi bien rouler le bois que ruiner une famille. (*Jupiter remonte en l'air, et Arlequin le rappelle.*) Monsieur Jupiter, si vous vouliez me laisser votre monture, je la ferais mettre à la daube : aussi bien les dieux de l'Opéra, qui sont bien montés quand ils viennent, s'en retournent toujours à pied.

MERCURE rentrant.

O déplorable coup du sort!
O malheur!

ARLEQUIN.

Je frémis; parle.

MERCURE.

Patrocle est mort.

LE DIVORCE.

ACTEURS DE LA PIÈCE.

SOTINET, vieillard, mari d'Isabelle.
  Le Docteur.
ISABELLE, femme de Sotinet.
AURÉLIO, frère d'Isabelle.
ARLEQUIN, intrigant.
COLOMBINE, suivante d'Isabelle.
MEZZETIN }
PIERROT } valets de Sotinet.
PASQUARIEL }

M. DE TROTENVILLE, maître à danser. *Arlequin.*
M. AMILARÉ, maître à chanter. *Mezzetin.*
LE CHEVALIER DE FONDSEC, Gascon. *Arlequin.*
LAQUAIS.

La scène est à Paris.

ACTE PREMIER.

SCÈNE I (ITALIENNE).

AURÉLIO, MEZZETIN.

(Aurélio fait part à Mezzetin du chagrin que lui cause l'union mal assortie de sa sœur avec Sotinet, et lui dit qu'il vient à Paris dans le dessein de prendre des mesures pour opérer leur séparation. Mezzetin offre de seconder ses vues, avec d'autant plus de plaisir qu'il en veut à Sotinet, parce qu'il l'a surpris dans sa cave avec la servante du logis, et lui a donné des coups de bâton. Mezzetin regrette d'avoir perdu son ami Arlequin, dont le génie intrigant lui aurait été d'un grand secours; mais le pauvre garçon s'est avisé de se faire pendre...)

SCÈNE II.

ARLEQUIN, MEZZETIN.

ARLEQUIN en habit de voyage, avec une méchante soubreveste, un chapeau de paille, des bottes, et un bâton à la main. Vers la cantonnade.
Oui, messieurs, étranger, étranger arrivé tout à l'heure dans

cette ville. Le diable emporte toute la race badaudique! Je n'ai jamais vu de gens plus curieux, ni plus insolents; ils crient après moi : Il a chié au lit, il a chié au lit, comme si j'étais un masque. Mais...
(Il aperçoit Mezzetin.)

MEZZETIN, regardant Arlequin.

Je crois...

ARLEQUIN.

Il me semble...

MEZZETIN.

Que j'ai vu cet homme-là pendu quelque part.

ARLEQUIN.

D'avoir vu cette tête-là sur un autre corps.

MEZZETIN.

Arl...

ARLEQUIN.

Mez...

MEZZETIN.

Arlequin.

ARLEQUIN.

Mezzetin.
  (Ensemble.)
Ah! parente! parente!
(Ils s'approchent. Mezzetin, levant les bras pour embrasser Arlequin, laisse tomber son manteau; Arlequin, qui fait semblant d'embrasser Mezzetin, passé sous son bras, ramasse le manteau, et s'en va.)

MEZZETIN, l'arrêtant.

Mais ce manteau-là m'appartient.

ARLEQUIN.

Je l'ai trouvé à terre.

MEZZETIN.

En vérité, je suis ravi de te voir. Je parlais tout à l'heure de toi. Tu arrives fort à propos pour rendre service à monsieur Aurélio, dans une affaire de conséquence.

ARLEQUIN.

Qui? monsieur Aurélio, mon ancien maître? celui qui a tant de noblesse, et qui n'a jamais le sou?

MEZZETIN.

Lui-même : il est aussi gueux à présent comme il était du temps que tu le servais.

ARLEQUIN.

Tant pis; car je ne suis pas aussi sot que je l'ai été, moi; et je ne m'emploierai jamais pour qui que ce soit, qu'auparavant je ne sois assuré de la récompense.

MEZZETIN.

Va, va, le seigneur Aurélio est honnête homme. Sers-le bien, et ne te mets point en peine; tes gages te seront bien payés; et si l'affaire que j'ai en tête réussit, je te réponds d'une bonne récompense. Mais tire-moi d'un doute : il a couru un bruit que tu avais été pendu, et je te croyais déjà bien sec.

ARLEQUIN.

Eh! point du tout; je me porte le mieux du monde : il est vrai que j'ai eu quelque petite indisposition, et que j'ai été sur le point de mourir de la courte haleine; mais je m'en suis bien guéri.

MEZZETIN.

Conte-moi donc ta maladie.

ARLEQUIN.

Oui-dà. Tu sais bien que j'ai toujours aimé les grandes choses : dès le temps même que nous avions l'honneur de servir ensemble le roi sur ses galères...

MEZZETIN.

Ne parlons point de cela; je sais que tu as toujours été homme d'esprit.

ARLEQUIN.

Je n'eus pas plus tôt quitté la rame, que je me jetai malheureusement dans les médailles.

MEZZETIN.

Comment, dans les médailles? dans les antiques?

ARLEQUIN.

Non, dans les médailles; c'est-à-dire que quand je n'avais rien à faire, pour me désennuyer, je m'amusais à mettre le portrait du roi sur des pièces de cuivre, que je couvrais d'argent, et que je donnais à mes amis pour du pain, du vin, de la viande, et autres choses nécessaires : mais comme il y a toujours des envieux dans le monde (voyez je vous prie, comme on empoisonne les plus belles actions de la vie!), on fut dire à la justice que je me mêlais de faire de la fausse monnaie.

MEZZETIN.

Quelle apparence?

ARLEQUIN.

D'abord la justice m'envoya prier de lui aller parler.

MEZZETIN.

Qui envoya-t-elle? des pages?

ARLEQUIN.

Nenni, diable! c'étaient tous gens de distinction et qualifiés. Ils avaient des épées, des plumets bleus, des mousquetons.

MEZZETIN.

Je vous entends; poursuivez.

ARLEQUIN.

Ces messieurs montèrent donc dans ma chambre, et, le plus honnêtement du monde, me prièrent, de la part de la justice, de lui aller parler tout à l'heure; qu'il y avait un carrosse à la porte, qui m'attendait.

MEZZETIN.

Et vous?

ARLEQUIN.

Et moi, j'eus beau dire que j'avais affaire, que je ne pouvais pas sortir, que j'irais une autre fois, il me fut impossible de résister aux honnêtetés et aux empressements de ces messieurs-là. L'un m'avait pris par un bras, aussi m'avait fait l'autre, en me disant le plus obligeamment du monde : Oh! puisque nous avons été assez heureux que de vous trouver, vous ne nous échapperez pas, et nous aurons le plaisir de vous emmener avec nous; et à force de civilités, ils m'entraînèrent dans leur carrosse, et me conduisirent à la justice. D'abord que je fus arrivé, on me présenta à cinq ou six visages vénérables, qui étaient assis sur des fleurs de lis.

MEZZETIN.

Fort bien! et ces messieurs ne vous prièrent-ils point de vous asseoir?

ARLEQUIN.

Assurément. Celui qui était au milieu d'eux me dit : N'est-ce point vous, monsieur, qui vous mêlez de médailles? A quoi je répondis fort modestement : Oui, monsieur, pour vous rendre mes humbles services. Vous êtes un honnête homme, ajouta-t-il; tout à l'heure nous allons parler à vous; asseyez-vous toujours en attendant.

MEZZETIN.

Et où l'asseoir? dans un fauteuil?

ARLEQUIN.

Bon! sur une petite chaise de bois qu'on avait mise à côté de moi. Ces messieurs donc, après s'être parlé à l'oreille, me demandèrent encore si véritablement c'était moi qui avais cet heureux talent? Je leur répliquai qu'oui, que je leur demandais excuse si je ne faisais pas aussi bien que je l'aurais souhaité; mais que j'avais grande envie de travailler, et qu'avec le temps, j'espérais devenir plus habile.

MEZZETIN.

Fort bien. Et eux parurent fort contents de votre déclaration?

ARLEQUIN.

Vous l'avez dit. Je remarquai que mon discours les avait réjouis; mais cela n'empêcha pas qu'ils ne me condamnassent sur l'heure à être pendu et étranglé à la Croix du Trahoir.

MEZZETIN.

Quel malheur!

ARLEQUIN.

Quand j'entendis qu'on m'allait pendre, je commençai à crier : Mais, messieurs, vous n'y pensez pas. Me pendre, moi! je ne suis qu'un homme qui ne fais que d'entrer dans le monde; et d'ailleurs, je n'ai pas l'âge compétent pour être pendu.

MEZZETIN.

C'était une bonne raison celle-là.

ARLEQUIN.

Aussi y eurent-ils beaucoup d'égard; et, pour faire les choses dans l'ordre, ils me firent expédier une dispense d'âge. Me voilà donc dans la charrette. Je ne disais mot, mais j'enrageais comme tous les diables. Nous arrivons enfin à la Croix du Trahoir, au pied de cette fatale colonne qui devait être le *non plus ultrà* de ma vie, et qu'on appelle vulgairement la potence. Comme j'étais fort fatigué du voyage, j'avais soif, je demandai à boire : on me proposa si je voulais de la bière. Je dis que non, et que cela pourrait par la suite me donner la gravelle; je priai seulement les archers de me laisser boire à la fontaine (1). On se

(1) Cette fontaine de la Croix du Trahoir existe encore aujourd'hui au coin de la rue Saint-Honoré et de la rue de l'Arbre-Sec, telle qu'elle a été restaurée par Soufflot en 1770.

range en haie; je m'approche de la fontaine; je donne un coup d'œil autour de moi, et zest, je m'élance la tête en avant dans le robinet de la fontaine. Les archers, surpris, courent à moi, et me tirent par les pieds; et moi je m'enfonce toujours avec les mains, de manière que j'entrai tout entier dans le tuyau de la fontaine, et il ne resta aux archers que mes souliers pour les pendre. Du robinet de la fontaine, je descendis dans la Seine; de là, je fus à la nage jusqu'au Havre-de-Grace; au Havre-de-Grace, je m'embarquai pour les Indes, d'où me voilà présentement de retour: et voici mon histoire achevée.

MEZZETIN.

Il ne me reste qu'une difficulté, qui est de savoir comment, gros comme tu es, tu as pu te fourrer dans le robinet de la fontaine.

ARLEQUIN.

Va, va, mon ami, quand on est près d'être pendu, on est diablement mince.

MEZZETIN.

Tu as, ma foi, raison. Va m'attendre au Petit Trianon; dans un moment je suis à toi, et je te mènerai chez M. Aurélio. Mais d'où vient que tu n'enfonces point les pieds jusqu'au fond de tes bottes, et que tu marches sur la tige?

ARLEQUIN.

Je le fais exprès pour épargner les semelles.

(Il s'en va.)

SCÈNE III.

MEZZETIN, seul.

Je tire bon augure de l'affaire de monsieur Aurélio, et la fortune ne nous a pas renvoyé Arlequin pour rien. Mon maître m'a ordonné tantôt de lui amener un barbier : il ne faut pas manquer cette occasion pour lui voler sa bourse; elle servira à mettre nos affaires en train. Allons trouver Arlequin.

SCÈNE IV.

Le théâtre représente l'appartement de M. Sotinet.

SOTINET, PIERROT.

SOTINET.

Entends-tu bien ce que je te dis?

PIERROT.

Oui, Monsieur; vous me dites d'empêcher que madame n'entre dans la maison, et de lui fermer la porte au nez.

SOTINET.

Animal, c'est tout le contraire: je te dis de ne laisser entrer personne pour voir ma femme, et de fermer la porte au nez de tous ceux qui se présenteront.

PIERROT.

Eh bien! Monsieur, n'est-ce pas ce que je dis? Mais à propos, vous êtes donc jaloux?

SOTINET.

Ce ne sont pas là les affaires.

PIERROT.

Ah, ah, ah! cela est plaisant! De quoi diable, vous êtes-vous avisé de vous marier à l'âge que vous avez? Ne savez-vous pas bien qu'un vieux mari est comme ces arbres qui ne portent point de bons fruits, et qui ne servent que d'ombre.

SOTINET.

Impertinent, les épaules te démangent bien.

PIERROT.

Il y a là-dedans un barbier.

SOTINET.

Fais le entrer.

SCÈNE V.

SOTINET, ARLEQUIN, en barbier; MEZZETIN, en maître Jacques.

ARLEQUIN, à Sotinet.

On m'a dit, Monsieur, que vous aviez besoin d'un homme de ma profession; je viens vous offrir mes services.

SOTINET.

Ah! Monsieur, je suis ravi de vous voir; faites-moi, s'il vous plait, la barbe, le plus promptement que vous pourrez.

ARLEQUIN.

Ne vous mettez pas en peine, monsieur; dans deux petites heures votre affaire sera faite.

SOTINET.

Comment, dans deux heures! Je crois que vous vous moquez.

ARLEQUIN.

Oh! que cela ne vous étonne pas : j'ai bien été trois mois entiers après une barbe, et tandis que je rasais d'un côté, le poil revenait de l'autre! mais présentement je suis plus habile: vous allez voir.

(Il déploie ses outils, ôte son manteau, et le met au cou de Sotinet, au lieu de linge à barbe.)

SOTINET.

Mais qu'est-ce donc que vous m'avez mis au cou?

ARLEQUIN.

Ah! ma foi, je vous demande pardon : l'empressement de vous raser m'a fait prendre mon manteau pour votre linge à barbe. Allons, toi, donne-moi le linge, vite.

(Mezzetin lui donne le linge.)

SOTINET, regardant Mezzetin.

Qui est cet homme-là?

ARLEQUIN.

C'est maître Jacques, celui qui accommode mes outils. Venez, maître Jacques, repassez-moi ce rasoir pour faire la barbe à monsieur.

MEZZETIN prend le rasoir, et contrefaisant le rémouleur, d'une jambe figure la roue de la meule, et avec la bouche, il contrefait le bruit que fait le rasoir quand on le pose sur la meule pour le repasser, et celui que font les gouttes d'eau qui tombent sur la roue pendant qu'on repasse; ce qu'Arlequin explique à mesure à Sotinet. A la fin, après plusieurs lazzis de cette nature, Mezzetin chante un air italien; puis donnant le rasoir à Arlequin, lui dit :

La bourse est de ce côté-ci; ne la manque pas.

(Il s'en va.)

SOTINET.

Voilà un plaisant homme!

ARLEQUIN.

Allons, allons, monsieur, je n'ai point de temps à perdre. Mettez-vous là.

(Il le pousse rudement dans un fauteuil, et lui prenant le nez, lui met des morailles (1).)

SOTINET, criant.

Haï, haï, haï! (*Il arrache les morailles et les jette par terre.*) Eh! que diable faites-vous là? Me prenez-vous pour un cheval?

ARLEQUIN.

Point du tout, monsieur; mais c'est qu'il y a des gens qui sont terriblement rétifs sous le fer, et avec cet instrument-là, on leur couperait la gorge, qu'ils ne diraient mot.

SOTINET.

Vraiment, je le crois bien.

ARLEQUIN prend un bassin fait en forme de pot de chambre, et le met sous le nez de Sotinet pour le raser.

SOTINET, prenant le bassin.

Qu'est-ce que cela?

ARLEQUIN.

C'est un bassin à deux mains.

(Arlequin le lave, en lui donnant de temps en temps des soufflets; puis il tire une grosse boule, dont il se sert pour savonnette, et après en avoir bien frotté le visage de Sotinet, il la lui laisse tomber sur un pied.)

SOTINET.

Qu'est-ce donc que cela signifie? Avez-vous entrepris de m'estropier?

(Il se lève.)

ARLEQUIN, repoussant violemment Sotinet sur le fauteuil.

Que de babil! Tenez-vous donc, si vous voulez; croyez-vous que je n'aie que vous à raser?

(Il le rase avec un rasoir d'une grandeur à faire peur.)

SOTINET.

Allez tout doucement; vous m'écorchez tout vif.

ARLEQUIN.

C'est que vous avez le cuir si dur, qui vous ébréchez tous mes rasoirs.

(Il prend le cuir à repasser, et l'accroche par un bout au cou de Sotinet,

(1) Instrument de maréchal, espèces de tenailles avec lesquelles on pince le nez d'un cheval impatient.

tenant l'autre bout de la main gauche; et pour avoir plus de force à repasser son rasoir qu'il tient de la main droite, il lève un de ses pieds et l'appuie rudement sur l'estomac de Sotinet; puis tirant le bout du cuir de toute sa force, il repasse dessus son rasoir, de manière qu'il étrangle Sotinet, qui à peine peut crier (1).)

SOTINET.

Miséricorde! je suis mort! au secours! on m'étrangle!
(Il se lève pour appeler du monde.)

ARLEQUIN, le prenant et l'obligeant de nouveau à se rasseoir dans le fauteuil.

La peste m'étouffe, si vous branlez, je vous coupe la gorge. Quel homme êtes-vous donc?

SOTINET, bas.

Il faut filer doux; ce coquin-là le ferait comme il le dit: Il a une mauvaise physionomie. (*Haut, pendant qu'Arlequin le rase.*) Dis-moi, mon ami, de quel pays es-tu?

ARLEQUIN.

Limousin, monsieur, pour vous rendre service.

SOTINET.

Limousin! Et y a-t-il des barbiers de ce pays-là? Je croyais qu'il n'y en avait que de gascons.

ARLEQUIN.

Je crois aussi être le premier de mon pays qui ait embrassé le parti de la savonnette. J'étais auparavant tailleur de pierres; et comme on disait que j'avais beaucoup de légèreté dans la main, je crus que je serais plus propre à ce métier-ci (*Il lui met la main dans la poche*); et de tailleur de pierres, je me suis fait tailleur de barbes.

SOTINET, lui surprenant la main dans sa poche.

Il me semble que vous avez la main gauche bien plus légère que la droite.

ARLEQUIN.

Ah! monsieur, vous vous moquez! Ce sont de petits talents qu'on reçoit de la nature, et dont un honnête homme ne doit pas se glorifier.

SOTINET.

Avez-vous bien des pratiques?

(1) On retrouve tous ces jeux de scènes dans nos pantomimes modernes où ils sont entrés par tradition.

ARLEQUIN.

Tant, que je n'y saurais suffire. C'est moi qui fais la barbe et les cheveux à tous les Limousins qui viennent ici travailler, et j'ai une pension de la ville pour faire tous les quinze jours le crin au cheval de bronze. (*Il lui vole sa bourse sans qu'il s'en aperçoive, et cesse de le raser en criant :*) Hai! hai!

SOTINET.

Qu'avez-vous? vous trouvez-vous mal?

ARLEQUIN.

Point, point; voilà qui est passé. (*Il le rase, puis se met à crier :*) Hai! hai!

SOTINET.

Comment donc? Mais vous avez quelque chose?

ARLEQUIN.

Oh! pour le coup, je n'y puis plus tenir. Hai! hai! hai! Une colique épouvantable qui me prend... Je suis à vous tout à l'heure. Hai! hai! hai! (*Il s'en va, et revient sur ses pas.*)

SOTINET.

Je n'ai jamais vu un pareil original... Mais vous voilà? Avez-vous déjà été à la garde-robe?

ARLEQUIN.

Point du tout, monsieur; cela n'en valait pas la peine : j'ai changé d'avis, et j'ai mieux aimé insulter la doublure de ma culotte que de vous faire attendre plus longtemps.

SOTINET, *portant sa main devant son nez.*

Comment, impudent! je vous trouve bien hardi de vous approcher de moi en l'état où vous êtes.

ARLEQUIN.

Qu'appelez-vous impudent, monsieur, s'il vous plaît? Chacun ne fait-il pas de sa culotte ce qu'il lui plaît?

SOTINET.

Sortez, insolent! si je faisais bien, je vous ferais jeter par les fenêtres.

ARLEQUIN.

Comment, mardi, par les fenêtres! Est-ce ainsi qu'on insulte un officier public?

(*Il s'approche de Sotinet, qui veut le battre, et lui fait un collier de son bassin, qu'il lui casse sur sa tête, et s'enfuit.*)

SOTINET *court après, en criant :*

Arrête! arrête! arrête!

SCÈNE VI.

Le théâtre représente l'appartement d'Isabelle.

ISABELLE, COLOMBINE.

ISABELLE.

Ah! Colombine, quel bruit épouvantable! quelle rumeur! Mais il faut qu'on ait perdu l'esprit, de faire un tintamarre semblable dans mon antichambre! Quelle brutalité de m'éveiller à l'heure qu'il est! Non, je ne crois pas qu'il soit encore midi; il n'y a pas trois heures que je suis rentrée. Je crois, Colombine, que je suis faite d'une jolie manière. (*Elle se regarde dans un miroir.*) Ah! l'horreur! quelle extinction de teint!

COLOMBINE.

Eh! là, là; consolez-vous, madame; vous avez des yeux à défrayer tout un visage. Et de quoi vous embarrassez-vous de votre teint? il ne tiendra qu'à vous de l'avoir comme il vous plaira. Que ne me laissez-vous faire? Je ne veux qu'une petite couche de rouge pour réparer de trente méchantes nuits la plus obstinée.

ISABELLE.

Ah! fi, Colombine, avec ton rouge! tu me mets au désespoir. Crois-tu que je puisse me résoudre à donner tous les jours un habit neuf à mes appas? J'ai une conscience si délicate, que je me reprocherais les conquêtes qui ne se seraient pas faites de bonne guerre, et je crois que je mourrais de honte d'avoir dix années de plus que mon visage.

COLOMBINE.

Bon, bon, mademoiselle, vous avez là un plaisant scrupule; la beauté que l'on achète n'est-elle pas à soi? Qu'importe que vos joues portent les couleurs d'un marchand ou les vôtres, pourvu que cela vous fasse honneur! Pour moi, je trouve quelques femmes d'aujourd'hui d'un parfaitement bon goût; de toute l'année elles ont fait un carnaval perpétuel; elles peuvent aller au bal à coup sûr, sans crainte d'être connues.

ISABELLE.

Mon dieu! les femmes ne sont-elles pas assez déguisées sans se masquer encore? Et pourquoi veulent-elles peindre leur peu de sincérité jusque sur leur visage? Pour moi, je ne suis point de ce nombre-là; j'aime mieux qu'on me trouve un peu moins jolie, et être un peu plus vraie.

COLOMBINE.

Ho! par ma foi, voilà une belle délicatesse de sentiments. Il n'y a plus que le rouge qui se met à la toilette qui marque la pudeur des femmes d'aujourd'hui; elles ne rougiraient jamais sans cela. Et que serait-ce donc, madame, s'il vous fallait peler avec de certaines eaux, comme la dernière maîtresse que je servais, qui changeait tous les six mois de peau.

ISABELLE.

Bon! tu te moques, Colombine : est-ce que tu as vu cela?

COLOMBINE.

Si je l'ai vu? C'était moi qui faisais l'opération; elle me faisait prendre la peau de son front, que je tirais de toute ma force; elle criait comme un beau diable, et moi je riais comme une folle; il me semblait habiller un levraut : mais ce qu'est de meilleur, c'est qu'elle portait toujours sur elle, dans une boîte, la peau de son dernier visage calcinée, et disait qu'il n'y avait rien de si bon pour les élevures et les bourgeons.

ISABELLE.

Tu veux t'égayer, Colombine.

UN LAQUAIS.

Mademoiselle, voilà un homme qui demande à vous parler.

ISABELLE.

Qu'on le fasse entrer.

SCÈNE VII.

ISABELLE, COLOMBINE; M. DE TROTENVILLE, maître à danser, sur un petit cheval.

TROTENVILLE.

Je crois, Mademoiselle, que vous n'avez pas l'honneur de me connaître; mais quand vous saurez que je m'appelle monsieur de la Gavotte, sieur de Trotenville, vous devinerez aisément que je suis maître à danser.

ISABELLE.

Votre nom, Monsieur, est assez connu dans Paris; et j'espère devenir une bonne écolière, ayant pour maître le plus habile homme du métier.

TROTENVILLE.

Ah! Madame! vous mettez ma modestie hors de cadence; et quand on n'a, comme moi, qu'un mérite léger et cabriolant, pour peu qu'on l'élève par des louanges un peu fortes, il court risque, en tombant, de se casser le cou.

COLOMBINE.

Miséricorde! que monsieur de Trotenville a d'esprit!

ISABELLE.

Il est vrai que voilà une pensée qui est tout à fait bien mise en œuvre; c'est un brillant.

TROTENVILLE.

Pour de l'esprit, Mademoiselle, les gens de notre profession en regorgent. Eh! qui en aurait, si nous n'en avions pas? Nous sommes tous les jours parmi tout ce qu'il y a de gens de qualité. Je sors présentement de chez la femme d'un élu, où je me suis fait admirer par mon esprit; j'ai deviné une énigme du Mercure galant. Vous savez, Madame, que c'est là présentement la pierre de touche du bel-esprit.

COLOMBINE.

Ah! par ma foi, les beaux esprits sont donc bien communs? car la moitié du Mercure n'est remplie que des noms de ceux qui les devinent. Pour vous, Monsieur, vous n'avez pas besoin que l'on imprime le vôtre, pour faire connaître votre mérite au public; on sait assez que vous êtes l'honneur de l'escarpin. Mais je vous prie de me dire pourquoi vous avez un si petit cheval.

TROTENVILLE.

J'avais autrefois un carrosse à un cheval; mais mes amis m'ont conseillé de changer de voiture, afin de ne pas causer une erreur dans le public, qui prend souvent, dans cet équipage-là, un maître à danser pour un lévrier d'Hippocrate.

COLOMBINE.

Vous devriez bien avoir un carrosse à deux chevaux : depuis que l'on ne joue plus, il y a tant de chevaliers qui en ont à vendre.

TROTENVILLE.

Je ne donnerais pas ce petit cheval-là pour les deux meilleurs chevaux de Paris; c'est un diable pour aller. Toutes les fois que je veux aller à la Bastille, il m'emmène à Vincennes. Nous appelons ces petits animaux-là, parmi nous, *un tendre engagement.*

COLOMBINE.

Comment donc! qu'est-ce que cela veut dire, un tendre engagement?

TROTENVILLE.

Vraiment oui. Est-ce que vous ne savez pas « qu'un tendre engagement va plus loin qu'on ne pense? »

(Il chante ces derniers mots.)

COLOMBINE.

Ah, ah! on voit bien que Monsieur sait son opéra, et qu'il en est.

TROTENVILLE.

Moi, de l'Opéra? moi? Fi! fi!

COLOMBINE.

Comment donc, fi, fi!

TROTENVILLE.

Hé fi! vous dis-je : j'en ai été autrefois; mais il m'a fallu plus de vingt lavements et autant de médecines pour me purifier du mauvais air que j'y avais respiré.

ISABELLE.

Vous me surprenez, monsieur : j'avais toujours cru que l'Opéra était le lieu du monde où l'on prenait le meilleur air.

COLOMBINE.

Bon, bon! Monsieur de Trotenville a beau dire, il voudrait y être rentré, comme tous ceux qui en sont sortis : c'est un Pérou; il n'y a pas jusqu'aux violons qui n'aient des justaucorps bleus galonnés.

TROTENVILLE.

Je veux que le premier entrechat que je ferai me coupe le cou, si jamais j'y mets le pied! Vous moquez-vous de moi? Quand on me donnerait un tiers dans l'Opéra, je n'y rentrerais pas pour quelques... quelques femmes, que l'on achète bien, de par tous les diables! j'irais prostituer ma gloire, et figurer avec le premier venu! Nous sommes glorieux comme tous les diables dans notre profession. Voulez-vous que je vous parle franchement? L'Opéra n'est plus bon que pour les filles. Il n'y a pas aussi une meilleure condition au monde. Je ne conçois pas l'entêtement des jeunes gens. C'est une fureur, Mademoiselle, et toutes les coquettes s'en plaignent hautement, et disent que l'Opéra leur enlève les meilleures pratiques, et qu'elles sont ruinées de fond en comble (1).

COLOMBINE.

Je crois bien : ces personnes-là ont grande raison ; et si j'étais d'elles, je leur ferais rendre jusqu'à la moindre petite faveur qu'elles auraient reçue.

TROTENVILLE.

Eh! là, là, donnez-vous patience; on leur fera peut-être tout rendre : mais cependant elles usent en toute rigueur de leurs privilèges; et un amant qui n'exprime son amour qu'avec des fontanges et des bas de soie, se morfond dix ans derrière leur porte.

ISABELLE, regardant l'habit de Trotenville.

Mon Dieu, que voilà un joli habit! Je vous trouve un fonds de bon air que vous répandez sur tout.

TROTENVILLE.

Fi, Madame! vous vous moquez; c'est une guenille. Que peut-on avoir pour cinquante ou soixante pistoles? je voudrais que vous vissiez ma garde-robe; elle est des plus magnifiques; et si, sans vanité, elle ne me coûte guère.

COLOMBINE.

Ho bien, Monsieur, nous la verrons une autre fois; mais présentement je vous prie de danser un menuet avec moi.

TROTENVILLE.

Oui-dà, très volontiers : allons.

COLOMBINE.

Qui est cet homme-là qui est avec vous?

TROTENVILLE.

C'est ma poche (2). Tel que vous le voyez, il n'y a point d'homme au monde qui gourmande une chanterelle comme lui; il ferait danser, s'il l'avait entrepris, tous les invalides et leur hô-

---

(1) Les comédiens Italiens étaient toujours en querelles avec les artistes de l'Opéra et l'on ne manquait jamais l'occasion de dauber le grand confrère. Regnard en introduisant cette satire dans sa pièce savait faire le jeu de ses interprètes.

(2) Le violon pour accompagner les danses. Comme l'instrument dont on se servait était tout petit et se pouvait mettre en poche, on l'appelait poche ou pochette.

tel. Vous allez voir. (*L'homme prend la poche dans la queue du cheval, et en joue; Colombine et Trotenville dansent.*) Eh bien, Madame! que dites-vous de ma danse?

ISABELLE.

J'en suis charmée.

TROTENVILLE.

Ne voulez-vous point que j'aie l'honneur de danser avec vous?

ISABELLE.

Pour aujourd'hui, Monsieur, il n'y a pas moyen : je suis d'une fatigue, cela ne se conçoit pas. Mais avant que de me quitter, je vous prie de me dire combien vous prenez par mois.

TROTENVILLE.

Par mois, Madame! c'est bon pour les maîtres à danser fantassins. On me donne une marque chaque visite; et je veux vous montrer quel a été le travail de cette semaine. Hé! qu'on m'apporte ma valise. Vous allez voir. Allez donc.

(*On détache une valise, que l'on apporte pleine de marques faites de cartes.*)

COLOMBINE.

Ah, mon Dieu! vous avez été plus de vingt ans à faire toutes ces leçons-là.

TROTENVILLE.

Bon, bon! c'est le travail d'une semaine; et si, ce que je vous montre là, c'est de l'argent comptant, je n'ai qu'à aller chez le premier banquier, je suis sûr de toucher un demi-louis d'or de chaque billet.

COLOMBINE.

Un demi-louis d'or pour une leçon! On ne donnait autrefois aux meilleurs maîtres qu'un écu par mois.

TROTENVILLE.

Il est vrai; mais dans ce temps-là les maîtres à danser n'étaient pas obligés d'être dorés dessus et dessous, comme à présent, et une paire de galoches était la voiture qui les menait par toute la ville. Mais présentement on ne nous regarde pas, si nous n'avons le cheval et le laquais.

COLOMBINE.

Ah! Mademoiselle, voilà votre maître à chanter, M. Amilaré-Bécarre.

ISABELLE, à Trotenville.

Ne vous en allez pas, Monsieur, je vous prie. Je veux que vous entendiez chanter cet homme-là ; c'est un Italien.

TROTENVILLE.

Très volontiers, Madame ; cela me fera bien du plaisir : car tel que vous me voyez, je suis à deux mains, et je chante aussi bien que je danse.

SCÈNE VIII.

ISABELLE, COLOMBINE, M. DE TROTENVILLE, M. AMILARÉ.

TROTENVILLE, après avoir examiné Amilaré.

Voilà un visage bien baroque ! Les musiciens italiens sont de plaisants originaux. Ne dirait-on pas que ce serait là un Siamois échappé d'un écran ? Comment vous appelez-vous, Monsieur ? (*Amilaré répète une douzaine de noms.*) Voilà bien des noms : il faut, Monsieur, que vous ayez bien des pères. C'est un calendrier que cet homme-là.

ISABELLE.

Je suis ravie, Messieurs, que vous vous trouviez ensemble. L'on n'est pas malheureux quand on peut unir deux illustres. (*Au maître à chanter.*) Je vous prie, Monsieur, de vouloir bien chanter un air.

AMILARÉ, bégayant,

Je, je, je, je, le, le veux bien.

TROTENVILLE.

Quoi ! c'est là un maître à chanter ? Miséricorde !

(*Amilaré chante.*)

ISABELLE, après qu'il a chanté.

Eh bien ! Monsieur, que dites-vous de ce chant-là ?

TROTENVILLE.

Ah ! ah ! voilà une voix d'un assez beau métal ; cela n'est pas mal.

COLOMBINE.

Comment, pas mal ? il faut se jeter par les fenêtres, quand on a entendu chanter ainsi.

TROTENVILLE.

Ho! tout doucement, s'il vous plaît; je ne sais point faire de ces cabrioles-là. Voyez-vous, Mademoiselle, je ne suis point de ces gens qui louent à plein tuyau. Un homme comme moi, qui a été toute sa vie nourri de dièses et de bémols, est diablement délicat en musique.

AMILARÉ, bégayant.

Monsieur apparemment n'aime pas l'italien; mais j'ai fait depuis peu un petit duo en français, que je veux chanter avec lui, et je suis sûr qu'il ne lui déplaira pas.

(Il lui présente un papier de musique.)

TROTENVILLE.

Voyons. Qu'est-ce donc, s'il vous plaît, que tous ces pieds de mouche qui sont au commencement des lignes?

AMILARÉ.

Ce sont des dièses, pour montrer que c'est un a,mi la ré bécarre. Je ne compose jamais que sur ce ton, et c'est pour cela que j'en porte le nom.

TROTENVILLE.

Ah, ah! vous composez donc toujours sur ce ton-là?

AMILARÉ.

Oui, Monsieur.

TROTENVILLE, rendant le papier.

Et moi, Monsieur, je n'y chante jamais.

AMILARÉ.

Eh bien! Monsieur, voilà un autre air en d la ré sol.

TROTENVILLE.

La Rissole vous-même. Je vous trouve bien admirable de me donner des sobriquets.

AMILARÉ.

Voilà un homme qui est bien fâcheux! Je vous dis, Monsieur, que cet air-là est en d la ré sol, et qu'il n'est pas si difficile que l'autre.

TROTENVILLE.

Qui n'est pas si difficile que l'autre! Croyez-vous, mon ami, que la musique m'embarrasse? Je vous trouve plaisant.

AMILARÉ.

Je ne dis pas cela. Allons.

(Ils chantent ensemble.)

Cupidon ne sait plus de quel bois faire flèche.

Cela ne vaut pas le diable. (*Bégayant.*) Cu, cu, cu.
TROTENVILLE.
Cu, cu, cu... Voilà un air bien puant.
AMILARÉ.
Allons, Monsieur, tout de bon : Cu, cu, cu... Chantez donc juste si vous voulez.

TROTENVILLE, lui jetant le papier au nez.
Oh! chantez juste vous-même; je sais bien ce que je dis. Est-ce que je ne vois pas bien qu'il faut marquer là une dissonance, et que l'octave s'entre-choquant avec l'unisson, vient à former un dièse bémol. Mais, voyez cet ignorant!

AMILARÉ.
Monsieur, avec votre permission, si les musiciens n'en savent pas plus que vous, ce sont de grands ânes.

TROTENVILLE.
Plaît-il, mon ami? Savez-vous que vous êtes un sot par nature, par bémol et par bécarre? Je vous apprendrai à insulter ainsi la croche française.

AMILARÉ.
Un sot! à moi!

(Il donne de son chapeau dans le visage de Trotenville.)

TROTENVILLE, mettant la main sur son épée.
Par la mort! par le sang!... Mesdames, je vous donne le bonsoir.

(Il s'en va d'un côté et Amilaré de l'autre.)

SCÈNE IX.

COLOMBINE, seule, riant.

Ah! ah! ah! de la manière qu'il s'y prenait, je croyais qu'il allait tout tuer.

FIN DU PREMIER ACTE.

ACTE DEUXIÈME.

SCÈNE I.

Le théâtre représente une place publique.

ARLEQUIN, MEZZETIN.

ARLEQUIN.

Oh çà ! je vous dis encore une fois que nous nous brouillerons, si vous ne me tenez parole. J'ai fait le barbier ; j'ai volé la bourse ; il y avait cent louis d'or dedans ; vous m'en avez promis dix : je prétends les avoir, ou je ne me mêle plus de rien.

MEZZETIN.

Que tu es impatient ! Je te les ai promis, et tu les auras ; et de plus, je te promets de te faire épouser Colombine ; mais il faut faire encore une petite fourberie.

ARLEQUIN.

Pour épouser Colombine, j'en ferais cinquante, des fourberies.

MEZZETIN.

Oh çà ! tiens-toi un peu en repos, et laisse-moi rêver au moyen de t'introduire chez monsieur Sotinet, pour rendre cette lettre à Isabelle.

ARLEQUIN, *pendant que Mezzetin rêve.*

J'aurai Colombine, au moins.

MEZZETIN.

Oui, vous dis-je, vous l'aurez.

(Il rêve.)

ARLEQUIN.

Et Colombine m'aura-t-elle aussi ?

MEZZETIN.

Eh morbleu, oui ! vous l'aurez, et elle vous aura. Laissez-moi en repos.

(Il rêve.)

ARLEQUIN, comptant les boutons de son justaucorps.

Je l'aurai, je ne l'aurai pas ; je l'aurai, je ne l'aurai pas ; je l'aurai, je ne l'aurai pas ; je ne l'aurai pas.

(Il pleure.)

MEZZETIN.

Qu'est-ce? qu'avez-vous? pourquoi pleurez-vous?

ARLEQUIN.

Je n'aurai pas Colombine : hi, hi, hi!

MEZZETIN.

Qui est-ce qui vous a dit cela?

ARLEQUIN, montrant ses boutons.

C'est la boutonomancie.

MEZZETIN.

Que le diable t'emporte, toi et ta boutonomancie! Laisse-moi songer en repos. Je t'assure, encore une fois, que tu auras Colombine, le colombier, les pigeons, et tout ce qui a relation à elle. Console-toi donc, et ne m'interromps pas d'avantage.

(Il rêve.)

ARLEQUIN.

Voilà Colombine (*il montre le doigt index de sa main droite*), et voici Arlequin (*il montre le doigt index de sa main gauche*). Arlequin dit : Bonjour, ma colombelle. Colombine répond : Bonjour, mon pigeonneau... Adieu, ma belle... Adieu mon...

MEZZETIN, lui donnant un coup de pied.

Adieu, vilain magot. Tu ne veux donc pas te tenir un moment en repos?

ARLEQUIN.

Je répétais le compliment de noce.

MEZZETIN.

Pour vous empêcher de complimenter davantage, venez çà (*il lui prend les mains, et les lui fourre dans sa ceinture*). Si vous ôtez vos mains de là, vous n'épouserez pas Colombine.

(Il rêve.)

ARLEQUIN, les mains dans sa ceinture.

Mezzetin!

MEZZETIN.

Que vous plait-il?

ARLEQUIN.

Y aura-t-il des violons à ma noce?

MEZZETIN.

Oui, il y aura des violons, des vielles et de toutes sortes d'instruments.

(Il rêve.)

ARLEQUIN.

Mezzetin!

MEZZETIN.

J'enrage! Que vous plaît-il?

ARLEQUIN.

Et y dansera-t-on, à la noce?

MEZZETIN.

On y dansera; oui, bourreau. Ne te tairas-tu jamais?

(Il rêve.)

ARLEQUIN.

On dansera à ma noce, et je danserai avec Colombine! Ah! quel plaisir!

(Il danse.)

MEZZETIN.

Oh! pour le coup, c'en est trop. Couchez-vous vite. *(Arlequin se couche par terre.)* Nous verrons un peu à présent si vous vous tiendrez en repos. Imaginez-vous que vous êtes dans un lit, et que vous dormez.

ARLEQUIN.

Je suis dans un lit?

MEZZETIN.

Oui, dans un lit, et Colombine est couchée avec vous.

(Il rêve.)

ARLEQUIN.

Mezzetin!

MEZZETIN.

A la fin, il faudra que je change de nom. Que voulez-vous?

ARLEQUIN.

Fermez les rideaux du lit, de peur du vent.

MEZZETIN, *faisant semblant de tirer les rideaux du lit.*

Quelle patience!

(Il rêve.)

ARLEQUIN.

Mezzetin!

MEZZETIN.

Encore! qu'est-ce qu'il y a, double enragé chien?

ARLEQUIN.

Donnez-moi le pot de chambre.

MEZZETIN prend son bonnet et le met auprès de la tête d'Arlequin.
Tiens, voilà le pot de chambre; puisses-tu pisser la parole!

ARLEQUIN.

Ah! ma chère Colombine, que je t'embrasse, mon petit cœur, m'amour.

(Il se roule sur le théâtre.)

MEZZETIN.

Tenez, tenez! si je prends un bâton, je te romprai bras et jambes à la fin. Veux-tu t'arrêter? Lève tes pieds. *(Il lui fait lever les pieds, et s'assied sur ses genoux, un bâton à la main.)* Si tu remues à présent, ou que tu parles, nous allons voir beau jeu. *(Après avoir rêvé, il dit à lui-même :)* J'habillerai Arlequin en chevalier; il ira heurter à la porte de Sotinet : d'abord voilà Colombine.

ARLEQUIN.

Colombine! et où est-ce qu'elle est?

(Il ouvre ses genoux, se lève pour voir Colombine. Mezzetin tombe, se relève et court après Arlequin pour le frapper.)

SCÈNE II.

Le théâtre représente l'appartement d'Isabelle.

M. SOTINET, ISABELLE, COLOMBINE.

SOTINET.

Madame, je vous déclare, pour la dernière fois, que je ne veux plus voir tout ce train-là dans ma maison. Je ne sais plus qui y est maître. Que ne payez-vous les gens à qui vous devez? et pourquoi faut-il que j'aie tous les jours la tête rompue de vos folles dépenses, qui me mènent à l'hôpital? Je ne vois ici que des marchands qui apportent des parties, ou des maîtres qui demandent des mois.

ISABELLE.

Ah! vraiment, je vous trouve plaisant! J'aime assez vos airs de reproches! Et depuis quand les maris prennent-ils ces hauteurs-là avec leurs femmes? Sachez, s'il vous plaît, Monsieur, qu'un homme comme vous, qui a épousé une fille de qualité comme moi, est trop heureux quand elle veut bien s'abaisser à porter son nom. Mon mérite n'est-il pas bien soutenu d'avoir pour piédestal le nom de monsieur Sotinet! Madame Sotinet! ah! quelle mortification! Je sens un soulèvement de cœur quand j'entends seulement prononcer le nom de monsieur Sotinet.

COLOMBINE.

Et que n'en changez-vous, Madame? n'est-ce pas la mode? Je connais un homme qui s'appelle monsieur Josset, et sa femme se fait appeler la marquise de Bas-Aloi.

SOTINET.

Taisez-vous, impertinente; on ne vous parle pas. Est-ce à vous à mettre là votre nez? Vous n'êtes pas plus sage que votre maîtresse.

ISABELLE.

Pourquoi voulez-vous qu'elle se taise quand elle a raison? Ne sait-on pas assez dans le monde l'honneur que je vous ai fait quand je vous ai épousé? Mais vous devez vous mettre en tête que je vous ai plutôt pris pour mon homme d'affaires que pour mon mari; et je vous prie de ne plus vous mêler de ma conduite.

COLOMBINE.

Madame parle comme un oracle; toutes les paroles qu'elle dit sont des sentences que toutes les femmes devraient apprendre par cœur.

SOTINET.

Vous devriez mourir de honte de la vie que vous menez. On n'entend parler d'autre chose que de votre jeu et de vos dépenses. Nous demeurons dans la même maison, et il y a huit jours que je ne vous ai rencontrée. Vous vous allez promener quand je me couche, et vous ne vous couchez que quand je me lève.

ISABELLE.

Ah! Colombine, ne te souviens-tu point de ce petit air que m'apprit hier monsieur le marquis? Je l'ai oublié.

COLOMBINE.

Non, Madame; mais si vous voulez, je vais vous en chanter un que je viens d'apprendre. La, la, la.

SOTINET.

Te tairas-tu donc, coquine? Il y a longtemps que je suis las de tes impertinences. C'est toi qui me la gâtes, et un grand traîneur d'épée qui ne bouge d'ici. Mais j'empêcherai bien que cela ne dure, et je veux que tu sortes tout présentement de chez moi. Allons, qu'on déniche tout à l'heure.

COLOMBINE.

Moi? je n'en ferai rien.

SOTINET.

Tu n'en sortiras pas?

COLOMBINE.

Non, je n'en sortirai pas.

SOTINET.

Comment donc? est-ce que je ne suis pas le maître ici?

COLOMBINE.

Pardonnez-moi.

SOTINET.

Je ne pourrai pas mettre dehors une coquine de servante quand il me plaira?

COLOMBINE.

Je ne dis pas cela.

SOTINET.

Eh! pourquoi dis-tu donc que tu ne sortiras pas?

COLOMBINE.

C'est que je vous aime trop.

SOTINET.

Je ne veux pas que tu m'aimes, moi; je veux que tu me haïsses.

COLOMBINE.

Il m'est impossible; je sens pour vous un tendresse... Allez, cela n'est guère bien de n'avoir pas plus de naturel pour des gens qui vous affectionnent.

(Elle pleure.)

SOTINET.

Oh! la bonne bête!

ISABELLE.

Eh bien! Monsieur, aurez-vous bientôt fait? Savez-vous que je ne m'accommode point de tous vos dialogues. Je vous prie, Monsieur, de vous en aller dans votre appartement, et de me laisser en repos dans le mien. Sitôt que je suis un moment avec vous, mes vapeurs me prennent d'une violence épouvantable.

SOTINET.

Je m'ennuie bien aussi d'y être, Madame, et je voudrais....

ISABELLE.

Ah! Colombine, je n'en puis plus. Soutiens-moi. De l'eau de la reine d'Hongrie. Haï!

COLOMBINE.

Hé! Monsieur, retirez-vous; voilà madame qui trépasse, et je la garantis morte, si vous ne décampez tout à l'heure.

SCÈNE III.

ISABELLE, COLOMBINE.

COLOMBINE.

Là, là, revenez; il est parti : cela vaut bien mieux qu'une bouteille d'eau de la reine d'Hongrie. Ma foi! Madame, je ne sais pas ce que vous faites de cet homme-là; mais je sais bien, moi, ce que j'en ferais si j'étais à votre place. Quel moyen de vivre avec lui? Il a toute la journée le gosier ouvert pour faire enrager tout le monde.

ISABELLE.

A te dire vrai, Colombine, je suis bien lasse de la vie que je mène. C'est un homme qui n'est jamais dans la route de la raison; il a des travers d'esprit qui me désolent. Mais que veux-tu? Je suis mariée; c'est un mal sans remède. Toute ma consolation est que nous nous ferons bien enrager tous deux.

COLOMBINE.

Mariée! voilà une belle affaire! est-ce là ce qui vous embarrasse? Bon, bon! on se démarie aussi facilement qu'on se marie; et je savais toujours bien, moi, que tôt ou tard il en fallait venir là; il n'y avait pas de raison autrement. Il ne tiendra donc qu'à faire impunément enrager les femmes, sous prétexte qu'elles sont douces et qu'elles n'aiment pas le bruit! Oh! vous en aurez menti, messieurs les maris; et quand il n'y aurait que moi, j'y brûlerai mes livres, ou cela sera autrement. Donnez-moi la conduite de cette affaire-là; vous verrez comme je m'y prendrai.

ISABELLE.

Mon Dieu! Colombine, je voudrais bien n'en point venir là : je fais même tout ce que je puis pour avoir quelque estime pour monsieur Sotinet; mais je ne saurais en venir à bout. Je voudrais, Colombine, que tu fusses mariée; tu verrais si c'est une chose si aisée que d'aimer un mari.

COLOMBINE.

Bon! est-ce que je ne le sais pas bien? N'allez pas aussi vous mettre en tête de le vouloir faire; vous y perdriez vos peines et votre temps.

ISABELLE.

Et va, va; je n'y tâche que de bonne sorte. Mais nous perdons bien du temps. Je dois aller passer l'après-dînée chez la marquise : viens achever de m'habiller dans mon cabinet.

COLOMBINE.

Mais, Madame, qui est-ce qui entre là?

SCÈNE IV.

ISABELLE, COLOMBINE, LE CHEVALIER DE FONDSEC [1].

LE CHEVALIER.

Un dévoiement, Madame, causé à ma bourse par les fréquentes crudités d'une fortune indigeste, m'a obligé d'avoir recours au remède astringent d'un petit billet payable au porteur, que j'apportais à monsieur votre époux; mais n'y étant pas, j'ai cru qu'un homme de ma qualité pouvait entrer de volée chez les dames, et que vous ne seriez pas fâchée de connaître le chevalier de Fondsec.

(Tout ce rôle du chevalier se prononce en gascon.)

ISABELLE.

Je suis ravie, Monsieur, de l'honneur que je reçois; mais je voudrais que ce ne fût pas une suite de votre malheur, et devoir à ma bonne fortune, et non pas à votre mauvaise, la visite que je reçois : mais il faut espérer que vous serez plus heureux.

LE CHEVALIER.

Comment voulez-vous, Madame? Pour être heureux, il faut jouer; pour jouer, il faut avoir de l'argent; et pour avoir de l'argent, que diable faut-il faire? Car nous autres chevaliers de Gascogne, nous n'avons jamais connu ni patrimoine, ni revenu.

---

[1] Ce rôle était joué par Arlequin.

COLOMBINE.

Il est vrai que de mémoire d'homme on n'a jamais vu venir une lettre de change de ce pays-là.

ISABELLE.

Monsieur le chevalier voudra bien passer toute l'après-dînée avec nous?

LE CHEVALIER.

Ma foi, Madame, je ne sais pas si je pourrai me prostituer à votre visite; car c'est aujourd'hui mon grand jour de femmes. Je m'en vais voir sur mes tablettes. (*Il tire ses tablettes et lit.*) Le mercredi, à cinq heures, chez Dorimène. Oh! ma foi, il est trop tard. A cinq heures et un quart, chez la comtesse qui m'a envoyé cette épée d'or: (*En riant.*) Ah! ah! la sotte prétention! Vouloir que je rende une visite pour une épée qui ne pèse que soixante louis! Non, Madame, je n'irai pas, vous dis-je; j'y perdrais. A six heures et demie, promis à Toinon, au troisième étage, rue Tireboudin. Oh! ma foi, cette visite-là se peut remettre. Allons, Madame, je suis à vous pendant toute l'après-dînée, et pendant toute la nuit si vous voulez : il en coûtera la vie à trois ou quatre femmes; mais qu'y faire? le moyen d'être partout?

SCÈNE V.

ISABELLE, COLOMBINE, LE CHEVALIER, UN LAQUAIS.

LE LAQUAIS.

Monsieur, vos laquais sont là-bas, qui demandent à vous parler.

LE CHEVALIER.

Dis-leur que je n'ai rien à leur dire.

LE LAQUAIS.

Ils font un bruit de diable; ils disent qu'il y a trois jours qu'ils n'ont mangé.

LE CHEVALIER.

Voilà de plaisants marauds; est-ce à faire à ces coquins-là à manger? Et que feront donc les maîtres? (*Vers Isabelle.*) Madame, voyez là-bas s'il y a quelque chose de reste, et qu'on leur donne seulement pour les empêcher de crier.

ISABELLE, au laquais.

Dites là-bas qu'on leur donne à manger.

SCÈNE VI.

ISABELLE, COLOMBINE, LE CHEVALIER.

COLOMBINE.
Il faut dire la vérité; monsieur le chevalier est d'un bon naturel : il ôterait volontiers le morceau de sa bouche pour le donner à ses gens.

LE CHEVALIER.
Ces gueux-là sont trop heureux avec moi. C'est une commission que de me servir.

COLOMBINE.
Ils sont quelquefois trois jours sans manger; mais aussi je crois que vous leur donnez de gros gages.

LE CHEVALIER.
Je le crois, vraiment; au bout de trois ans je leur donne congé pour récompense.

COLOMBINE.
Ils ne sont pas malheureux. Voilà le meilleur de votre condition.

ISABELLE.
Oh çà! monsieur le chevalier, voilà un chagrin qui me saisit. Que ferons-nous après la collation? Quand je n'ai plus que deux ou trois plaisirs à prendre dans le reste du jour, je suis dans une langueur mortelle; et je m'ennuie presque toujours, dans la crainte que j'ai de m'ennuyer bientôt. Il faut envoyer voir ce que l'on joue aux Italiens. Broquette, Broquette!

SCÈNE VII.

ISABELLE, COLOMBINE, LE CHEVALIER, UN LAQUAIS.

LE LAQUAIS.
Madame?

ISABELLE.
Allez voir ce que l'on joue aujourd'hui à l'hôtel de Bourgogne.

SCÈNE VIII.

ISABELLE, COLOMBINE, LE CHEVALIER.

COLOMBINE.

Je ne sais, Madame, ce que vous voulez faire ; mais je vous avertis que monsieur a enfermé une roue du carrosse dans son cabinet, pour vous empêcher de sortir.

ISABELLE.

Qu'importe ? nous irons dans le carrosse de monsieur le chevalier.

LE CHEVALIER.

Cela ne se peut pas, Madame ; mon cocher s'en sert : c'est que je lui donne mon carrosse un jour la semaine pour ses gages ; c'est aujourd'hui son jour, et il l'a loué à des dames qui sont allées au bois de Boulogne.

COLOMBINE.

Cela ne doit pas nous arrêter. Si Madame veut aller à l'Opéra, je trouverai bien un carrosse.

ISABELLE.

Ah ! fi, Colombine, avec ton Opéra. Peut-on revenir à la demi-Hollande, quand on s'est si longtemps servi de batiste ? J'y allai dès deux heures à la première représentation ; j'eus tout le temps de m'ennuyer avant que l'on commençât, mais ce fut bien pis quand on eut une fois commencé.

COLOMBINE.

Je ne conçois pas comment on peut s'ennuyer à l'Opéra ; les habits y sont si beaux !

ISABELLE.

Je crois bien que nous ne sommes pas engouées de musique aujourd'hui, et qu'il faudra nous en tenir à la comédie italienne.

LE CHEVALIER.

En vérité, Madame, je ne sais pas quel plaisir vous trouvez à vos comédies italiennes ; les acteurs y sont détestables. Est-ce qu'Arlequin vous divertit ? C'est une pitié. Excepté cet homme qui parle normand dans *l'Empereur de la Lune*, tout le reste ne vaut pas le diable. J'étais dernièrement à une pièce nouvelle ; elle n'était pas encore commencée, que j'entendis accorder les sifflets au parterre, comme on fait les violons à l'Opéra. Je m'en allai aussitôt, pestant comme un diable contre ces nigauds-là, et je n'en voulus pas voir davantage.

ISABELLE.

Vous n'attendîtes donc pas que la toile fût levée?

LE CHEVALIER.

Hé! vraiment non. Ne voit-on pas bien d'abord à ces indices-là qu'une pièce ne vaut rien?

SCÈNE IX.

ISABELLE, COLOMBINE, LE CHEVALIER, UN LAQUAIS.

ISABELLE, au laquais.

Approchez, petit garçon. Eh bien! quelle pièce joue-t-on?

LE LAQUAIS.

Madame, on joue le Sirop pour purger.

LE CHEVALIER.

Ne vous l'avais-je pas bien dit, Madame? Ces gens-là ne jouent que de vilaines choses.

LE LAQUAIS.

Madame, combien mettra-t-on de couverts?

ISABELLE.

Deux : un pour monsieur le chevalier et l'autre pour moi.

LE LAQUAIS.

N'en mettra-t-on pas aussi un pour monsieur?

ISABELLE.

Non. Ne savez-vous pas bien que monsieur ne mange point à table quand il y a compagnie?

LE CHEVALIER, au laquais.

Parle, mon ami; mets deux couverts pour moi; je mangerai bien pour deux personnes.

FIN DU SECOND ACTE.

Nota. On a supprimé ici trois scènes qui ne consistent qu'en jeux italiens, et ne servent qu'à amener un divertissement tout à fait étranger à la pièce, et qui termine le second acte.

ACTE TROISIÈME.

SCÈNE I (ITALIENNE).

(Aurelio dit à Mezzetin que sa sœur Isabelle est presque déterminée à souffrir qu'on la sépare d'avec son mari ; que Colombine, qui travaille de concert avec lui, est après elle pour la déterminer entièrement ; qu'on plaidera devant le dieu d'Hymen, et que lui-même sera la divinité qui prononcera l'arrêt. Mezzetin s'en réjouit, et dit qu'il cherchera un avocat pour plaider en faveur d'Isabelle : après quoi ils s'en vont.)

SCÈNE II.

ISABELLE, COLOMBINE.

COLOMBINE.

Dieu merci, Madame, ce que je demandais est enfin arrivé : nous plaiderons, morbleu ! nous plaiderons ! la gueule du juge en pétera, et je ne souffrirai pas que vous soyez plus longtemps le rendez-vous des violences de monsieur Sotinet. Vous ne serez plus madame Sotinet, ou j'y perdrai mon latin. Je viens de consulter un avocat de mes amis sur votre affaire. Bon ! il dit que cela ira son grand chemin, et qu'il y aurait là de quoi faire casser aujourd'hui vingt mariages.

ISABELLE.

En vérité, Colombine, j'ai eu bien de la peine à me résoudre à ce que tu as voulu. On va me tympaniser par la ville, et je vais donner la comédie à tout Paris.

COLOMBINE.

Ah ! vraiment, nous y voilà ! on va vous tympaniser ! Eh ! mort non pas de ma vie, Madame, c'est vous éterniser, que de faire un coup d'éclat comme celui-là ! Dites-moi, je vous prie, aurait-on tant d'empressement à lire l'histoire galante de certaines femmes, si une séparation ne les avait rendues célèbres ? Saurait-on la magnificence de madame Lycidas, en justaucorps de soixante pistoles, les discrétions qu'elle perd avec son galant, si elle n'avait pas plaidé contre son mari ? et l'on n'aurait jamais connu tout l'esprit d'Artémise, sans ses lettres, qui ont été produites à l'audience. Je vous le dis, Madame, il n'y a rien de tel que de bien débuter dans le monde, et voilà le plus court chemin. On avance plus par là en un jour d'audience qu'en vingt années de galanterie; et vous me remercierez dans peu des bons avis que je vous donne.

ISABELLE.

Il fallait donc, Colombine, que j'apprisse de longue main à mépriser, comme ces femmes dont tu me parles, les chimères et les fantômes de réputation et d'honneur qui font peur aux esprits simples comme le mien. Je conviens, avec toi, qu'il y a beaucoup d'honnêtes femmes qui sont lasses de leur métier et de leur mari; mais du moins elles n'en instruisent pas la ville par la bouche d'un avocat, et ne se font point déclarer fieffées coquettes par arrêt de la cour.

COLOMBINE.

C'est qu'elles n'ont pas un mari aussi bourru que vous en avez un. Vous êtes trop bonne, et vous gâtez les maris. Une bonne séparation, Madame, une bonne séparation; et le plus tôt, c'est le meilleur. Il y a déjà près de deux ans que vous êtes femme de monsieur Sotinet; et quand ce serait le meilleur mari du monde, il serait gâté depuis le temps.

ISABELLE.

Fais donc tout ce que tu voudras. Mais faudra-t-il que j'aille solliciter toutes ces jeunes barbes de juges, qui me riront au nez, et qui sont ravis d'avoir des affaires de cette nature-là?

COLOMBINE.

Oh! Madame, ne vous mettez point en peine, vous n'irez point aux juridictions ordinaires: le dieu d'Hymen est arrivé depuis quelque temps en cette ville, pour démarier toutes les personnes qui sont lasses du mariage. Il aura de la pratique, comme vous pouvez juger. Je veux qu'il commence par vous. Laissez-moi faire; j'ai une peste de tête...

SCÈNE III.

ARLEQUIN, ISABELLE, COLOMBINE.

COLOMBINE.

Ah! mon pauvre Arlequin, tu viens ici bien à propos. (*A Isa belle.*) Tenez, Madame, voilà l'avocat que je veux vous donner. (*A Arlequin.*) Viens çà, sais-tu plaider?

ARLEQUIN.

Si je sais plaider? J'ai été quatre ans cocher du plus fameux avocat de Paris. Il me fit une fois plaider en sa place pour un homme qui avait fait quelque petite friponnerie. Il devait naturellement, et suivant toutes les règles de la justice, aller droit aux galères : je lui épargnai la fatigue du chemin ; je fis tant qu'il n'alla qu'à la Grève. Je criai comme un diable.

COLOMBINE.

Tu plaides donc bien. Il n'en faut pas davantage pour gagner le procès le plus désespéré. Allons, viens ; suis-moi : je te dirai ce qu'il faut que tu fasses.

ISABELLE.

Je ne sais pas, Colombine, dans quelle affaire tu m'embarques-là.

COLOMBINE.

Ne vous mettez pas en peine, Madame ; je vous en tirerai. Je ne vous dis pas ce que j'ai envie de faire.

SCÈNE IV.

ARLEQUIN, MEZZETIN.

MEZZETIN.

Je te cherchais. Colombine m'a dit que tu avais servi chez un avocat.

ARLEQUIN.

Cela est vrai.

MEZZETIN.

Étais-tu clerc?

ARLEQUIN.

Non. C'était moi qui recousais les sacs et les étiquettes.

MEZZETIN.

J'ai besoin de toi. Voici la dernière fourberie que tu feras : il faut que tu plaides la cause de mademoiselle Isabelle devant le dieu de l'Hyménée.

ARLEQUIN.

Et comment m'y prendre? la profession d'avocat n'est pas si aisée.

MEZZETIN.

Bon! il n'y a rien au monde de si aisé. (*A part.*) Il le faut prendre par la gueule. (*Haut.*) Un avocat va le matin en robe au palais. Dès qu'il y est, il entre à la buvette, où il mange des saucisses, des rognons, des langues, et boit du meilleur.

ARLEQUIN.

Un avocat mange des saucisses? Oh! si cela est, je serai avocat, et bon avocat; car je mangerai plus de saucisses qu'un autre : je les aime à la folie.

MEZZETIN.

D'abord, tu commenceras ton plaidoyer en disant : Messieurs, je parle pour mademoiselle Isabelle, contre son mari, qui est débauché, un puant, un fou, et autres choses semblables.

ARLEQUIN.

Laisse-moi faire, pourvu que les saucisses marchent.

MEZZETIN.

Oh! cela s'en va sans dire. Oh! çà, prends que je sois le juge; commence par plaider.

ARLEQUIN.

Je ne puis pas.

MEZZETIN.

Et d'où vient?

ARLEQUIN.

C'est que je n'ai pas encore été à la buvette.

MEZZETIN.

Nous irons après : répétons toujours auparavant.

ARLEQUIN.

Mais répétons donc aussi la buvette.

MEZZETIN.

Voilà une buvette qui te tient bien au cœur! Tiens, prends que je sois le juge. (*Il fait semblant de s'asseoir dans un fauteuil, puis dit :*) Avocat plaidez.

ARLEQUIN.

Messieurs...

MEZZETIN.

Fort bien.

ARLEQUIN.

Messieurs... Messieurs... Messieurs, je conclus...

MEZZETIN.

A quoi concluez-vous?

ARLEQUIN.

Je conclus à ce que nous allions manger les saucisses avant qu'elles refroidissent.

(Il s'en va, Mezzetin court après.)

SCÈNE V.

M. SOTINET, PIERROT.

SOTINET.

Eh bien ! que t'a dit Monsieur de la Griffe, mon avocat ? Viendra-t-il bientôt ?

PIERROT.

Monsieur, il est bien malade ; il ne pourra pas venir : en taillant sa plume, il s'est coupé un peu le doigt ; il dit qu'il ne pourra pas plaider dans l'état où il est.

SOTINET.

Comment ! est-il fou ?

PIERROT.

Il m'a dit qu'il allait envoyer un jeune homme en sa place, qui plaide comme un diable, et qui vous fera aussi bien perdre votre procès que lui-même.

SOTINET.

Cette affaire-là me fera mourir ; je n'en sortirai jamais à mon honneur. Ma femme m'a fait assigner devant le dieu d'Hymen ; on n'est guère favorable aux maris à ce tribunal-là. Ce qui me fâche le plus, c'est que l'on me fera rendre vingt mille écus que je n'ai point reçus. Allons.

PIERROT.

Hé ! monsieur, consolez-vous : il y a bien des gens qui voudraient être quittes de leurs femmes à ce prix-là.

SCÈNE VI.

Le théâtre représente le temple de l'Hyménée, au milieu duquel est un tribunal soutenu de bois de cerfs et de cornes d'abondance. Le dieu de l'Hymen, vêtu de jaune, avec une très grande mante, doublé de souci et parsemée de petits croissants, sort au son des instruments. Il est précédé de la Joie et des Plaisirs, et suivi du Chagrin et de la Tristesse. Après qu'il a fait le tour du théâtre, il va se mettre sur son tribunal, qui est entouré tout aussitôt par une infinité d'enfants et de nourrices, qui tiennent des berceaux, des poêlons, des langes et autres ustensiles qui servent à élever les petits enfants.

AURÉLIO, en dieu de l'Hymen ; COLOMBINE, en avocat, sous le nom de BRAILLARDET ; ARLEQUIN, en avocat, sous le nom de CORNICHON ; M. SOTINET, ISABELLE, plusieurs assistants.

BRAILLARDET, plaidant.

Pour messire Mathurin-Blaise Sotinet, sous-fermier, contre la dame Sotinet, sa femme, demanderesse en séparation.

Je ne suis pas surpris, Messieurs, de voir à ce nouveau tribunal une femme qui veut secouer le joug d'un mari ; mais je m'étonne de n'y pas voir avec elle la moitié des femmes de Paris.

CORNICHON.

Donnez-vous un peu de patience ; nous n'aurons pas plus tôt démarié la première, qu'elles y viendront toutes les unes après les autres.

BRAILLARDET.

En effet, Messieurs, une femme qui épouse un vieillard, dans l'espérance de l'enterrer six mois après, n'est-elle pas en droit de lui demander raison de son retardement ; et n'est-elle pas bien fondée à faire rompre son mariage, puisque son mari n'a pas satisfait à l'article le plus essentiel du contrat, par lequel il s'est obligé tacitement à ne pas passer l'année ? Celui pour qui je parle, après avoir longtemps contemplé du port les naufrages de tant de malheureux époux, s'embarqua enfin sur la mer orageuse du mariage ; et quand il fit ce solécisme en conduite, qu'il souffrit cette léthargie de bon sens, cette éclipse de raison, s'il se fût mis une corde au cou, ou qu'il se fût jeté dans la rivière, il n'aurait jamais tant gagné en un jour.

CORNICHON.

Ni sa femme aussi.

BRAILLARDET.

Il fit ce qu'ont accoutumé de faire les gens sur le retour, quand ils épousent de jeunes filles, c'est-à-dire qu'il confessa avoir reçu vingt mille écus, quoiqu'elle ne lui eût jamais apporté en mariage qu'un fonds de galanterie outrée, et une fureur effrénée pour le jeu : voilà la dot de la dame Sotinet.

4.

CORNICHON.

Avec votre permission, maître Braillardet, vous ne vous tiendrez pas pour interrompu si je vous dis que vous en avez menti : il a reçu vingt mille bons écus.

BRAILLARDET.

Des démentis, Messieurs, des démentis ! il est vrai que voilà le style ordinaire de maître Cornichon.

CORNICHON.

Eh ! allez, allez votre chemin : je vous vois venir avec vos suppositions. Une fureur pour le jeu ! une femme qui n'a pas vingt ans, une fureur pour le jeu !

BRAILLARDET.

Oui, oui, Messieurs, quand je dis que voilà la dot de la dame Sotinet, je n'avance rien que de véritable ; mais ne croyez pas que, parce qu'elle n'a rien eu en mariage, elle en dépense moins en se mariant. Les jeunes filles qui se vendent à des vieillards achètent en même temps le droit de les envoyer à l'hôpital promptement, par leurs dépenses extravagantes : c'est ce qu'a presque fait la dame Sotinet ; car enfin le pauvre homme ne fut pas plus tôt marié, qu'il vit bien (comme presque tous les autres qui s'enrôlent dans cette milice) qu'il avait fait une sottise ; que le mariage est une affaire à laquelle il faut songer toute sa vie ; qu'un bon singe et la meilleure femme sont souvent deux méchants animaux ; et que ce grand philosophe avait bien raison de s'écrier, en voyant trois ou quatre femmes pendues à un arbre : Que les hommes seraient heureux si tous les arbres portaient de semblables fruits !

CORNICHON.

Ce fruit-là serait diablement âcre, et il ne serait bon, tout au plus, qu'en compote.

BRAILLARDET.

Il vit, dès le jour même de son mariage, introduire chez lui l'usage des deux lits, usage condamné par nos pères, inventé par la discorde, et fomenté par le libertinage ; usage que je puis nommer ici la perte du ménage, l'ennemi mortel de la réconciliation, et le couteau fatal dont on égorge sa postérité.

CORNICHON.

Est-ce que l'on se marie pour coucher avec sa femme ? fi ! cela est du dernier bourgeois.

BRAILLARDET.

Il vit fondre chez lui, dès le lendemain, tous les fainéants de la ville, chevaliers sans ordre, beaux esprits sans aveu ; cent petits poètes crottés, vrais chardons du Parnasse ; de ces fades blondins, minces colifichets de ruelles ; en un mot, il vit faire de sa maison une académie de jeux défendus, et fut obligé de payer une grosse amende, à quoi il fut condamné. Oui, oui, Messieurs, je n'avance rien que de véritable ; et, malgré toutes les précautions, il n'a pas laissé de la payer cette amende, dont voici la quittance signée Pallot. Mais qui fut le dénonciateur ? Vous croyez peut-être que ce fut, comme d'ordinaire, quelque fripon de laquais, enragé d'avoir été chassé de la maison ; ou quelque joueur, outré d'avoir perdu son argent ? Non, Messieurs, non ; ce fut la dame Sotinet. La dame Sotinet ! oui, Messieurs, ce fut elle qui, ne sachant plus où trouver de l'argent pour jouer, alla dénoncer elle-même que l'on jouait chez elle : elle fut condamnée à trois mille livres d'amende. Son mari les paya ; elle reçut son tiers comme dénonciatrice. Que direz-vous, races futures, d'un pareil brigandage ?

> Quid non muliebria pectora cogis,
> Auri sacra fames ?

CORNICHON.

Vous devriez garder vos passages pour une meilleure cause. Voilà bien du latin de perdu. S'il ne tient qu'à parler latin...

BRAILLARDET.

Hé ! je parle bon français, maître Cornichon ; on m'entend bien. Mais ce n'était là qu'un prélude des pièces qu'elle devait faire par suite à son mari. Les pierreries engagées ; la vaisselle d'argent vendue ; des tableaux d'un prix extraordinaire enlevés : car le sieur Sotinet a toujours été extrêmement curieux d'originaux, et se connaissait parfaitement en peinture.

CORNICHON.

Je le crois bien : il a porté les couleurs assez longtemps pour s'y connaître... (1).

BRAILLARDET.

Cela est faux : il n'a jamais porté que du gris chez un homme

---

(1) *Porter les couleurs* s'entendait pour avoir porté la livrée. — Les livrées différant de couleurs.

d'affaires, et cela s'appelle apprenti sous-fermier, et non pas laquais, maître Cornichon, et non pas laquais. Mais, Messieurs, s'il n'y avait que de la dissipation dans la conduite de la dame Sotinet, vous n'entendriez pas retentir votre tribunal des plaintes de son mari ; mais puisqu'il est aujourd'hui obligé d'avouer sa honte et son malheur, approchez, financiers, plumets, chevaliers, et vous, godelureaux les plus déterminés ; paraissez sur la scène. Oui, oui, Messieurs, nous trouverons de tous ces gens-là dans l'équipage de la dame Sotinet, équipage qu'elle promène scandaleusement par toute la ville, et la nuit et le jour. Mais, que dis-je, le jour ! non, ce n'est point pour elle que le soleil éclaire, elle méprise cette clarté bourgeoise ; elle ne sort de chez elle qu'avec les oublieurs (1), et n'y rentre qu'à la faveur des crieurs d'eau-de-vie.

CORNICHON.

La pauvre femme y est bien obligée. Son mari a la cruauté de lui refuser un flambeau ; il faut bien qu'elle attende le jour pour s'en retourner chez elle.

BRAILLARDET.

On ne manquera pas de vous dire que celui pour qui je suis est un brutal ; j'en tombe d'accord : un ivrogne ; je le veux : un débauché ; j'y consens : un homme même qui est quelquefois attaqué de vertiges ; cela est vrai ; mais, Messieurs...

SOTINET.

Mais, monsieur l'avocat, qui vous a donné charge de dire tout cela ?

BRAILLARDET.

Hé ! taisez-vous, ignorant : ce sont des figures de rhétorique qui persuadent. (*Aux juges.*) Quand tout cela serait, dis-je, Messieurs, sont-ce des raisons pour faire rompre un mariage ? Si je vous parlais des intrigues de la dame Sotinet, de ses aventures galantes, de ses subtilités pour tromper son mari ; mais.....

Ante diem clauso componet vesper olympo..

Vous rougiriez, illustres et vieilles coquettes de notre temps, de voir qu'une femme de dix-huit ans vous a laissées bien loin après elle dans la carrière de la galanterie, et j'appren-

---

(1) Garçons pâtissiers qui couraient la ville le soir en criant les oublies.

drais aux femmes qui m'écoutent de nouveaux tours de souplesse (elles n'en savent déjà que trop). Et après cela, Messieurs, une femme, qui est le précis, l'élixir, la mère-goutte de la transcendante coquetterie, viendra vous demander une séparation! Ne tiendra-t-il qu'à donner de pareilles détorses à l'Hymen? Ordonnerez-vous qu'un mari soit déclaré veuf, avant que d'avoir eu le plaisir d'enterrer sa femme? Non, non, vous n'autoriserez point une telle injustice. Nous espérons, au contraire, que vous obligerez la dame Solinet à retourner avec son mari, pour mieux vivre avec lui, s'il est possible. C'est à quoi je conclus.

CORNICHON.

Voilà une belle conclusion. Oh! çà, çà, nous allons voir.

(Il plaide.)

Messieurs, je parle pour damoiselle Zorobabel de Roqueventrousse, demanderesse en séparation, contre Mathurin-Blaise Solinet, sous-fermier, ci-devant laquais, et défendeur.

L'aspect de ce sénat cornu, pompe digne de l'Hymen; cet attirail funeste et menaçant, tout cela, je l'avoue, m'inspire quelque terreur : mais, d'un autre côté, l'équité de ma cause *me recreat et reficit;* puisque je parle ici pour quantité de femmes, qui vous disent par ma bouche qu'un mari est à présent un meuble fort inutile; et que, quand il n'y en aurait point, le monde ne finirait pas pour cela.

Le mois de mars 87, Mathurin-Blaise Solinet, âgé de soixante-dix ans, sentit un prurit pour la noce, une démangeaison pour le mariage; cette vieille rosse, refaite et maquignonnée, cette mèche sèche et ridée, prit feu aux étincelles des yeux de celle pour qui je parle. Il l'épousa, et il ne tint qu'à lui de voir qu'il avait mis dans sa maison un trésor de sagesse et de prudence, puisqu'elle ne dépensa, en se mariant, que les vingt mille écus qu'elle avait eus en mariage. Rare exemple de modération pour les femmes d'aujourd'hui, qui montent insolemment sur une grosse dot, pour insulter à l'économie de leurs maris.

BRAILLARDET, en riant.

Ah, ah, ah! l'économie de la dame Solinet! J'avais oublié de vous dire, Messieurs, que le mariage fut presque rompu, parce que le futur n'avait envoyé qu'un carreau de cinq cents écus.

CORNICHON.

Je le crois bien : je connais la fille d'un drapier qui en a renvoyé un de deux mille livres ; et si, dans ce temps-là, les drapiers n'avaient pas gagné leur procès contre les marchands de soie...

BRAILLARDET.

La femme d'un sous-fermier, un carreau de cinq cents écus!

CORNICHON.

Oh! taisez-vous donc, si vous pouvez. Si on n'impose silence à maître Braillardet, je n'achèverai jamais ma plaidoirie. C'est une femme que cet homme-là : il ne débabille pas.

Vous la voyez, Messieurs, à votre tribunal, cette innocente opprimée, cette femme qui engage ses pierreries, vend sa vaisselle d'argent. Mais pourquoi fait-elle tout cela? Pour tirer son mari de prison.

Le sieur Sotinet était entré malheureusement dans l'affaire du bois carré. Tous ses associés sont en fuite. On l'appréhende au corps; on l'entraîne au For-l'Évêque. Cette chaste tourterelle, privée de son tourtereau, que d'impitoyables sergents lui ont enlevé, va, court, engage tout. Mais pourquoi, Messieurs? pourquoi encore une fois? Pour tirer son mari d'un cul de basse fosse.

BRAILLARDET.

En vérité, Messieurs, voilà une calomnie atroce. Le sieur Sotinet n'a jamais été en prison. Je demande réparation.

CORNICHON.

Un sous-fermier, jamais en prison! eh bien! donnez-vous un peu de patience, nous l'y ferons bientôt aller.

Mais que dirons-nous, Messieurs, de ses débauches, ou, pour mieux dire, que n'en dirons-nous pas? Car jusques à quel excès de crapule cet homme-là ne s'est-il point laissé emporter? Mais, que dis-je, un homme? non, Messieurs, c'est plutôt une futaille, ou, pour mieux dire, un rapé qui ne fait que se remplir et se vider à tous moments. C'est un bouchon ambulant; c'est une éponge toute dégouttante de vin, dont les vapeurs obscurcissent et soufflent enfin la chandelle de sa raison.

BRAILLARDET.

Je vous arrête là. C'est une calomnie diabolique... Le sieur Sotinet ne boit que de l'eau; cela est de notoriété publique.

CORNICHON.

Un homme qui a été toute sa vie dans les aides ne boit que de l'eau ! N'avait-il bu que de l'eau, maître Braillardet, quand, sortant tout chancelant d'un cabaret, pour assister à l'enterrement d'un de ses meilleurs amis, il se laissa tomber dans la fosse, où il serait encore, si, par malheur pour sa femme, on ne l'en eût retiré ? N'a-t-il bu que de l'eau, quand il revient chez lui le soir, amenant avec soi des femmes d'une vertu délabrée, et qu'il maltraite celle pour qui je suis de paroles et de coups ?

BRAILLARDET.

Des coups ! Ah ! messieurs, on ne sait que trop que c'est le pauvre homme qui les a reçus. Il a porté plus de trois mois un emplâtre sur le nez, d'un coup de chandelier que sa femme lui a donné.

SOTINET, en pleurant.

Cela est vrai. Je ne saurais m'empêcher de pleurer, toutes les fois que j'y songe.

CORNICHON.

Vous êtes sous-fermier, Monsieur, et vous pleurez ! Mais, s'il n'y avait que des coups à essuyer, je ne m'en plaindrais pas ; car on sait bien qu'une femme veut être un peu pansée de la main ; mais de se voir, à tous moments, exposée aux extravagances d'un fou !

SOTINET.

Moi, fou !

CORNICHON.

Oui, Messieurs, je vous le garantis tel, et des plus fous qui se fassent. On n'a qu'à lire les dépositions des témoins, on verra qu'on l'a encore vu aujourd'hui courir les rues à pied, la barbe faite d'un côté, et le bassin passé à son cou.

SOTINET.

Je n'ai jamais fait d'autre folie que celle de prendre ma femme. Hé ! morbleu, plaidez votre cause si vous voulez.

(Il lève sa canne, et en menace Cornichon.)

CORNICHON.

Vous voyez, Messieurs, que votre présence ne saurait servir de gourmette à ce furieux. Que serait-ce si cette pauvre innocente se trouvait toute seule avec lui ? Approchez, malheureuse opprimée ; venez, épouse infortunée : c'est à l'ombre de ce tribunal que vous trouverez un asile assuré contre la pétulance de votre persécuteur. Souffrirez-vous, Messieurs, qu'une femme qui (comme dit fort élégamment un savant philosophe) doit être *vas dignitatis, non voluptatis*, devienne un grenier à coups de poing? qu'une femme, qui doit être la soucoupe des plaisirs d'un mari, soit le ballon de ses emportements? Non, Messieurs, vous ne souffrirez pas que ces innocentes brebis soient si cruellement égorgées par ces loups ravissants! Eh! qui voudrait dorénavant se mettre en ménage, si vous fermiez la porte aux séparations?

Le divorce ayant été de tout temps tout ce qu'il y a de plus piquant dans le mariage, ce ragoût de veuvage anticipé, cette viduité prématurée que vous allez servir à la dame Sotinet, va faire venir l'eau à la bouche à quantité de femmes de Paris: elles en voudront tâter. Songez, Messieurs, aux honneurs que vous allez recevoir! *cornuum quanta seges!* Vous aurez plus d'affaires que toutes les juridictions de la France. L'hôtel de Bourgogne crèvera de monde : vous en aurez toute la gloire, et les comédiens italiens tout le profit. *Dixi.*

(Pendant que le dieu de l'Hymen va aux opinions, les avocats parlent tous deux à la fois.)

BRAILLARDET.

Quand il y aurait quelque petit grain de folie, il y a des intervalles...

CORNICHON.

Ah! taisez-vous, taisez-vous.

(Cela se dit à haute voix.)

JUGEMENT.

LE DIEU DE L'HYMEN.

Ayant aucunement égard à la requête de la partie de maître Cornichon, le dieu de l'Hymen a ordonné que la dame Sotinet demeurera séparée de corps et de biens d'avec son mari; qu'elle reprendra les vingt mille écus qu'elle a apportés en mariage; qu'elle jouira, dès à présent, de son douaire, étant réputée veuve, et d'une pension de trois mille livres; et attendu la démence avérée du sieur Sotinet, nous avons ordonné qu'à la diligence de sa femme, il sera incessamment enfermé aux Petites-Maisons, ou à Saint-Lazare.

SOTINET.
Moi, enfermé! moi, à Saint-Lazare!
CORNICHON.
Bon! il y a dix ans que vous devriez y être.

(On emmène le sieur Sotinet. Aurélio se découvre à Isabelle.)
ARLEQUIN.
Monsieur l'Hyménée, ce n'est pas tout : vous venez de défaire un mariage, mais il s'agit d'en refaire un autre entre Colombine et moi.
COLOMBINE.
Ah! très volontiers, à condition que l'on nous démariera au bout de l'an.
ARLEQUIN.
Je le veux bien ; car j'ai toujours ouï dire qu'une femme et un almanach sont deux choses qui ne sont bonnes tout au plus que pour une année.

FIN DU DIVORCE.

COMÉDIE ITALIENNE.

LA COQUETTE
OU L'ACADÉMIE DES DAMES,

COMÉDIE EN TROIS ACTES

DE JEAN-FRANÇOIS REGNARD.

Représentée pour la première fois le 17 janvier 1691.

La *Coquette* est une des plus gaies parmi les comédies que Regnard a données au théâtre de l'hôtel de Bourgogne. C'est une peinture des plus colorées des vices et des travers de son temps. Sans doute, il y a plus d'un trait commun entre M. de Pourceaugnac et Arlequin, bailli du Maine. Mais c'est une variante spirituelle du même type de provincial infatué qui se fait jouer et moquer par les gens de Paris. Le caractère de Colombine est des mieux soutenus et c'est avec beaucoup de finesse qu'elle relève les impertinences de son lourdaud de prétendu. La scène des femmes du bel air, celles du robin et du capitaine, ainsi que la scène de Mme Pindaret, la femme bel esprit, sont écrites avec une verve et un brio qui révèlent d'avance les qualités de l'auteur du *Légataire*. Le dénouement se fait grâce à une mascarade qui rappelle la cérémonie du *Malade imaginaire*, mais Regnard obéissait en cela aux habitudes, aux traditions scéniques du genre qui exigeait une manière de divertissement burlesque comme conclusion à l'action un peu lâche de ces sortes de comédies-bouffes.

C'est Gherardi qui créa l'Arlequin de la *Coquette*. Mezzetin était un personnage imaginé et tenu par Angelo Constantini. Pierrot était l'emploi de Joseph Giaradon. Pasquariel, qui amusait par ses cabrioles et ses tours de force, se nommait Joseph Tortoriti.

LA COQUETTE

OU L'ACADÉMIE DES DAMES,

COMÉDIE EN TROIS ACTES.

ACTEURS :

TRAFIQUET.
COLOMBINE, fille } de Trafiquet.
ISABELLE, nièce }
LE COMTE, amant de Colombine. *Octave.*
ARLEQUIN, bailli du Maine.
PIERROT } domestiques de
MARINETTE } Trafiquet.
MEZZETIN } valets du comte.
PASQUARIEL }
BAGATELLE, laquais de Colombine.

M. NIGAUDIN, conseiller au présidial de Beauvais. *Mezzetin.*
UN CAPITAINE. *Arlequin.*
UN SERGENT.
Mᵐᵉ PINDARET, bel-esprit.
MARGOT, couturière.
UN LAQUAIS de M. Nigaudin.
UN LAQUAIS de Mᵐᵉ Pindaret.
Fourbes de la suite de Mezzetin, et autres personnages muets.

La scène est à Paris, chez Trafiquet.

ACTE PREMIER.

SCÈNE I.

ARLEQUIN, en colère, se retournant, à la cantonade.

Vous en avez menti, messieurs les commis de la barrière, je ne dois rien : vous êtes des fripons. On est plus assuré au milieu des bois que dans ce maudit pays-ci; on ne saurait faire un pas qu'on ne trouve un filou. Il n'y a pas une demi-heure que je suis arrivé dans Paris, et me voilà déjà presque tout déshabillé... Au voleur! au voleur! Quelle maudite nation! A peine suis-je entré dans la ville, qu'on fait derrière mon cheval l'opération à ma valise; on en tire les hardes, et on la fait accoucher avant terme. En descendant à l'hôtellerie, on m'escamote ma casaque. Je fais deux pas dans la rue, un fiacre me couvre de boue depuis les pieds jusqu'à la tête; un porteur de chaise me donne d'un de ses bâtons dans le dos; il vient un homme me saluer, je lui ôte mon chapeau, un coquin par derrière m'arrache ma perruque; et, pour comble de friponneries, on veut me faire payer l'entrée à la porte comme bête à cornes, parce que je viens pour me marier... Attendez donc que je sois...

SCÈNE II.

ARLEQUIN, MEZZETIN

ARLEQUIN.

Monsieur, n'êtes-vous pas un coupeur de bourse?
(Au lieu de répondre, Mezzetin tourne autour de lui, l'examine en se moquant de lui; et Arlequin fait des lazzis de frayeur. Le restant de cette scène consiste dans un jeu italien.)

SCÈNE III.

Le théâtre change, et représente l'appartement de Colombine; elle est à sa toilette, et Isabelle prélude sur un clavecin.

COLOMBINE, ISABELLE.

COLOMBINE.

Holà, quelqu'un! N'ai-je là personne? Cascaret! Jasmin! Pierrot! Bagatelle! Bagatelle!

SCÈNE IV.

COLOMBINE, ISABELLE, PIERROT, BAGATELLE.

COLOMBINE, à Bagatelle.

D'où vient, petit garçon, qu'il faut vous appeler tant de fois?

BAGATELLE.

Mademoiselle, c'est que j'achevais ma main au lansquenet.

COLOMBINE.

N'est-il venu personne me demander?

BAGATELLE.

Il est venu cinq ou six personnes; mais j'ai oublié leurs noms et ce qu'ils m'ont dit.

COLOMBINE.

Le petit étourdi!

PIERROT.

Monsieur le conseiller a dit qu'il allait revenir. Il est venu aussi cette grande femme qui a le visage si creux, qui vous viendra voir tantôt, quand elle aura été chez son libraire.

COLOMBINE.

C'est notre bel-esprit: je la tiens quitte de sa visite dès à présent. (*A Bagatelle.*) Venez çà; allez chez ma couturière, et dites-lui que je veux avoir mon habit aujourd'hui.

BAGATELLE.

Ne lui dirai-je pas aussi de nous faire des culottes? La mienne est toute déchirée entre les jambes, et ma chemise passe, révérence parler, par...

COLOMBINE.

Taisez-vous, petit sot, et faites ce que je vous dis.

SCÈNE V.

ISABELLE, COLOMBINE.

ISABELLE.

Eh bien! cousine, as-tu bientôt mis la dernière main à ton visage?

COLOMBINE.

Dis-moi, je te prie, comment me trouves-tu aujourd'hui?

ISABELLE.

A charmer.

COLOMBINE.

J'ai beau arranger mes traits, il me semble qu'il y en a toujours quelqu'un qui se révolte contre mon économie.

ISABELLE.

Je t'assure que tu es d'un air à mettre à contribution tous les cœurs de la ville.

COLOMBINE.

Je sais bien, sans vanité, que j'ai quelque agrément ; mais avec un peu de beauté, et trois ou quatre mouches sur le nez, une fille ne va pas loin dans le siècle où nous sommes. Il faut de cela pour plaire (*elle se touche le front*) et pour attraper un époux ; voilà le point difficile. Nous avançons en âge tout doucement, et nous sommes assez fortes pour bien soutenir une thèse en mariage.

ISABELLE.

J'en tombe d'accord. Crois-tu, cousine, que j'aie le cœur plus dur que toi ? Je sens quelquefois qu'une fille n'est pas née pour vivre seule ; je t'avouerai même que j'emploie tout mon esprit pour attirer quelque amant dans le filet conjugal. Mais ces hommes sont des pestes de poissons rusés qui viennent badiner autour de l'appât, et mordent rarement à l'hameçon. Le mariage se décrie de jour en jour ; je crois, pour moi, que nous allons voir la fin du monde.

COLOMBINE.

Que tu es folle ! Quoique le mariage ne soit plus guère à la mode, les hommes ont beau faire, ils ne sauraient se passer de nous. Leur répugnance pour le mariage vient de la simplicité des filles, qui ne savent pas jouer le rôle. L'homme est un animal qui veut être trompé.

ISABELLE.

Je ne m'applique nuit et jour à autre chose. Je relève, avec l'art, les agréments que la nature m'a donnés : je joins à quelque brillant d'esprit les talents de la poésie et de la musique : pour mes manières, elles sont douces et insinuantes, et avec tout cela, point d'épouseurs.

COLOMBINE.

Mais que prétendent donc tous ces petits messieurs-là ?

ISABELLE.

C'est ce que je ne conçois pas. On sait bien qu'il y a de certaines avances qui accrochent quelquefois. Mais vous en aurez menti, messieurs les soupirants ; et si j'accorde quelque faveur, ce ne sera, ma foi, que par-devant notaire, et en vertu d'un bon parchemin bien signé.

COLOMBINE.

Cependant ce n'est pas une chose si difficile que tu le penses, d'engager un homme. Savoir risquer un billet dans son temps, marcher sur le pied à l'un, tendre la main à l'autre, se brouiller avec celui-ci, se raccommoder avec celui-là : crois-moi, avec ce petit manège-là, il faut, bon gré, mal gré, que quelque bête donne dans les toiles.

ISABELLE.

Il me semble que tu copies assez bien une coquette d'après nature. Prends-y garde, au moins ; on ne fait plus guère de fortune à ce métier-là.

COLOMBINE.

Bon ! il n'y a plus que les sottes qui se persuadent d'attraper des hommes par des airs composés. Cousine, le monde m'en a plus appris qu'à toi, et je te suis caution qu'une fille n'est piquante qu'autant qu'elle a pris sel dans la coquetterie.

ISABELLE.

Vraiment ! ce ne sont pas là les maximes de ma mère, qui me prône tous les jours que la coquetterie est l'antipode du mariage, et j'ai ouï dire cent fois à mon oncle qu'une fille coquette ressemble à ces vins pétillants dont tout le monde veut tâter et dont personne ne veut acheter pour son ordinaire.

COLOMBINE.

Voilà-t-il pas mes contes de grand'mère, qui condamnent dans leurs enfants les plaisirs que l'âge leur refuse? Je veux, moi, te donner des conseils pour le mariage, plus courts et plus faciles, et afin que tu les retiennes mieux, je vais te les lire en vers.

ISABELLE.

En vers, ma petite ! Ah ! c'est ma folie.

COLOMBINE.

N'en perds pas une syllabe.

(Elle lit.)

Portrait d'une coquette,
ou vraie morale d'une fille à marier.

Une fille qui veut se faire
Un époux parmi ses amants,
Doit changer à tous les moments
Et de visage et de manière ;
Tantôt, d'un air modeste, elle entre dans un cœur,
Sous un faux semblant de sagesse ;
Et tantôt, rallumant un feu de belle humeur,

Elle y porte à la fois la joie et la tendresse ;
Elle sait finement, par un mélange heureux,
Délayer la douceur avecque la rudesse ;
Du frein et de l'épron (1) usant avec adresse,
Suivant que l'animal est vif ou paresseux.

ISABELLE.

Ce début-là est vif ; je ne sais pas comment sera le reste.

COLOMBINE.

Rien ne se démentira.

(Elle continue de lire.)

Pour conserver un cœur qu'elle a su préparer,
Elle tient toujours la balance
Entre la crainte et l'espérance,
Laissant un pauvre amant doucement s'enferrer.
Si quelqu'un, rebuté de son trop long martyre,
Cherche à s'échapper du filet,
Par de fausses bontés alors on le retire :
On écrit, et Dieu sait le style du billet !
Un roi ne paierait pas tout ce qu'on lui promet :
On se désespère, on soupire ;
Trac, l'oiseau rentre au trébuchet.

ISABELLE.

Au trébuchet ! Un mari ne se prend pas comme un oiseau ; il faut bien d'autres pièges.

COLOMBINE.

Je te dis qu'en amour ils sont si niais, qu'une fille qui sait un peu son métier en va tromper trente à la fois.

(Elle poursuit sa lecture.)

Lui parle-t-on d'amour...

ISABELLE.

Encore ?

COLOMBINE.

Voici le dernier. Dame ! il entre bien des ingrédients dans la composition d'une coquette.

Lui parle-t-on d'amour, vante-t-on ses appas ?
Elle impose silence en faisant la novice ;
Elle fait expliquer ceux qui n'en parlent pas,

1 Il faut écrire *éperon*. L'auteur a sacrifié ici l'orthographe à la mesure du vers.

Et sait se démonter à visse (1) :
D'un rire obéissant son visage est paré ;
Le robinet des pleurs s'ouvre et ferme (2) à son gré ;
Et, dispensant ainsi la rigueur, la tendresse
(Crois-moi, cousine), en cet état,
C'est jouer de malheur, après tant de souplesse,
Si quelque dupe enfin ne tâte du contrat.

ISABELLE.

Savante comme tu l'es, tu devrais te mettre à montrer le coquétisme en ville ; tu serais bientôt riche.

COLOMBINE.

Je n'y gagnerais pas de l'eau : toutes les filles savent cela. Dans le fond, on n'a que de bonnes intentions. Et quel reproche peut faire un homme quand une fille ne le trompe qu'en vue de mariage ?

SCÈNE VI.

COLOMBINE, ISABELLE, BAGATELLE.

BAGATELLE.

Mademoiselle, voilà le comte Octave.

COLOMBINE.

Qu'il entre.

SCÈNE VII.

ISABELLE, COLOMBINE.

ISABELLE.

Je te laisse avec lui ; car apparemment c'est un épouseur ; et ma mère m'attend.

COLOMBINE.

Bon ! ta mère t'attend : va, va, elle est la maîtresse ; elle attendra tant qu'elle voudra : demeure ici ; tu en apprendras plus avec moi en un quart d'heure que tu ne feras en toute la vie avec la mère. C'est une façon de mari.

---

1 L'exactitude voudrait que l'on écrivit vis ; mais la rime a fait altérer l'orthographe.
2 Il faudrait se ferme.

ISABELLE.

Tu l'aimeras donc?

COLOMBINE.

Que tu es sotte! Ne t'ai-je pas dit cent fois que j'aime tout le monde sans aimer personne? Mon père m'a défendu de le voir, parce qu'il me destine à un bailli du Maine, qui doit arriver dans peu. Ne suis-je pas bien malheureuse! Car imagine-toi ce que c'est qu'un bailli du Maine.

SCÈNE VIII.

COLOMBINE, ISABELLE, OCTAVE, MEZZETIN.

OCTAVE.

Malgré la rigueur de votre père, je viens vous assurer, mademoiselle, que je perdrai plutôt la vie que l'espérance d'être un jour votre époux.

MEZZETIN.

Oui, mademoiselle, nous avons résolu cela; et s'il ne vous épouse, je vous épouserai, moi.

ISABELLE, bas, à Colombine.

Cousine, voilà du gibier à trébuchet.

COLOMBINE.

Vous savez, Octave, quels sont mes sentiments pour vous, cela vous doit suffire. Ne parlons point d'amour, si ce n'est en chansons. Vous chantez bien; voilà ma cousine qui accompagne parfaitement du clavecin; je veux vous entendre ensemble.

OCTAVE.

Mais, mademoiselle, chanter dans l'état où je suis; pénétré de douleur, désespéré...

COLOMBINE.

Bon! bon! Si vous n'avez pas la force de chanter, vous soupirerez; c'est la langue la plus familière aux amants. Allons, qu'on approche le clavecin. Mezzetin, prenez bien garde que mon père ne vienne.

ISABELLE.

Tu me mets là, cousine, à une rude épreuve.

(Octave chante; Isabelle l'accompagne.)

SCÈNE IX.

COLOMBINE, ISABELLE, OCTAVE, MEZZETIN, TRAFIQUET, PIERROT.

TRAFIQUET appelle en entrant sur la scène.

Holà! quelqu'un! Pierrot! Pierrot!

PIERROT.

Me voilà, me voilà, monsieur. Vous criez plus fort qu'un fiacre mal graissé.

TRAFIQUET, sans voir Octave.

Avec qui diable es-tu donc! Il faut t'appeler vingt fois.

PIERROT.

Je suis avec l'amour.

TRAFIQUET.

Oh! oh! voilà du nouveau. Tu es donc amoureux?

PIERROT.

Je ne dors, ni ne veille; je sens toujours là un tintamarre, comme s'il y avait un régiment de lutins.

TRAFIQUET.

Il faut prendre patience. (*Apercevant Octave.*) Mais, que vois-je? C'est Octave! Eh! que faites-vous donc ici, s'il vous plait! Ne vous avais-je pas prié de n'y plus venir?

(Octave et Mezzetin font une révérence.)

PIERROT.

Puisque monsieur vous l'a défendu, pourquoi y revenez-vous?

TRAFIQUET.

Est-ce que vous prétendez, mon petit monsieur, épouser ma fille malgré moi?

(Octave et Mezzetin font une autre révérence.)

PIERROT.

Monsieur, n'allez pas souffrir cela; on vous prendrait pour un insensé.

TRAFIQUET.

Mais, monsieur, encore une fois, je n'ai que faire de vos révérences: répondez à ce que je vous demande.

(Octave et Mezzetin sortent, après avoir fait encore une révérence.)

SCÈNE X.

TRAFIQUET, COLOMBINE, ISABELLE, PIERROT.

TRAFIQUET.

Vous ferez bien, messieurs de la révérence, de ne regarder ma porte qu'avec une lunette; je vous saluerais d'une manière... Quelle plaisante conversation! toujours des révérences!

PIERROT.

Va, va, tu n'as qu'à y revenir; je te ferai danser un branle de sortie sans violons.

TRAFIQUET, à Colombine.

Et vous, mademoiselle l'impertinente, ne vous ai-je pas défendu de le voir? Savez-vous que quand je commande, je veux être obéi?

(Colombine et Isabelle font une révérence.)

PIERROT.

Elles ont appris à danser du même maître.

TRAFIQUET.

Ne t'ai-je pas dit que je ne voulais pas que tu songeasses davantage à cet homme-là pour être ton époux?

(Colombine et Isabelle font encore une révérence.)

PIERROT.

Fi! ce n'est pas là votre fait.

TRAFIQUET.

Écoutez, ne m'échauffez pas les oreilles; il y a des maisons à Paris où l'on réduit les filles désobéissantes. Merci de ma vie!

(Colombine et Isabelle sortent en faisant une grande révérence.)

SCÈNE XI.

TRAFIQUET, PIERROT.

PIERROT.

Ma foi, monsieur, il faut dire la vérité, voilà des filles bien civiles.

TRAFIQUET.

Mais que veulent donc dire toutes ces cérémonies-là? Voilà une nouvelle manière de répondre. Allons, allons; il faut faire cesser tout ce manège-là. J'attends aujourd'hui un gendre qui me vient du Bas-Maine; je veux envoyer savoir s'il est venu. Pierrot! (*Pierrot fait une révérence en fille.*) Ah! monsieur le maraud! je crois que vous voulez rire aussi. Si je prends un bâton... (*Pierrot fait une autre révérence.*) Quoi! tu t'en mêles aussi!

PIERROT.

Mais, monsieur, est-ce que vous voulez m'empêcher d'être civil? Qu'est-ce que vous me voulez?

TRAFIQUET.

Je veux que tu passes chez monsieur Fesse-Mathieu, pour le prier de venir ici; et que tu ailles de là dans la rue de la Huchette, savoir si le messager du Mans est arrivé.

PIERROT.

Bon, bon, bon, monsieur. Vous attendez donc quelque panier de volaille.

TRAFIQUET.

J'attends le bailli de Laval, qui vient pour être mon gendre.

PIERROT.

Quoi! tout de bon? Un homme du Maine pour être le mari de votre fille?

TRAFIQUET.

Assurément.

PIERROT.

Fi! monsieur, n'en faites rien; il ne vient que des chapons de ce pays-là.

(Scènes italiennes.)

SCÈNE XII.

COLOMBINE, PIERROT.

COLOMBINE, plie une lettre.

Une bougie... Est-ce que tu n'entends pas que je demande une bougie pour cacheter une lettre?

PIERROT, faisant des mines à Colombine.

Pardonnez-moi;... mais... c'est que... en vérité... mademoiselle; je m'en vais...

COLOMBINE.

Pour moi, je ne sais plus quelle maladie a attaqué le cerveau de cet animal-là : il ne voit plus, il n'entend plus; il a assurément quelque chose de brouillé dans son timbre. (*Pierrot apporte un manchon.*) Tu veux donc que je cachette une lettre avec un manchon? Je te demande une bougie, m'entends-tu? Je crois qu'il me fera perdre l'esprit. (*Pierrot fait encore des mines.*) Oh! oh! voilà une nouvelle folie que je ne lui connaissais pas encore. Depuis quand as-tu perdu la parole, réponds; dis donc à qui tu en as?

PIERROT.

Je n'oserais; je sens là un tourbillon, un étouffement de la nature,... heurtant contre l'amour. Tenez, voilà une lettre qui vous dira tout cela.

COLOMBINE.

Que signifie donc cette cérémonie-ci? Je trouve cela assez plaisant. Voyons donc ce que dit cette lettre.

(Elle lit.)

« Comme il n'y a point d'animal dans le monde qui n'aime
« quelque autre animal, c'est ce qui fait que je vous aime. Au-
« tre chose ne peut vous dire votre très humble serviteur et
« fidèle amant.   « PIERROT. »

Mon très humble serviteur et fidèle amant, Pierrot. Ah! ah! voilà donc où le bât vous blesse, monsieur l'amoureux! En vérité, je suis ravie d'avoir fait une pareille conquête.

PIERROT.

Hé! mademoiselle, je sais bien que mon mérite n'est pas capable de mériter;... mais, d'un autre côté,... voilà que l'occasion,... votre beauté... Je ne suis pas bien riche; mais, ma foi, je suis un bon garçon.

COLOMBINE.

J'entends cela le mieux du monde: mais je vous prie, monsieur Pierrot, d'étouffer un peu vos hoquets de tendresse, et d'aller porter cette lettre à monsieur de La Maltotière.

PIERROT, en s'en allant.

Ah! petit cocodrille (1)! Ouf!

1 Pour *crocodile*. C'est le propre des niais au théâtre de travestir les mots.

SCÈNE XIII.

COLOMBINE, seule.

La conquête de Pierrot n'est pas bien illustre; je sens néanmoins une secrète joie de voir que rien ne m'échappe. Quelque sévérité qu'affectent les femmes, elles ne sont jamais fâchées de s'entendre dire qu'on les aime.

SCÈNE XIV.

COLOMBINE, UN LAQUAIS.

LE LAQUAIS, annonçant.

Mademoiselle, voilà monsieur le conseiller Nigaudin.

SCÈNE XV.

COLOMBINE; NIGAUDIN, en habit de ville et en épée; UN LAQUAIS de Nigaudin.

COLOMBINE.

En vérité, monsieur Nigaudin, j'ai lieu de louer votre diligence: nous ne devons partir pour la comédie que dans deux heures, et je suis ravie de pouvoir, pendant ce temps-là, profiter de votre conversation.

NIGAUDIN, toussant.

Mademoiselle, quand il s'agira de vous offrir ses hommages, on n'obtiendra point de défaut contre moi : en cas de rendez-vous auprès des dames, je ne me laisse jamais contumacer, et je me rends bien vite à l'ajournement personnel.

COLOMBINE.

Ah! monsieur, que vous dites les choses galamment! Vous avez un tour aisé et naturel dans les expressions, que les autres n'ont point, et il semble toujours que vous demandiez le cœur, quelque indifférente chose que vous disiez.

NIGAUDIN.

Moi, mademoiselle? Je ne vous demande rien; vous me prenez donc pour un escroc? Il est vrai que nous autres gens de robe, la plupart, nous avons la belle élocution à commandement. Tout franc, mademoiselle, les gens d'épée n'ont point le boute-dehors, comme nous (1).

COLOMBINE.

Fi! ne me parlez point des gens d'épée; ils n'auraient jamais rien à vous dire, s'ils ne vous étourdissaient de leurs bonnes fortunes et s'ils ne vous faisaient le calcul du nombre des bouteilles qu'ils ont vidées. Pour moi, je ne conçois pas bien la manie de la plupart des femmes d'aujourd'hui; on ne saurait leur plaire, si l'on ne revient de Flandre ou d'Allemagne, et si l'on ne rapporte à leurs pieds un cœur tout persillé de poudre à canon.

NIGAUDIN.

Ma foi, il y a bien de l'entêtement; car, entre nous, il n'y a point de gens qui tiennent une procédure si irrégulière auprès des dames, que les gens de guerre : ils sont brusques et entreprenants sur le fait des faveurs, et n'observent jamais les délais fixés par l'ordonnance de l'amour.

COLOMBINE.

Il est vrai qu'on n'est point en sûreté contre leurs entreprises, et quand ils sont chez les dames, ils s'imaginent être dans un quartier d'hiver à vivre à discrétion.

NIGAUDIN.

A propos de quartier d'hiver, mademoiselle, il me semble qu'ils sont venus cette année quinze jours plus tôt pour moi.

COLOMBINE.

Pourquoi donc, monsieur?

NIGAUDIN.

J'avais hypothèque spéciale sur votre cœur, sans ce visage d'épétier (2) qui est arrivé, et qui se prétend privilégié sur la chose; mais, ventrebleu! nous verrons.

COLOMBINE.

Eh! que craint-on, monsieur, quand on est fait comme vous?

NIGAUDIN.

Il est vrai qu'un juge craint fort peu de chose; mais la plu-

1 Dans le jargon parisien moderne on dirait : *les gens d'épée ne sont pas d'attaque comme nous.*

2 Pour homme d'épée. Mot forgé par Regnard.

part de ces gens de guerre sont des brutaux qui usent d'abord des voies de fait. Nous autres, nous faisons notre affaire en douceur, et nous n'aimons pas le fracas de la brette.

COLOMBINE.

Vous avez assez d'autres endroits pour vous faire distinguer.

NIGAUDIN.

Ce n'est pas, ventrebleu! qu'on n'ait du cœur. Je voudrais que vous me vissiez aux buvettes; je fais tout trembler; et si tous mes confrères les praticiens me ressemblaient, il ne se recevrait pas le quart des nasardes qui se donnent tous les jours.

COLOMBINE.

Je gagerais, à votre air, que vous opinez l'épée à la main, et je vous prendrais quelquefois pour un colonel de robe.

NIGAUDIN.

Vous trouvez donc mon habit joli? C'est un petit déshabillé de chasse que je me suis fait faire pour la cour. N'est-il pas vrai que l'épée me sied bien?

COLOMBINE.

A charmer.

NIGAUDIN.

Je sens quelquefois des convulsions de bravoure que je ne saurais retenir. (*Il tousse*). J'étais né pour la guerre; mais mon père, voyant que j'avais trop d'esprit pour ce métier-là, me mit dans notre présidial de Beauvais, et m'acheta une charge d'assesseur.

COLOMBINE.

Ah! monsieur l'assesseur, si vous débrouillez aussi bien un procès que vous savez vous faire jour dans un cœur, que vous êtes un juge éclairé!

NIGAUDIN.

Tout franc, mademoiselle, je ne me plains pas de mes lumières, et je vous avoue que j'ai une pénétration d'esprit qui me surprend quelquefois. Je jugeai dernièrement un gros procès à l'audience, dont je n'avais pas entendu un mot.

COLOMBINE.

Pas un mot! et comment avez-vous pu rendre la justice?

NIGAUDIN.

Bon! dans tous les procès, il n'y a qu'une routine. L'une des parties m'avait envoyé un carrosse de cent pistoles, et l'autre deux chevaux gris de six cents écus; vous jugez bien qui avait le bon droit (1).

COLOMBINE.

Oh! je sais que deux chevaux gris mènent un procès bien rondement.

NIGAUDIN.

Ma foi, vous avez raison; les chevaux entraînèrent le carrosse.

SCÈNE XVI.

LE CAPITAINE (2), COLOMBINE, NIGAUDIN, laquais de M. Nigaudin.

LE CAPITAINE, en dedans.

Parbleu! mon ami, je crois que tu ne me connais pas.

COLOMBINE.

Ah! monsieur, vous êtes perdu si cet homme-là vous trouve ici.

NIGAUDIN.

Comment donc?

COLOMBINE.

C'est un officier qui est jaloux à la fureur; il a déjà tué cinq ou six hommes, pour n'avoir fait que me regarder.

NIGAUDIN.

Cinq ou six hommes! Voilà qui est bien brutal. Holà! hé! laquais.

(Il se déshabille et met son rabat.)

COLOMBINE.

Hé! que faites-vous, monsieur? A quoi vous amusez-vous là?

NIGAUDIN.

Je sais bien ce que je fais. Il faudra qu'il soit bien lâche, s'il me bat sans épée. Pour plus grande sûreté, vite, qu'on me donne ma robe.

1 Cent pistoles soit mille francs. L'avantage est pour les six cents écus représentant dix huit cents francs.
2 Rôle joué par Arlequin-Gherardi.

COLOMBINE.

Votre robe! et où est-elle?

NIGAUDIN.

Je ne vais jamais sans cela; on ne sait pas ce qui peut arriver.

COLOMBINE.

Ah! monsieur, ne vous y fiez pas; vous auriez toutes les robes du palais sur le corps, qu'il...

LE CAPITAINE, toujours en dedans.

Par la mort! par la tête! si tu ne me laisses entrer, je mettrai le feu à la maison.

COLOMBINE.

Que je suis malheureuse! Le voilà qui entre. Tenez, cachez-vous vite sous cette table-là, et ne remuez pas.

NIGAUDIN, se mettant sous la table.

Ah! ma maudite toux me va trahir.

LE CAPITAINE entre sur la scène.

Comment, mordi! mademoiselle; il est plus difficile d'entrer chez vous que de prendre trois demi-lunes l'épée à la main. Si vous ne changez de portier, ma foi, il faudra rompre tout commerce avec vous. Malepeste! une cravate de Malines qui n'est plus propre qu'à faire de la charpie! Voilà qui est fait, je ne rends plus de visites qu'à des portes bâtardes.

COLOMBINE.

Monsieur, je suis fâchée de l'accident de votre cravate; mais...

LE CAPITAINE.

Mais, mademoiselle, on est bien aise de conserver le peu qu'on a de linge. Je suis revenu trente fois de l'assaut en meilleur équipage. Il est vrai qu'une jolie personne comme vous est un redoutable ouvrage à cornes. (*Il rape du tabac, Nigaudin tousse.*) Hem! plaît-il?

COLOMBINE.

Ce n'est rien, monsieur... Que voilà un habit bien entendu!

LE CAPITAINE.

Je ne suis pas mal fait, oui; je dois ma taille à une douzaine de bouteilles de vin que je bois réglément par jour : un grand ventre sied bien à la tête d'un bataillon. (*Nigaudin tousse.*) Ouais! qu'est-ce donc que j'entends?

COLOMBINE.

Ce n'est rien, vous dis-je. Voilà vos inquiétudes qui vous prennent ; vous voudriez déjà être hors d'ici, et vous ne songez pas qu'il y a un siècle qu'on ne vous a vu.

LE CAPITAINE.

J'y viendrais plus souvent ; mais tout le genre humain y aborde. Voyez-vous, mademoiselle, je suis le gentilhomme de France du meilleur commerce ; mais, ventrebleu ! je ne m'accommode point de vos neutralités.

COLOMBINE.

Mon Dieu ! monsieur, je ménage tout le monde pour des raisons particulières ; mais je sais donner la préférence à qui le mérite. Je me distingue en voyant des gens de cour ; les officiers me font plaisir ; je trouve des ressources parmi les financiers ; et pour peu qu'on aime la bagatelle, c'est le moins qu'on puisse avoir que deux ou trois petits abbés dans une maison.

LE CAPITAINE.

Pour les abbés, passe ; on sait bien que cette graine-là est nécessaire aux femmes : mais j'enrage de voir à vos trousses un tas de gens de robe, qui sont pour la plupart des croquants, à qui l'esprit n'a été donné que comme le sel aux jambons, pour les conserver.

COLOMBINE.

Bon ! l'été les femmes en souffrent faute d'officiers ! mais ce sont des oiseaux de semestre qui disparaissent avec les hirondelles. Et puis les affaires viennent sans qu'on y pense : on a tous les jours, malgré soi, des procès, et vous savez qu'auprès d'un juge sensible, l'enjouement d'une jolie femme est toujours la meilleure pièce d'un sac.

LE CAPITAINE.

Vous voyez entre autres un certain... Trigaudin... Nigaudin ; un petit friquet de chicane. Par la ventrebleu ! si jamais je l'y rencontre ; je n'aime pas le bruit, mais assurément je lui couperai les oreilles.

(Nigaudin tousse, et Colombine tousse aussi de peur que le capitaine ne l'entende.)

COLOMBINE.

Eh! fi, monsieur ; ne m'en parlez point ; je ne le saurais souffrir : c'est une éponge à sottises.

(Elle tousse.)

LE CAPITAINE.

Qu'avez-vous donc, mademoiselle? Vous me paraissez bien enrhumée?

COLOMBINE.

Ce n'est rien, monsieur; on ne peut pas toujours se porter si bien que vous. Mon Dieu! que vous avez bon visage!

LE CAPITAINE.

Je le crois, ma foi, qu'il est bon; il y a plus de trente ans que je m'en sers jour et nuit: je ne suis pas comme ces femmes qui le mettent le soir sur leur toilette.

SCÈNE XVII.

LE CAPITAINE, COLOMBINE; NIGAUDIN, sous la table; UN SERGENT.

LE SERGENT.

Mon capitaine, ne voulez-vous pas arrêter les parties de ce marchand qui a fourni les justaucorps de la compagnie?

COLOMBINE.

C'est-à-dire, monsieur le capitaine, que vous ne manquez pas de moyens pour trouver de l'argent.

LE CAPITAINE.

Je veux être un infâme, si j'ai le premier sou pour faire ma compagnie; ce qui me console, c'est que je dois beaucoup. (*Il écrit et sent quelque chose sous la table.*) Allons, tirez. Pour une demoiselle, il me semble que vous avez là un vilain mâtin sous votre table.

COLOMBINE.

Vous rêvez, je crois, avec vos mâtins.

LE CAPITAINE.

Brin-d'amour!

LE SERGENT.

Mon capitaine?

LE CAPITAINE.

Chassez-moi ce chien de dessous cette table.

LE SERGENT, avec sa canne.

Allons, tirez; à la paille.

(Nigaudin sort.)

LE CAPITAINE.

Oh! oh! mon petit ami, et que faites-vous donc ici, s'il vous plaît?

NIGAUDIN.

La Violette! laquais! prenez ma robe.

LE CAPITAINE.

Mon petit ami, si vous ne dénichez au plus vite, je vous ferai amoureusement descendre par la fenêtre.

COLOMBINE.

Monsieur le capitaine, vous êtes un extravagant de vous emporter sans raison. N'ai-je pas fait mon devoir de faire cacher monsieur, pour vous épargner du chagrin? Tant pis pour vous, si vous allez chercher où vous n'avez que faire. (*A Nigaudin.*) Et vous, monsieur, de quoi vous avisez-vous de faire du bruit mal à propos? Il n'y a qu'un homme de robe, et un officier d'un présidial, capable de tousser quand on le cache sous la table. Puisque vous avez fait la sottise, démêlez la fusée comme il vous plaira.

(Elle sort.)

SCÈNE XVIII.

LE CAPITAINE, NIGAUDIN.

NIGAUDIN.

Adieu, monsieur; nous ne serons pas toujours seul à seul; et s'il vous tombe jamais quelque décret sur le corps, je vous apprendrai ce que c'est que de scandaliser un juge chez des femmes.

LE CAPITAINE.

Va, va, petit regrattier de justice, je me moque de toi et de tes décrets; je suis en garnison dans une bonne citadelle.

NIGAUDIN.

On ne traite pas comme cela un conseiller-assesseur, et je m'en plaindrai à votre citadelle.

(Ils sortent l'un d'un côté et l'autre de l'autre.)

FIN DU PREMIER ACTE.

ACTE DEUXIÈME.

SCÈNE I.

TRAFIQUET, PIERROT.

PIERROT.

Monsieur, je viens de chez votre notaire, il vous prie bien fort de l'excuser; il ne saurait venir aujourd'hui.

TRAFIQUET.

Il faut prendre patience, pourvu qu'il vienne demain.

PIERROT.

Ni demain non plus : il lui est survenu une petite affaire; je ne crois pas qu'il puisse venir sitôt.

TRAFIQUET.

Et quelle est donc cette affaire?

PIERROT.

C'est, monsieur, qu'il est mort.

TRAFIQUET.

Il est mort! Tu as raison; je ne crois pas qu'il revienne de longtemps. C'est bien dommage; c'était le seul honnête homme de notaire que j'aie encore trouvé. Eh! dis-moi, as-tu eu des nouvelles de notre homme?

PIERROT.

Hé! oui, monsieur; pour celui-là, on m'a dit qu'il était arrivé par le poulailler du Maine, et qu'il demeurait tout rasibus de chez nous.

TRAFIQUET.

Le ciel en soit loué! Je me déferai peut-être à la fin de ma fille, et je ne verrai plus dans ma maison des animaux de toute sorte d'espèce, et particulièrement cette assemblée de femmes, ou plutôt cette académie de folles qui s'y tenait.

PIERROT.

Tout franc, monsieur, je commençais à être bien las de toutes ces visageresses (1), et j'étais résolu de prendre mon congé ou de vous donner le vôtre. Mais, monsieur, je voudrais bien vous lâcher un petit mot, tandis que nous sommes sur la chose du mariage.

TRAFIQUET.

Parle, Pierrot ; que me veux-tu ?

PIERROT.

Monsieur, regardez-moi bien ; tel que vous me voyez, je vais me marier.

TRAFIQUET.

Toi, te marier ! es-tu fou ?

PIERROT.

Ce qui me console, monsieur, c'est que celle que j'épouse est aussi folle que moi.

TRAFIQUET.

Et qui est donc cette malheureuse-là ?

PIERROT.

Oh ! monsieur, vous la connaissez bien ; c'est… mademoiselle votre fille.

TRAFIQUET.

Ma fille, ma fille Colombine ?

PIERROT.

Vraiment, monsieur, c'est tout prêt ; on n'attend plus que votre consentement et le sien.

TRAFIQUET.

Je ne sais, maraud, à qui il tient que je ne t'assomme de coups.

PIERROT.

Mais, monsieur, il ne faut pas se fâcher ; cela n'est pas si inégal. Je suis un garçon, une fois, et elle est une fille ; et puis, monsieur, je ne sais ce que c'est que de faire le blêche (2) : vous me donnez quinze écus par an ; j'aime mieux n'en gagner que dix et être votre gendre. Voilà comme je parle, moi.

TRAFIQUET *lui donne des coups de canne.*

Et moi, voilà comme je réponds.

PIERROT.

Eh ! fi donc, monsieur ; est-ce comme ça qu'on parle de mariage ?

1 Mot forgé.
2 Homme mou, timide.

SCÈNE II.

ARLEQUIN, TRAFIQUET, PIERROT.

PIERROT.

Tenez, voilà votre diable de bailli ; est-ce qu'il est mieux fait que moi ?

ARLEQUIN.

Je crois, monsieur, que vous avez plus d'impatience de me faire votre gendre, que je n'en ai de vous voir mon beau-père. Vous avez une fille : *ergo* vous êtes pourvu d'une drogue dont vous voudriez être défait ; car une fille, c'est une fleur qui se fane, si elle n'est cueillie dans sa saison ; c'est un quartaut de vin de Champagne qui jaunit, s'il n'est bu dans sa primeur.

PIERROT.

Monsieur du quartaut, vous n'en aurez peut-être que la baissière (1).

TRAFIQUET.

J'espère, monsieur, que vous ne vous repentirez pas de l'affaire que vous faites ; car je puis vous assurer que je vous livre une fille toute neuve, et qui vous fera dans la suite un très bon usé.

ARLEQUIN.

Ah ! cette marchandise-là ne dure toujours que trop. Vous pouvez aussi vous vanter que vous serez le beau-père de France le mieux engendré. Je n'ai aucune mauvaise qualité ; je hais le vin à la mort ; j'ai une aversion incroyable pour le jeu, et je suis fort aisé à vivre : je ne crois pas avoir assommé plus de vingt paysans, et si, ce n'était que pour des bagatelles, quelques rentes seigneuriales.

(Il tire son mouchoir et laisse voir dans sa poche un pistolet et une bouteille ; il fait tomber des dés et des cartes.)

TRAFIQUET, à part.

Voilà cet homme si doux, qui ne joue et qui ne boit pas. (*Haut.*) Vous dites donc, monsieur, que ma fille sera douce-

---

1 Le reste du vin quand il approche de la lie.

ment avec vous; et qu'est-ce que c'est que cela, s'il vous plaît?

(Il montre le pistolet.)

ARLEQUIN.

Je porte toujours cela sur moi; car je n'aime pas à être contredit.

TRAFIQUET.

Vous m'assurez que sa dot ne court point de risque entre vos mains, et que vous ne jouez point?

(Il montre les cartes qui sont à terre.)

ARLEQUIN.

Fi! monsieur; il n'y a que des fripons qui s'amusent à ce métier-là. Je porte quelquefois des cartes et des dés par complaisance; mais je ne m'en sers qu'en compagnie, et je vous assure que si j'étais seul, je ne jouerais jamais.

PIERROT.

Je vous l'ai toujours dit, monsieur, il n'y a que les mauvaises compagnies qui gâtent la jeunesse.

TRAFIQUET.

Pour du vin vous n'en buvez pas?

ARLEQUIN.

La crapule me fait horreur. Est-ce que les honnêtes gens boivent du vin?

TRAFIQUET.

Je vois pourtant là quelque chose qui a assez la physionomie d'une bouteille.

PIERROT.

Bon! monsieur, vous avez la berlue.

ARLEQUIN.

Oui, parbleu! il l'a; ce n'est que de l'eau-de-vie que je porte à une femme de qualité qui est en couche.

TRAFIQUET.

Allons, allons; il faut passer par là-dessus: on ne fera pas un homme exprès pour moi. Apparemment vous n'épouserez pas ma fille sans la voir? Pierrot, dis à Colombine qu'elle vienne saluer monsieur.

PIERROT.

Elle n'est pas ici.

TRAFIQUET.

Elle n'est pas ici?

PIERROT.

Non, monsieur; j'ai vu un cavalier avec un abbé qui sont venus l'emprunter pour jusqu'à sept heures.

ARLEQUIN.

L'emprunter! Comment donc? Est-ce là cette fille si neuve? Si on me l'emprunte comme cela quand elle sera ma femme, elle ne durera pas si longtemps que je pensais. Mon garçon, la fille de monsieur se prête donc quelquefois de main en main quand on la demande?

PIERROT.

Oui, monsieur, tous les jours; il y a tout plein d'honnête monde qui la vient prendre pour la divertir.

ARLEQUIN.

Oui, monsieur du beau-père! En tous cas, si dans six mois ou un an je ne m'accommodais pas de votre fille, en perdant quelque chose dessus, vous la reprendriez.

TRAFIQUET.

Il n'y a rien à perdre sur cette fille-là; vous en trouverez toujours votre argent.

SCÈNE III.

TRAFIQUET, ARLEQUIN, COLOMBINE, PIERROT.

PIERROT.

On ne parle point du loup qu'on n'en voie la queue. Tenez, la voilà. Ne vous avais-je pas bien dit qu'elle viendrait souper avec vous? Il n'y a point de fille à Paris si bien morigénée; elle ne couche jamais en ville.

TRAFIQUET.

Ma fille, voilà le bailli en question : tu ne voudras peut-être pas lui ouvrir ton cœur en ma présence? Monsieur je ne vous rends pas un mauvais office en vous laissant seul avec votre maîtresse.

(Il sort avec Pierrot.)
(Pierrot fait des mines en quittant Colombine.)

6.

SCÈNE IV.

COLOMBINE, ARLEQUIN.

ARLEQUIN, reculant.

Ne vous étonnez pas, mademoiselle, si vous me voyez reculer trois pas au frontispice de vos charmes : vous avez des yeux capables d'embraser tout le bailliage de mon cœur ; et depuis qu'on porte des bouches, on n'a jamais bouchonné un bouchon si bouchonnable.

COLOMBINE.

Je suis confuse de vos civilités, monsieur ; et il faudrait avoir plus d'esprit que je n'en ai, pour répondre à un compliment aussi bien tourné.

ARLEQUIN.

Pour ce qui est de compliment, il n'y a personne dans notre province qui ose me prêter le collet. J'ai harangué une fois notre intendant pendant deux heures avec tant d'éloquence qu'il s'endormit tout debout, et ne s'éveilla qu'une heure après que j'eus fini.

COLOMBINE.

De pareils efforts d'esprit sont bons pour la province ; mais à Paris on aime à parler terre à terre.

ARLEQUIN.

Bon ! a-t-on de l'esprit à Paris ? Sitôt qu'il y a un fat dans un pays, on l'y envoie ; c'est le rendez-vous de tous les sots de la France ; et, de tous les Parisiens, je ne vois que les Normands et les Manceaux qui aient un peu de brillant.

COLOMBINE.

A vous entendre parler, vous ne paraissez pas content des cavaliers de ce pays-ci : et des dames qu'en dites-vous ?

ARLEQUIN.

La, la ; elles sont d'assez bonne amitié : j'en ai trouvé quelques-unes de jolies en mon chemin ; mais, tout franc, je n'en ai point encore vu une de votre calibre.

COLOMBINE.

Il faut pourtant tomber d'accord qu'elles ont un tour d'esprit et des manières de se mettre que les femmes de province n'ont pas.

ARLEQUIN.

Oui-dà, oui-dà; je trouve qu'elles se coiffent raisonnablement haut, et je crois que leurs maris ne sont guère coiffés plus bas.

COLOMBINE.

Où passe-t-on le temps avec plus d'économie(1)? Aujourd'hui à l'opéra, demain à la comédie, un autre jour au bal : on entrelace cela de parties de jeu et de promenades. Vous voyez bien qu'il n'y a point de lieu où les femmes soient aussi façonnées.

ARLEQUIN.

Pour moi, je trouve cela le plus joli du monde; mais que disent les maris à Paris?

COLOMBINE.

Les maris disent ce qu'ils veulent, et les femmes font ce qui leur plaît; c'est la mode du pays.

ARLEQUIN.

Les femmes feront durer cette mode-là le plus qu'elles pourront. Et, s'il vous plaît, quand une femme revient du bal à cinq heures du matin avec un cavalier, qu'elle éveille toute la maison, que disent les maris à Paris?

COLOMBINE.

Ils ne disent rien; dès que la femme est rentrée, ils se rendorment.

ARLEQUIN.

Un homme qui a si bien le sommeil en main n'a pas besoin d'être bercé. Mais, je vous prie, lorsqu'une femme vend ses pierreries pour faire l'équipage de quelque galant homme qui va à l'armée, que disent les maris à Paris?

COLOMBINE.

Oh! les Parisiens sont trop bons serviteurs du roi pour trouver cela mauvais.

ARLEQUIN.

Je ne m'en dédis point; voilà de bonnes gens que ces Parisiens-là. Vaille que vaille, puisque j'ai fait les frais du voyage, je vous épouserai; mais à condition que, dès le lendemain de la noce, vous vous mettrez dans la carriole du Mans, pour venir

1 *Économie* signifie ici : combinaison ingénieuse des distractions.

régenter les chapons de ma basse-cour : l'air de Paris donne trop de maux de tête.

COLOMBINE.

Quelque loi que vous m'imposiez, elle me paraîtra toujours douce, pourvu que je sois sûre de passer avec vous le reste de mes jours : vous me tenez lieu de tout; et du moment que je vous ai vu, j'ai senti pour vous... Ah! ne m'obligez pas de m'expliquer; j'en dirais peut-être plus que je ne veux.

ARLEQUIN.

Les filles de ce pays-ci sont faites avec des étoupes; il ne faut qu'une étincelle...

COLOMBINE.

J'ai une grâce à vous demander : les filles, comme vous savez, ont beaucoup d'ambition sur le fait du mariage; j'ai eu toute ma vie une noble horreur pour les baillis du Maine : ne pourriez-vous point changer de charge, et vous faire homme de qualité?

ARLEQUIN.

Très volontiers; rien n'est plus aisé : aussi bien je suis en pourparler avec un marquis de nos cantons qui s'en va à l'armée; et, comme il a besoin d'argent, il veut me vendre sa charge de marquis avec sa pratique.

COLOMBINE.

Oh! monsieur, que cela me fera de plaisir! Mais, en achetant une charge de marquis, n'oubliez pas, s'il vous plaît, de vous faire donner les airs déhanchés de ces messieurs-là.

ARLEQUIN.

Oh! je n'en ai que faire; quand on a été toute sa vie élevé dans le Bas-Maine, les airs de cour ne sont que trop familiers. Adieu, ma belle enfant; touchez là : dans une heure au plus tard, je vous fais marquise ou baillivesse; vous choisirez.

SCÈNE V.

COLOMBINE, seule.

La sotte pécore qu'un homme qui a le mariage en tête! Une fille, un peu savante sur l'article, le manie comme un chamois. Voyez, je vous prie, cet idiot de bailli qui va se faire marquis.

Pour m'essayer, le premier marquis qui me tombera sous la patte, j'en ferai un procureur fiscal.
(scènes italiennes.)

SCÈNE VI.

TRAFIQUET, COLOMBINE.

TRAFIQUET.
Je vous prie, mademoiselle ma fille, de ne point m'échauffer les oreilles; je sais ce qu'il vous faut, et c'est à vous d'obéir quand je vous ai choisi un mari; entendez-vous?

COLOMBINE.
Comme je suis une partie des plus intéressées dans l'affaire, je crois, mon père, que mon choix est du moins aussi nécessaire que le vôtre; et je vous dirai franchement que cet homme-là n'est pas fait pour moi.

TRAFIQUET.
N'est point fait pour vous! J'en suis d'avis; il faut vous l'essayer. Mais voyez, je vous prie, comme cela fait la raisonneuse!

COLOMBINE.
Je vous dis encore une fois, mon père, laissez-moi mener cette affaire-là. Vous êtes plus vieux que moi, j'en conviens; mais je me connais mieux en maris que vous.

TRAFIQUET.
Et que trouvez-vous, s'il vous plaît, à redire au mari que je vous propose?

COLOMBINE.
Bon! c'est un homme qui se présente de front au mariage, et ne sait pas ce que c'est qu'un préliminaire d'amour.

TRAFIQUET.
Eh! de par tous les diables! comment veux-tu donc qu'il se présente? Tant mieux s'il entre tout de suite en matière; en fait de mariage, je n'aime point à voir préluder.

COLOMBINE.
Quoi! mon père, vous voudriez...

TRAFIQUET.
Oui, je le veux.

COLOMBINE.

Vous prétendez qu'un homme que je n'ai jamais vu...

TRAFIQUET.

Oui, je le prétends.

COLOMBINE.

J'ai trop de raison pour...

TRAFIQUET.

Si tu as de la raison, tu dois m'obéir, et prendre le parti qui se présente.

SCÈNE VII.

TRAFIQUET, COLOMBINE, OCTAVE.

(Octave, dans le fond du théâtre, fait des mines à Colombine, sans être vu de Trafiquet.)

COLOMBINE.

Le parti qui se présente ?

TRAFIQUET.

Oui, le parti qui se présente.

COLOMBINE.

Assurément ?

TRAFIQUET.

Oui, s'il vous plaît ; il ne faut point faire tant de gestes et de grimaces : est-ce qu'il lui manque quelque chose ?

COLOMBINE.

Je ne dis pas cela.

TRAFIQUET.

Est-il tortu ou bossu ?

COLOMBINE.

Je trouve sa taille dégagée et engageante.

TRAFIQUET.

Est-ce qu'il n'a point d'esprit ? Va, va, ce n'est pas le plus nécessaire en ménage.

COLOMBINE.

Son esprit me charme, et je connais peu de gens qui en aient plus que lui.

TRAFIQUET.

Et pourquoi donc n'en veux-tu point ?

COLOMBINE.

Moi, je n'en veux pas ! Il faudrait, mon père, que je fusse bien aveugle ou bien insensible pour refuser un tel parti.

TRAFIQUET.

Oh ! que ne parles-tu donc ? J'allais me mettre en colère. Voyez, je vous prie, quand on ne s'entend pas. Viens, ma fille, que je t'embrasse.

COLOMBINE.

Que cet embrassement me fait plaisir !

(Colombine, en embrassant Trafiquet, donne sa main à baiser à Octave.)

TRAFIQUET.

Tu réponds dignement aux soins que j'ai pris de ton éducation.

COLOMBINE.

J'aimerais mieux mourir, mon père, que de vous désobliger.

TRAFIQUET.

Tu me promets donc de ne plus songer à cet étourdi ?

COLOMBINE.

Je ne le verrai de ma vie ; c'est un homme que je ne puis souffrir.

TRAFIQUET.

Et moi, pour reconnaître ton obéissance, je te promets d'augmenter ton trousseau de six chemises, et d'aller te voir toutes les fêtes et dimanches quand tu seras au Maine.

COLOMBINE.

Au Maine, mon père ! et que faire là ?

TRAFIQUET.

Accompagner ton mari.

COLOMBINE.

Mon mari ! Ce n'est pas son dessein de quitter Paris.

TRAFIQUET.

Vraiment si ; il est bailli du Maine.

COLOMBINE.

Octave est bailli du Maine ? depuis quand donc ?

TRAFIQUET.

Que diable veux-tu donc dire avec ton Octave ? Je crois que tu es folle.

COLOMBINE.

Quoi ! ce n'est pas Octave que vous voulez me donner pour mari ?

TRAFIQUET.

Non, assurément.

COLOMBINE.

Bon ! bon ! vous voulez rire.

TRAFIQUET.

Je ne ris point, et je veux...
(Il aperçoit Octave, qui lui fait une révérence et s'en va.)

SCÈNE VIII.

TRAFIQUET, COLOMBINE.

TRAFIQUET.

C'est donc ainsi, coquine, que tu fais état de mes remontrances, et que tu te moques de moi!

COLOMBINE.

Mon père...

TRAFIQUET.

Va, je t'abandonne.

COLOMBINE.

Hé ! mon père...

TRAFIQUET.

Je te déshérite.

COLOMBINE, d'un ton doux.

Mon petit papa !

TRAFIQUET.

Je te donne ma malédiction, et tu mourras vieille fille.

SCÈNE IX.

COLOMBINE, seule.

Oh! criez tant qu'il vous plaira. Je n'irai pas perdre un amant pour la mauvaise humeur d'un père : nous sommes dans un temps où il faut garder le peu qu'on a.

SCÈNE X.

COLOMBINE, PIERROT.

COLOMBINE.

Voici notre amoureux Pierrot; il faut l'écouter un moment et nous en divertir.

PIERROT, sans voir Colombine.

Enfin, Pierrot, te voilà dans le bourbier jusqu'au cou. De quoi t'avises-tu d'être amoureux? Tu ne fais plus que quatre repas par jour; tu ne saurais plus t'éveiller qu'à midi sonné : tu vois bien qu'en cet état-là tu ne peux pas faire longue vie. Eh bien ! je mourrai. Tu mourras! Sais-tu bien qu'il n'y a rien de si triste que la mort? Il n'importe! je ne verrai plus cette cruelle; je ne verrai plus cette ingrate, cette...

(Il aperçoit Colombine.)

COLOMBINE.

Que dis-tu là?

PIERROT.

Je dis... je dis, mademoiselle, que quand je serai mort, je ne verrai plus goutte.

COLOMBINE.

C'est donc à dire que ta folie te dure toujours.

PIERROT.

Mademoiselle, assurément vous me ferez faire quelque mauvais coup : je me serais déjà jeté vingt fois par la fenêtre de notre grenier, s'il avait été seulement d'un étage plus bas.

COLOMBINE.

Tu te moques, Pierrot; quand on est bien amoureux, on n'est pas à un étage près. Je te conseille, de ce pas, d'aller faire ce saut-là pour l'amour de moi.

PIERROT.

Allez, vilain petit porc-épic, le ciel vous punira. O amour! amour! ô Pierrot! Pierrot!

SCÈNE XI.

COLOMBINE, UN LAQUAIS.

LE LAQUAIS.
Mademoiselle, voilà la comtesse de Flamèche et la marquise de Bistoquet qui demandent à vous voir.
COLOMBINE.
La comtesse de Flamèche et la marquise de Bistoquet! Je ne connais point cela. De quel mauvais vent ces femmes-là abordent-elles chez moi? Il faut que ce soient des provinciales.
LE LAQUAIS.
Ce sont des dames qui disent qu'elles demeurent depuis peu dans le quartier.
COLOMBINE.
Faites-les entrer. Voilà de ces chiennes de visites que l'on ne saurait éviter.

SCÈNE XII.

COLOMBINE; MEZZETIN, en comtesse de Flamèche; PASQUARIEL, en marquise de Bistoquet[1].

(Le laquais qui porte la queue de la marquise, la tient fichée dans sa culotte et de ses deux mains casse des noix. Colombine, Mezzetin et Pasquariel parlent tous trois ensemble.)

MEZZETIN.
Eh! bonjour, mademoiselle; comment vous portez-vous? Il y a mille ans que j'ai envie de vous venir voir, et de profiter de l'honneur de votre voisinage.
PASQUARIEL.
On a dû vous dire, mademoiselle, que mon équipage s'est arrêté vingt fois à votre porte; mais vous êtes introuvable et toute des plus rares.

---

[1] Octave envoie Mezzetin et Pasquariel sous ce déguisement, pour achever de dégoûter Colombine du bailli.

COLOMBINE.

En vérité, mesdames, je suis dans la dernière confusion d'avoir si mal profité de l'honneur de votre voisinage. Holà, quelqu'un! des sièges.

(Elles se taisent toutes les trois, et recommencent à parler ensemble.)

MEZZETIN.

Peut-on savoir la belle, quels sont vos plaisirs? Vous êtes toujours dans le grand monde; on dit que c'est vous qui faites l'honneur du quartier.

PASQUARIEL.

Mais voyez ce teint, je vous prie, madame la comtesse. (*A Colombine.*) Apparemment que vous l'avez pris du bon faiseur : je n'ai jamais rien vu d'aussi charmant.

COLOMBINE.

Je suis ravie, mesdames, d'avoir un voisinage aussi agréable que le vôtre. Quand vous voudrez, nous jouerons ensemble; mais je vous avertis que je suis la plus malheureuse fille du monde (1).

(Elles se taisent encore.)

MEZZETIN.

Nous faisons nos visites de quartier. Une charrette de foin a fait un embarras, ce qui nous a obligées de nous sauver chez Lamy, où nous avons bu chacune trois bouteilles de vin pour nous désennuyer.

COLOMBINE.

Six bouteilles de vin à deux femmes!

PASQUARIEL.

Il faut dire la vérité; madame la comtesse porte le vin comme un charme.

MEZZETIN.

Madame la marquise veut qu'on lui rende justice, et qu'on lui dise qu'il n'y a point de Breton qu'elle ne boive par-dessous la jambe; c'est bien le plus hardi vin de femme!

COLOMBINE.

Avec ces talents-là, mesdames, il est à présumer que vous êtes mariées en Bourgogne ou en Champagne.

MEZZETIN.

Vous ne vous trompez point. A propos de mariage, ma belle

(1) Malheureuse au jeu, s'entend.

voisine, on m'a dit que vous couchiez la noce en joue. Une fille comme vous peut-elle se résoudre à cette vilenie-là?

COLOMBINE.

Pour moi, madame, je ne trouve rien de vilain à faire tout ce que le monde fait, et ce que vous avez fait vous-même.

MEZZETIN.

Il est vrai : mais je n'avais que quinze ans pour lors; vous savez que c'est un âge terriblement scabreux pour une fille. Pourrez-vous abandonner votre taille aux accidents du mariage?

COLOMBINE.

J'ai assez de peine à m'y résoudre; mais que voulez-vous? il faut bien prendre le bénéfice avec les charges.

PASQUARIEL.

Faites comme moi, mademoiselle; depuis que j'ai épousé mon mari, nous ne couchons plus ensemble.

MEZZETIN.

Cela est fort bon pour vous, madame la marquise, qui avez quantité d'enfants de votre premier lit; mais une fille qui se marie est bien aise de savoir au juste à quoi elle est propre.

PASQUARIEL.

Pour moi, je suis malheureuse en garçons; je n'en saurais élever; je n'en ai plus que dix-sept.

COLOMBINE.

Dix-sept! en vérité, madame, l'État vous est bien obligé de lui donner tant de bons sujets.

MEZZETIN.

J'en aurais bien eu vingt-cinq ou trente, si tout était venu à profit; mais les fausses couches ont fait de terribles brèches dans ma famille. Le dirait-on à ma taille?

(Il se promène.)

COLOMBINE.

Elle est d'une finesse extraordinaire; on croirait que vous allez rompre.

MEZZETIN.

Depuis deux ans, Dieu merci, j'en suis un peu la maîtresse : j'ai obligé monsieur le comte à faire lit à part; car je suis présentement bien revenue de la bagatelle.

COLOMBINE.

Et monsieur votre époux, prendra-t-il toujours ce petit divorce en patience?

MEZZETIN.

Madame, il fera comme il pourra.

PASQUARIEL.

Peut-on savoir, ma chère, qui vous épousez?

COLOMBINE.

Plusieurs partis me recherchent; mais mon père me destine à un bailli du Maine, et...

PASQUARIEL.

A un bailli!... à un bailli!... Ah! ouf! je me trouve mal! Un bailli! Ah! quelle ordure!

COLOMBINE.

Comment donc, madame! avez-vous des vapeurs?

MEZZETIN.

Ah! mademoiselle, vous ne devriez jamais lâcher le mot de bailli. A l'heure qu'il est, cela me dévoie. Un bailli! Encore si c'était un procureur fiscal.

(Ils se jettent sur leurs sièges en faisant beaucoup de contorsions.)

COLOMBINE.

Ah! que je suis malheureuse! Voilà deux femmes qui vont me demeurer dans les mains. Holà quelqu'un! mes laquais! ma femme de chambre!

MEZZETIN et PASQUARIEL, ensemble.

Un bailli!

(A la porte, ils font beaucoup de cérémonies pour passer.)

PASQUARIEL.

Non, madame; assurément je ne passerai pas, ou la peste m'étouffe.

MEZZETIN.

Si je passe la première, je veux que cinq cent mille diables me tordent le cou!

(A force de civilités et de contorsions, leurs coiffures tombent.)

SCÈNE XIII.

COLOMBINE, seule.

Non, je ne crois pas que de mémoire d'homme on ait reçu une visite aussi impertinente. Elles n'ont que faire de me tant dégoûter du bailli; si je l'épouse, ce ne sera qu'à mon corps défendant.

(Il y a ici quelques scènes italiennes, dans lesquelles Mezzetin et Pasquariel rendent compte à Octave du succès de leurs fourberies; celui-ci les engage à ne pas s'en tenir là, et l'on concerte de se déguiser en Bohémiens, d'aller trouver Arlequin, et de lui dire sa bonne aventure. Ces scènes préparent les scènes françaises suivantes.)

SCÈNE XIV.

ARLEQUIN, MEZZETIN, PASQUARIEL, DEUX BOHÉMIENNES; SUITE DE BOHÉMIENS.

(Mezzetin et Pasquariel, déguisés en Bohémiens, abordent Arlequin, dansent et chantent autour de lui.)

ARLEQUIN.

Quand vous serez las de chanter, vous me direz peut-être ce que vous me voulez. (*Ils continuent de chanter et de danser.*) (*A Mezzetin.*) Monsieur le meneur de ballets, peut-on savoir qui sont ces sauterelles-là ?

(Il montre les deux Bohémiennes.)

MEZZETIN.

Monsieur, ce sont des filles surnaturelles, qui connaissent les astres, les langues, et tout ce qu'il y a de plus extraordinaire au monde et hors du monde; elles ne parlent qu'en vers, enfin ce sont des filles d'un mérite sublime.

ARLEQUIN.

Puisque ces créatures-là savent tant de belles choses, elles pourront donc bien me déterminer sur un mariage ?

MEZZETIN.

Vous ne pouvez pas mieux vous adresser.

(Il s'en va en chantant avec sa troupe.)

SCÈNE XV.

ARLEQUIN, LES DEUX BOHÉMIENNES.

ARLEQUIN, se mettant au milieu d'elles.

Mesdames, pour venir à la conclusion,
Vous saurez que je sens une convulsion,

Un appétit, nommé vapeurs de mariage ;
Un là... quelque Arlequin qui demande passage.
Me dois-je marier?
   (La première Bohémienne gesticule et ne dit mot.)
    Oh! vous avez raison.
Et vous, à votre avis, me marierai-je, ou non?
   (La seconde Bohémienne gesticule et ne dit mot.)
C'est bien dit ; à ces mots il n'est point de réplique.
Dans leur langue, à mon tour il faut que je m'explique.
   (Il fait beaucoup de gestes sans rien dire, ensuite il continue.)
Vous m'entendez donc bien : enfin, sans tant parler
(Car cela vous fait mal) devrais-je convoler?
    PREMIÈRE BOHÉMIENNE.
 Oui.
    DEUXIÈME BOHÉMIENNE.
 Non.
    ARLEQUIN.
  Comment?
    PREMIÈRE BOHÉMIENNE.
  Oui.
    DEUXIÈME BOHÉMIENNE.
  Non.
    ARLEQUIN.
     Quelle peste de gamme!
    PREMIÈRE BOHÉMIENNE.
C'est manquer de bon sens que de vivre sans femme.
    DEUXIÈME BOHÉMIENNE.
Et pour se marier il faut être archifou.
    ARLEQUIN.
Celle-ci, par ma foi, lui rive bien son clou.
    PREMIÈRE BOHÉMIENNE.
Oui, l'hymen est des dieux le plus parfait ouvrage :
C'est le port assuré dans le libertinage,
Le nœud qui nous unit avec de doux accords,
La porte des plaisirs qu'on goûte sans remords,
Le bridon qui retient la jeunesse fougueuse,
L'onguent qui guérit seul la brûlure amoureuse,
Des blessures du cœur l'appareil souverain,
Et la forge en un mot de tout le genre humain.
    ARLEQUIN.
J'en connais bien pourtant de plus d'une fabrique,

Qui ne furent jamais faits dans cette boutique,
Enfants du pur hasard, et, sans aller plus loin,
J'en trouverais peut-être ici plus d'un témoin.

DEUXIÈME BOHÉMIENNE.

Non, l'hymen, quel qu'il soit, est un dur esclavage,
Une mer où l'honneur bien souvent fait naufrage.
Un grand chemin rempli de voleurs dangereux,
Une terre fertile en bois malencontreux,
Un magasin de fraude où l'on fait de commande
Marchandise mêlée et bien de contrebande ;
C'est l'écueil du plaisir : pour tout dire en un mot,
C'est une souricière où l'on attrape un sot.

ARLEQUIN, à la première Bohémienne.

Cet avis, à mon goût, vaut bien l'autre, madame.

PREMIÈRE BOHÉMIENNE.

Un homme ne saurait vivre content sans femme,
Sans elle une maison irait tout de travers :
Elle sait du destin partager les revers ;
Elle sert un mari, soulage sa vieillesse :
La femme est dans le monde un miroir de sagesse,
Un composé des dons les plus délicieux.
Le temple de l'honneur, le chef-d'œuvre des cieux ;
La beauté fut son lot, l'esprit son apanage,
La vertu son domaine, et l'honneur son partage.

ARLEQUIN.

Oui, cela se disait du temps de Jean-de-Vert.

DEUXIÈME BOHÉMIENNE.

Plutôt que prendre femme, épousez un désert :
Par elle une maison va tout en décadence,
Elle ne met jamais de frein à sa dépense ;
Elle accroît les chagrins, loin de les partager :
La femme est en tout temps un éminent danger,
Un vaisseau sur lequel le nocher le plus sage
Appréhende le calme autant qu'il fait l'orage ;
C'est l'arsenic du cœur : la fureur la conduit ;
L'inconstance en tout temps ou l'escorte, ou la suit
Et la vengeance, enfin, est toujours devant elle.

ARLEQUIN.

Oh ! vous avez raison ; je sais qu'une femelle
Qui prétend se venger d'un esprit offensif

Devient des animaux le plus vindicatif.
PREMIÈRE BOHÉMIENNE.
Quand on le nomme un mal et doux et nécessaire,
C'est qu'on lui voit toujours quelque vertu pour plaire ;
Si le ciel ne l'a pas faite avec un beau corps,
Il aura sur l'esprit répandu ses trésors ;
Si des biens de fortune elle n'est pas fournie,
Elle se fait un fonds de son économie :
La sotte d'ordinaire a l'esprit complaisant,
La folle volontiers plaît par son enjouement ;
Dans une femme, enfin, toujours quelque mérite
De ses petits défauts aisément nous racquitte.
ARLEQUIN.
Qui nous racquittera, dites-nous, s'il vous plaît,
Lorsque de notre honneur elle tire intérêt ?
DEUXIÈME BOHÉMIENNE.
Si de quelques vertus les femmes sont pourvues,
Ces vertus de défauts sont souvent corrompues ;
La belle est toujours bête, ou croit qu'un teint fleuri
Est un trop bon morceau pour un sot de mari ;
La savante ne dit que vers, métamorphose,
Et méprise un époux que ne parle qu'en prose :
Celle qui d'un beau sang voit ses pères issus
Vous compte ses aïeux pour toutes ses vertus.
Non, quelque qualité qui règne dans son âme,
Quelque vertu qu'elle ait, c'est toujours une femme ;
C'est-à-dire attentive à l'amant qui languit,
Et vous savez, *casta quam nemo rogavit* (1).
ARLEQUIN.
Voilà, je vous l'avoue, un extrait de sorcière
Que les femmes devraient jeter dans la rivière :
Elle en dit peu de bien.
DEUXIÈME BOHÉMIENNE.
Touchez là, j'en dirai,
Foi de fille d'honneur, sitôt que j'en saurai.
ARLEQUIN, à la première Bohémienne.
Mais parlez-moi français ;... là, si je me marie,
Ne serai-je point,... là...

(1) Chaste si nul ne l'a sollicitée.

PREMIÈRE BOHÉMIENNE.
Quoi, là?
ARLEQUIN.
Je vous en prie,
Ne me déguisez rien.
PREMIÈRE BOHÉMIENNE.
Quoi donc?
ARLEQUIN.
Là, ce qu'était
Peut-être votre époux, dans le temps qu'il vivait?
PREMIÈRE BOHÉMIENNE.
Voilà donc l'enclouure et le mot péremptoire :
Sur ce point douloureux on en fait bien accroire,
Et l'on en dit bien plus qu'on n'en fait à Paris ;
Ce sont là des terreurs pour les petits esprits...
ARLEQUIN.
Et pour les grands parfois.
PREMIÈRE BOHÉMIENNE.
Des visions cornues,
Que les hommes vont mettre en leurs têtes fourchues.
ARLEQUIN.
Ce sont elles, morbleu! qui nous les plantent là,
De par Belzébut....
PREMIÈRE BOHÉMIENNE.
Bon! approchez, venez çà ;
Regardez-moi bien. Non, vous n'avez point la mine
De recevoir échec de la gent féminine.
DEUXIÈME BOHÉMIENNE.
Moi je dis, à vous voir seulement par le dos...
ARLEQUIN.
Ah ciel! nous y voilà.
DEUXIÈME BOHÉMIENNE.
Je vous dis en deux mots
Que vous avez tout l'air, la physionomie,
L'œil, le nez, la façon, la métoposcopie
D'un homme à qui l'on doit faire un mauvais parti.
Je vois sur votre teint bien du brouillamini.
Vos aspects sont malins, vous avez le front large ;
Vous me portez tout l'air d'en avoir une charge.

ARLEQUIN.
Ah! là déjà je sens...

(Il se touche la tête.)

PREMIÈRE BOHÉMIENNE.
Animal défiant,
Vous croyez donc...

ARLEQUIN.
Ma foi! je crois à l'ascendant.
Ce grand front, cet aspect... Dans cette conjoncture,
Je crains bien de payer un jour avec usure
Tous les frais de la guerre. Allons, tant que quelqu'un
Plus courageux que moi, prendra femme en commun,
Je prétends me servir des droits du voisinage,
Et laisser qui voudra goûter du mariage.
En ces occasions, on court plus de danger
A bâtir sur son fonds que sur un étranger.
Je ne tâterai point de la cérémonie.

PREMIÈRE BOHÉMIENNE.
Vous n'en tâterez point? Halte-là, je vous prie.

DEUXIÈME BOHÉMIENNE.
Point de femme, morbleu!

PREMIÈRE BOHÉMIENNE.
Si vous n'en prenez pas,
Vous n'avez pas encor trois jours à vivre.

ARLEQUIN.
Hélas!

DEUXIÈME BOHÉMIENNE.
Et si vous en prenez, moi, je vous signifie.
Que demain au plus tard vous n'êtes pas en vie.

(Elles le prennent chacune par une manche de son habit.)

ARLEQUIN.
C'en est fait, je suis mort! je n'en puis revenir.
Prédiseuses du diable, ah! laissez-moi partir.

PREMIÈRE BOHÉMIENNE.
Avant que vous quitter, il faut que je vous voie
A côté d'une femme.

ARLEQUIN.
Ah! plutôt qu'on me noie!

DEUXIÈME BOHÉMIENNE.
Pour vous laisser, je veux vous mettre hors d'état

De pouvoir à jamais sortir du célibat.
ARLEQUIN.
N'en faites rien ; je suis le dernier de ma race.
PREMIÈRE BOHÉMIENNE.
Que de bruit !
DEUXIÈME BOHÉMIENNE.
Qu'on me suive.
ARLEQUIN.
Eh ! mesdames, de grâce !
Un accord : je serai six mois de l'an garçon,
Et six mois marié.
PREMIÈRE BOHÉMIENNE.
Marchez.
DEUXIÈME BOHÉMIENNE.
Que de façon !

(Elles le tiraillent de façon qu'elles emportent chacune une manche de son habit. Il crie au voleur. D'autres Bohémiens l'entourent, dansent autour de lui et le volent.)

ACTE TROISIÈME.

SCÈNE I.

COLOMBINE, seule.

Je n'entends point parler de notre bailli ; il faut que le traité de cette charge de marquis l'arrête chez quelque notaire. Il n'en est pas encore où il pense ; je lui garde le meilleur pour le dernier.

SCÈNE II.

COLOMBINE, UN LAQUAIS.

LE LAQUAIS.
Mademoiselle, voilà un bel-esprit qui monte, madame Pindarel.

SCÈNE III.

COLOMBINE, Mme PINDARET.

Mme PINDARET.

Ha! ma chère belle, que je suis heureuse de vous rencontrer! car vous êtes la fille de France la plus introuvable.

COLOMBINE.

On ne m'a point dit, madame, que vous m'ayez fait cet honneur-là. Il est vrai que j'ai le domestique du monde le plus brutal : qu'une femme de qualité me vienne voir, on ne m'en dit rien; qu'une procureuse frappe à ma porte, on vient m'en faire la honte en pleine compagnie.

Mme PINDARET.

En vérité, mademoiselle, il faut que votre train soit travaillé d'un prodigieux dévoiement de mémoire; oui, je crois que je suis venue ici plus de dix fois depuis les calendes du mois dernier.

COLOMBINE.

Comment dites-vous cela, s'il vous plaît? Les cal...

Mme PINDARET.

Les calendes, mademoiselle; c'est la manière de compter des Romains, et la mienne. Si ma servante datait sa dépense autrement, elle ne coucherait pas chez moi deux jours de suite. Je veux de l'érudition jusque dans ma cuisine.

COLOMBINE.

Que vous êtes heureuse, madame, de savoir de belles choses! Si j'avais l'avantage de vous voir souvent, je crois que je deviendrais une habile fille.

Mme PINDARET.

Il faut dire la vérité; on se décrasse assez en ma compagnie, et tout le monde avoue que je n'ai point la conversation roturière.

COLOMBINE.

Ah! que cela est joliment dit! la conversation roturière! Comment pouvez-vous fournir à la dépense d'esprit que vous faites? Si vous ne vous ménagez, vous n'en aurez jamais assez pour le reste de vos jours.

Mᵐᵉ PINDARET.

Bon! cela ne coûte rien à une femme comme moi, qui se joue des auteurs; j'entretiens commerce avec les anciens, et je fraie aussi avec les modernes.

COLOMBINE.

Avec les anciens, madame!

Mᵐᵉ PINDARET.

Assurément, mademoiselle; j'en attrappe assez le vrai, et je veux vous faire voir quelle est ma lecture quotidienne. Laquais! petit garçon!

SCÈNE IV.

Mᵐᵉ PINDARET, COLOMBINE, UN LAQUAIS de Mᵐᵉ PINDARET.

Mᵐᵉ PINDARET.

Donnez-moi mon Juvénal.

LE LAQUAIS.

Qu'est-ce que c'est, madame, que votre Juvénal?

Mᵐᵉ PINDARET.

Ce livre in-quarto que je vous ai donné tantôt.

LE LAQUAIS.

A moi, madame, un quartaut! vous ne m'avez donné ni quartaut ni bouteille.

Mᵐᵉ PINDARET.

Hé! le petit ignorant! Qu'il vous arrive une autre fois de l'oublier!

SCÈNE V.

Mᵐᵉ PINDARET, COLOMBINE.

Mᵐᵉ PINDARET.

Je prends toujours la précaution de me faire escorter de ce livre-là, quand je vais en visite de femmes, pour me dédommager des minuties de leur conversation.

COLOMBINE.

Voilà ce qui s'appelle mettre à profit jusqu'à son ennui.

Mme PINDARET.

Êtes-vous comme moi, ma chère? Toutes les visites de femmes me donnent la colique.

COLOMBINE.

Non, madame; je ne suis point d'une complexion si délicate. A vous dire le vrai, j'aime beaucoup mieux la conversation des hommes, et je voudrais parfois qu'il n'y eût que moi de femme au monde.

Mme PINDARET.

Vous auriez de la chalandise. J'allai voir, il y a quelque temps, une marquise; je ne fus qu'un quart d'heure avec elle, c'était pendant la canicule: sa conversation ne laissa pas de m'enrhumer si fort, que je me suis mise au gruau pendant trois semaines pour en revenir.

COLOMBINE.

Cela étant, madame, quand vous allez en visite de marquise, Je crainte de vous enrhumer une seconde fois, il faudrait faire porter un manteau fourré avec votre Juvénal.

Mme PINDARET.

Vous ne sauriez vous imaginer jusqu'où va l'ignorance de cette femme-là.

COLOMBINE.

Une femme de qualité ignorante! vous me surprenez.

Mme PINDARET.

Ignorantissime! Croiriez-vous?... Mais non; cela n'entre point dans l'esprit.

COLOMBINE.

Mais encore?

Mme PINDARET.

Croiriez-vous qu'elle ne put jamais me dire dans quelle olympiade mourut Épaminondas?

COLOMBINE.

Ah ciel! quelle ignorance! En vérité, madame, vous fûtes bien heureuse d'en être quitte pour un rhume; cela valait bien la peine de tomber en apoplexie.

Mme PINDARET.

Il ne tint qu'à moi. A propos, mademoiselle, avez-vous vu mon madrigal?

COLOMBINE.

Non, madame; cela n'est pas venu jusqu'à moi.

Mme PINDARET.

Vous n'êtes donc pas de ce monde? C'est une pièce qui a déjà souffert la troisième édition, et qui a marié les trois filles de mon libraire. Je vais vous le lire.

COLOMBINE.

Vous me ferez, je vous assure, un sensible plaisir.

Mme PINDARET, parcourant plusieurs papiers.

Ce n'est pas cela; c'est un rondeau sur une absence, que je laisse quelque temps mitonner sur le réchaud de la réflexion... Ni cela; c'est la vie de Thémistocle, en vers burlesques. Je tiens un poëme épique aux cheveux, qui surprendra tout Paris. Ah! voici notre madrigal.

(Elle lit.)

Madrigal
sur l'inconstance d'une maîtresse
qui changea d'amant parce qu'il avait soupiré par le derrière.

Vous entendez bien cela?

COLOMBINE.

Oh! oui, cela s'entend de reste; peu s'en faut que je ne le sente.

Mme PINDARET continue de lire.

Quoi! pour avoir laissé sauver un prisonnier,
 Qui n'a de voix que pour crier,
 Votre cœur fait la pirouette,
 Et se fait un nouvel amant!
 On dira, volage Lisette,
 Que ce cœur est si girouette,
 Qu'il change au moindre petit vent.

COLOMBINE.

Ah! madame, quel merveilleux talent vous avez pour la poésie!

Mme PINDARET.

J'ai d'assez belles humanités, comme vous voyez; mais je vais me donner à la physique.

COLOMBINE.

À la physique, madame!

Mme PINDARET.

Oui, mademoiselle. C'est une des plus nobles sciences qu'il y ait; elle a pour objet tout ce qui tombe sous les sens, et par conséquent, le corps humain, qui est la plus belle et la plus parfaite de toutes les structures humaines. Adieu, mademoiselle; je sens que ma colique veut me reprendre.

COLOMBINE.

Quoi! sitôt, madame?

Mme PINDARET.

Je ne me prostitue jamais à une longue conversation, et j'aime les visites brèves et laconiques.

SCÈNE VI.

ARLEQUIN, en marquis ridicule; COLOMBINE, Mme PINDARET.

ARLEQUIN, entre en chantant et dansant.

Eh bien, morbleu! madame, les airs de cour nous sont-ils naturels? (*Il fredonne*). La, lore, la. Vous allez voir comme je vous chamarre une danse sérieuse. Hé! laquais! laquais! lâchenous un coup de chanterelle. (*A Colombine.*) Je veux tracer un menuet avec vous.

COLOMBINE.

Je vous prie, monsieur, de m'en dispenser; je suis d'une fatigue outrée, et voilà huit nuits de suite que je cours le bal.

ARLEQUIN.

Il faut donc que madame danse à votre place.

Mme PINDARET.

Moi, monsieur! Excusez-moi, s'il vous plaît; je ne danse point, je fais des vers.

ARLEQUIN.

Parbleu! madame, vous danserez en vers, ou vous crèverez en prose.

COLOMBINE.

Allons, courage, madame. Voulez-vous qu'on envoie quérir votre Juvénal?

(Arlequin danse avec Mme Pindaret; Mme Pindaret se laisse tomber.)

ARLEQUIN.

Voilà un vers à qui il manque un pied.

Mme PINDARET.

Ah! ah! voilà un menuet qui m'a mise sur les dents. J'aimerais mieux faire vingt sonnets que de... Ah! ah! souffrez, mademoiselle, que je vous quitte pour aller me mettre au lit.

ARLEQUIN.

Adieu, madame; allez vous faire tirer trois palettes d'épigrammes de la veine poétique.

SCÈNE VII.

ARLEQUIN, COLOMBINE.

ARLEQUIN.

Eh bien, mademoiselle, ne vous avais-je pas bien dit qu'il n'y avait guère de marquis plus ridicule que moi?

COLOMBINE.

A vous parler sincèrement, pour un marquis de nouvelle impression, vous ne jouez pas mal votre rôle, et l'on croirait que vous l'auriez étudié toute votre vie.

ARLEQUIN.

Étudié! moi, étudié! Palsambleu! vous ne le prenez pas mal. Étudié! vous ne savez donc pas que je suis homme de qualité? A peine sais-je écrire mon nom.

COLOMBINE.

Vous voulez vous divertir; je sais ce que je dois croire, et j'appelle de votre modestie.

ARLEQUIN.

Cela est, parbleu! comme je vous le dis, et je veux que le diable m'emporte si jamais j'ai eu d'autres livres qu'un Almanach avec un Parfait Maréchal. Bon! que nous faut-il à nous autres gens de cour? Beaucoup de bonne opinion, saupoudrée de quelques grains d'effronterie. Voilà toute notre science auprès des femmes.

(Il se promène.)

COLOMBINE.

Mais, où allez-vous donc? Vous avez des inquiétudes horribles dans les jambes, et vous ne sauriez vous tenir un moment en place.

ARLEQUIN.

Ma foi, mademoiselle, il faut du plain-pied à un marquis. Je voudrais que vous vissiez à la comédie le terrain que j'occupe sur le théâtre. Oh! parbleu! la scène n'est jamais vide avec moi. Il n'y a que le théâtre de l'Opéra où je me trouve un peu en brassière; je ne saurais y pirouetter à ma fantaisie.

COLOMBINE.

C'est-à-dire que vous n'oseriez pas y faire le fanfaron comme ailleurs.

ARLEQUIN.

Je suis pourtant toujours sur le bord du théâtre. Il y a longtemps que j'ai secoué la pudeur de ces demi-gens de qualité qui commencent à se donner au public. Ventrebleu! je ne tâte point des coulisses; sur l'orchestre, morbleu! sur l'orchestre!

COLOMBINE.

Je ne sais pas, pour moi, quel plaisir prennent certaines gens à la comédie, de venir étouffer un acteur jusque sur les chandelles. Comment voulez-vous qu'un pauvre diable de comédien se fasse entendre au bout d'une salle? Il faut donc qu'il crève?

ARLEQUIN.

Parbleu! qu'il crève s'il veut, il est payé pour cela.

COLOMBINE.

Mais, de bonne foi, monsieur le marquis, croyez-vous que ce soit pour voir peigner votre perruque, prendre du tabac, et faire votre carrousel sur le théâtre, que le parterre donne ses quinze sous?

ARLEQUIN.

N'est-ce pas bien de l'honneur pour lui de voir des gens de qualité? Ma foi! quand il n'aurait que ce plaisir-là, cela vaut bien une mauvaise comédie.

COLOMBINE.

Assurément; c'est ce qui fait qu'il s'est mis en droit de vous siffler aussi bien que les méchantes pièces.

ARLEQUIN.

Il est vrai que le parterre devient horriblement orgueilleux: ce sont ces Italiens qui ont achevé de le gâter. Savez-vous bien que cet été ils l'ont traité de monseigneur dans un placet? Le parterre monseigneur! j'enrage!

COLOMBINE.

Vous avez beau pester, le parterre fait du bien à tout le monde; il redresse les auteurs, il tient les comédiens en haleine; un fat ne se campe point impunément devant lui sur les bancs du théâtre : en un mot, c'est l'étrille de tous ceux qui exposent leurs sottises au public. Que ne vous mettez-vous dans les loges? on ne vous examinera pas de si près.

ARLEQUIN.

Moi, dans les loges! Je vous baise les mains : je n'entends point la comédie dans une loge comme un sansonnet; je veux, morbleu! qu'on me vole de la tête aux pieds, et je ne donne mon écu que pour rouler pendant les entr'actes et voltiger autour des actrices.

SCÈNE VIII.

ARLEQUIN, COLOMBINE, UN LAQUAIS.

LE LAQUAIS.

Mademoiselle, voilà votre couturière.

SCÈNE IX.

ARLEQUIN, COLOMBINE, MARGOT.

COLOMBINE.

Eh bien, Margot, m'apportez-vous mon manteau?

MARGOT.

Oui, mademoiselle; j'espère qu'il vous habillera parfaitement bien : depuis que je travaille, je n'ai jamais vu d'habit si bien taillé.

ARLEQUIN.

Ni moi de fille si ragoûtante. Voilà, mordi, une petite créature bien émérillonnée. Écoutez, ma fille, où demeurez-vous?

MARGOT.

Pas loin d'ici.

ARLEQUIN.

Tant mieux.

COLOMBINE prend le manteau.

Vous voulez bien, monsieur le marquis, me permettre d'essayer mon manteau?

ARLEQUIN.

Oui-da, mademoiselle; vous pouvez vous habiller jusqu'à la chemise inclusivement. (*Margot habille Colombine; Arlequin badine*). Margot est, ma foi, toutes des plus jolies; et il y aurait plaisir de lui margotter le cœur; je m'assure qu'elle n'a pas quinze ans. Peut-on voir votre minois, petite femelle ténébreuse?

(Il veut lever sa coiffe; Margot se défend.)

COLOMBINE.

Allons donc, monsieur le marquis, soyez sage. Que ne vous laissez-vous voir aussi, Margot, vous qui êtes si jolie?

MARGOT.

Je n'oserais, mademoiselle.

COLOMBINE.

Pourquoi?

MARGOT.

C'est que monsieur Harpillon m'a défendu de regarder les hommes; et il serait fâché s'il savait que je me fusse montrée.

COLOMBINE.

Qui est donc c monsieur Harpillon?

MARGOT.

C'est un des gros fermiers, qui est mon parrain; il fait du bien à toute notre famille, et il a déjà donné un bon emploi à mon grand frère.

ARLEQUIN.

J'entends, j'entends; monsieur Harpillon a mis le frère dans un bureau, et mettra, s'il peut, la sœur en chambre.

MARGOT.

Oh! monsieur, il n'y a point de ce que vous pensez à son fait: c'est un homme qui n'a que de bons desseins; il m'a promis de m'épouser; et pour preuve de cela, il m'a déjà envoyé une housse verte et une bergame (1).

ARLEQUIN.

Fi! une bergame à une fille comme vous! Si tu voulais,

---

(1) Tapisserie commune qu'on fabriquait à Bergame.

Margot, m'épouser à la Harpillon, j'irais moi jusqu'à une verdure (1).

MARGOT.

Je vous remercie, monsieur; cela ferait jaser le monde. Tenez, monsieur, pour avoir été un jour promener avec mon cousin, vous ne sauriez croire tous les contes qu'on a faits. Il y a les plus maudites langues dans notre montée.

ARLEQUIN.

Écoute, Margot; votre montée a peut-être raison, et il pourrait bien y avoir quelque chose à refaire à votre réputation.

COLOMBINE.

Margot peut aller partout, monsieur le marquis; elle est sage, et j'en réponds corps pour corps.

ARLEQUIN.

La bonne caution! Croyez-moi, les environs de Paris sont terriblement dangereux. N'allez-vous point quelquefois au bois de Boulogne?

MARGOT.

Dieu m'en garde, monsieur! ma mère me l'a défendu, et m'a dit que c'était un vrai coupe-gorge pour une fille.

ARLEQUIN.

C'est peut-être là que votre mère a été égorgée. Ma foi! cette fille me plaît. M'amie, me voudrais-tu tailler une chemise et quelques caleçons?

MARGOT.

Je suis votre servante, monsieur; on ne travaille point en homme au logis.

ARLEQUIN.

Eh bien, viens les faire chez moi.

COLOMBINE.

Justement! on vous gardé des filles de cet âge-là pour votre commodité! vous n'avez qu'à vous y attendre. Mais il me semble, Margot, que ce manteau-là monte bien haut; on ne voit point ma gorge.

MARGOT.

Ce n'est peut-être pas la faute du manteau, mademoiselle.

(1) Tapisserie de plus de prix représentant des paysages verdoyants.

COLOMBINE.

Taisez-vous, Margot ; vous êtes une sotte : remportez votre manteau ; j'y suis faite comme une je ne sais quoi.

ARLEQUIN, à Margot.

Plus je vois cette enfant-là, plus elle me plaît..... Un petit mot : j'ai besoin d'une fille de chambre ; je crois que tu serais assez mon fait. Sais-tu raser ?

MARGOT.

Moi, raser ! Je vois bien que vous êtes un gausseur : je mourrais de peur, si je touchais un homme seulement du bout doigt. Adieu, mademoiselle ; dans un quart d'heure je vous rapporterai votre manteau, avec de la gorge.

ARLEQUIN.

Adieu, adieu, petite nymphe du bois de Boulogne.

SCÈNE X.

ARLEQUIN, COLOMBINE.

ARLEQUIN.

Elle n'est, morbleu ! pas sotte, et je l'aimerais presque autant que vous. Nous autres gens de qualité, nous aimons quelquefois à rabattre sur la grisette. Et de notre mariage, qu'en dirons-nous ?

COLOMBINE.

Je vous dirai, monsieur le marquis, qu'avant que de vous épouser, je vous demande encore une grâce. Nous sommes un certain nombre de filles qui avons fait serment de ne point prendre de mari qui n'ait été reçu auparavant dans notre académie. Il faut vous y faire recevoir.

ARLEQUIN.

Moi, dans votre académie de filles ! vous vous moquez ; j'ai des empêchements plus que légitimes. Et que faut-il faire pour cela ?

COLOMBINE.

Ne vous mettez pas en peine ; on vous habillera en femme ; on vous fera peut-être faire serment d'être un époux commode, de laisser faire à votre femme tout ce qui lui plaira, de n'être point de ces maris coquets qui vivent de rapine, et laissent leurs femmes pour aller picorer sur le commun.

ARLEQUIN.

Quand on a de cette besogne-là toute taillée chez soi, on n'a guère envie d'aller travailler en ville. Allons, faisons ce qu'il vous plaira. Voilà qui est bien drôle, qu'il faille, pour vous épouser, commencer par se déshumaniser!

SCÈNE XI.

ARLEQUIN, MEZZETIN, en sibylle; plusieurs fourbes de la suite de Mezzetin.

(Cette scène du travestissement d'Arlequin consiste en jeu purement italien; les fourbes chantent et dansent, pendant que Mezzetin dépouille Arlequin et l'habille en femme; et Mezzetin chante ce qui suit.)

MEZZETIN chante.

O toi, qui veux épouser Colombine,
Reçois l'honneur que sa main te destine;
Tu n'étais qu'un vilain magot,
Un ostrogot,
Un escargot;
Tu vas être aussi beau qu'une fille
Gentille,
Ou peu s'en faut.

LE CHOEUR.

Tu n'étais qu'un vilain magot, etc.

MEZZETIN.

Reçois cette coiffure en malice féconde;
Avec cet ornement,
Tu peux facilement
Insulter hardiment
Et la brune et la blonde;
Avec cet ornement,
Tu charmeras tout le monde.

(Il fait des gestes en dansant, et chante.)

Micropoli, chariba, charistac.
Ministres de mon art,
Versez tout votre fard
Sur ce nez en pied de marmite,

Barbouillez vite ce museau,
Et nettoyez votre pinceau
Sur cette trogne hermaphrodite.

(Deux fourbes s'approchent d'Arlequin l'un tient un pot de rouge, et l'autre un pot de blanc, et ils lui barbouillent les deux côtés du visage.)

ARLEQUIN.

Je peux présentement résister à la pluie; me voilà bien peint.

MEZZETIN chante.

Ah! qu'il est beau !... oh! oh!
Le damoiseau
Au museau
De couleur de pruneau;
Faisons le pied de veau :
Ah! qu'il est beau! oh! oh!

LE CHOEUR.

Ah! qu'il est beau! oh! oh!

(Ils s'en vont tous en chantant.)

SCÈNE XII.

ARLEQUIN, TRAFIQUET, COLOMBINE, ISABELLE.

TRAFIQUET.

Que veut donc dire, s'il vous plaît, cette mascarade-ci?

ARLEQUIN.

Monsieur, je vous prie de me dire si je suis mâle ou femelle; car, ma foi, je n'y connais rien.

TRAFIQUET.

Vous êtes un fou, voilà ce que vous êtes.

PIERROT, riant.

Ah! ah! ah! essuyez-vous, monsieur le bailli; vous êtes tout barbouillé.

COLOMBINE.

Je suis, mon père, disposée à vous obéir; mais je ne crois pas que vous vouliez me donner pour mari un homme qui est capable de pareilles extravagances.

ARLEQUIN.

Oh! oh! voilà qui est assez drôle. Par ma foi! s'il y en a,

8

c'est vous qui les avez faites, et qui avez voulu que je me sois fait et marquis et ce que me voilà... Voyez, ne me voilà-t-il pas bien dessiné?

COLOMBINE.

Moi, je vous ai fait faire ces extravagances-là? Ma foi, monsieur le bailli, vous rêvez.

PIERROT.

Monsieur, quand je vous ai dit que j'étais mieux le fait de votre fille que cet homme-là, est-ce que je me trompais? Il faudra pourtant que vous y veniez.

TRAFIQUET.

Ce que j'ai vu tantôt, et ce que je vois présentement, m'oblige de vous dire, monsieur le bailli, que vous pouvez, tout de ce pas, vous en retourner dans le Bas-Maine manger vos chapons; car, pour ma fille, vous n'en croquerez que d'une dent.

PIERROT.

Que d'une dent, monsieur le bailli, que d'une dent.

ARLEQUIN.

Allez-vous-en au diable, vous et votre fille, petit vilain grigou raccourci. Adieu, la belle; je ne crois pas qu'il y ait au monde un animal plus méchant que vous. Il faut qu'un provincial ait le diable au corps pour venir s'équiper d'une femme à Paris.

COLOMBINE.

Et qu'une fille à Paris soit bien près de ses pièces pour épouser un bailli du Bas-Maine.

FIN DE LA COQUETTE.

COMÉDIE ITALIENNE.

LA FOIRE SAINT-GERMAIN,

COMÉDIE ÉPISODIQUE EN TROIS ACTES

DE REGNARD (en collaboration avec DUFRESNY).

Représentée pour la première fois le 26 décembre 1695.

La *Foire Saint-Germain* est ce qu'on appellerait aujourd'hui une pièce à tiroirs, faite d'épisodes se rattachant à l'action principale par les liens les plus ténus. Cette action même, Regnard ne s'est pas mis en peine de la faire originale. C'est la fable cent fois remise à la scène du tuteur amoureux de sa pupille et aussi de sa dot, car s'il cherche à l'épouser, c'est surtout pour éviter de lui rendre ses comptes. Molière a emprunté cette donnée à ses prédécesseurs et l'a léguée à ceux qui l'ont suivi qu'ils s'appellent Regnard ou Beaumarchais. L'auteur du *Légataire* s'en est servi plus d'une fois comme point de départ et notamment dans les *Folies amoureuses*. Mais le mérite de la *Foire Saint-Germain* est dans la verve du dialogue et l'ingéniosité des incidents. C'est la dernière pièce que Regnard fit en société avec Dufresny. Et l'on ne sait trop quelle part attribuer à ce dernier, les qualités comiques de Regnard s'y retrouvant à chaque ligne. Ce n'est que l'année suivante que survint à propos du *Joueur* la brouille fameuse qui les sépara et dont Dufresny fut cruellement victime. Au *Joueur* qu'il prétendait lui avoir été volé, il opposa le *Chevalier joueur*, sa véritable pièce à lui, qui ne réussit pas à tenir l'affiche. Le procès était jugé.

La *Foire Saint-Germain*, fut reprise toujours avec succès, notamment en 1720, par la nouvelle troupe italienne, et elle resta au répertoire pendant une partie du dix-huitième siècle.

LA FOIRE SAINT-GERMAIN

COMÉDIE EN TROIS ACTES.

ACTEURS.

ARLEQUIN, intrigant.
COLOMBINE, intrigante.
LE DOCTEUR, tuteur et amoureux d'Angélique.
ANGÉLIQUE.
OCTAVE, amant d'Angélique.
PIERROT, valet du docteur.
NIGAUDINET, provincial amoureux d'Angélique. *Mezzetin.*
FANTASSIN, valet de Nigaudinet. *Pierrot.*
UN MARQUIS. *Léandre.*
LE CHEVALIER. *Octave.*
UNE COQUETTE. *Arlequin.*
CASCARET, laquais de la coquette.
UN MARCHAND D'ÉTOFFES. *Scaramouche.*
UN GARÇON PATISSIER. *Mezzetin.*
UN ASTHMATIQUE. *Scaramouche.*
LA FEMME DE L'ASTHMATIQUE. *Angélique.*

UN DORMEUR. *Scaramouche.*
LA TRICHARDIÈRE, filou. *Scaramouche.*
UN LIMONADIER, en Arménien. *Léandre.*
UN OFFICIER SUISSE. *Scaramouche.*
UN PETIT-MAITRE. *Mezzetin.*
UN MUSICIEN ITALIEN. *Mezzetin.*
CARICACA, apothicaire. *Mezzetin.*
UN PORTEUR DE CHAISE.
UNE JEUNE FILLE. *Colombine.*
LA CHANTEUSE.
UNE LINGÈRE.
PLUSIEURS MARCHANDS ET MARCHANDES DE LA FOIRE.
UN VALET DE THÉATRE. *Pierrot.*
UNE PETITE FILLE en cage.
UN FILOU, ET PLUSIEURS AUTRES PERSONNAGES MUETS.

La scène est à Paris, dans l'enclos de la foire Saint-Germain.

Le théâtre représente la foire Saint-Germain.

ACTE PREMIER.

SCÈNE I.

ARLEQUIN, UNE LINGÈRE, UN GARÇON PATISSIER, PLUSIEURS MARCHANDS ET MARCHANDES DANS LEURS BOUTIQUES.

LES MARCHANDS crient.

Des robes de chambre de Marseille; venez voir ici de très belles chemises de toile de Hollande; des robes de chambre à la mode; des bonnets à la siamoise; du fromage de Milan, messieurs; venez chez nous : toutes sortes de vins d'Italie, de la Verdée, du Grec, de la Malvoisie.

LE GARÇON PATISSIER, tenant sur sa tête un clayon de ratons.

Des ratons tout chauds, messieurs; des ratons, à deux liards. Que ces marchands font de bruit! je m'en vais me divertir en les contrefaisant tous dans une chanson.

(Il chante, et change de ton à chaque différent cri.)

    Oranges de la Chine, oranges;
      Des rubans, des fontanges;
      Faïence à bon marché;
      Thé, chocolat, café :
      Vous faut-il rien du nôtre?
    L'on va commencer, venez tôt;
      Des peignes, des couteaux;
      Des étuis, des ciseaux :
      Ne prenez rien à d'autres;
      J'ai tout ce qu'il vous faut.

ARLEQUIN, après avoir écouté avec attention ces différents cris.

O désir insatiable de l'homme! j'entends crier à la foire tout ce qu'il y a de beau et de bon dans Paris; je voudrais bien acheter tout ce que j'entends crier, et je n'ai qu'une pièce pour ma foire.

LE GARÇON PATISSIER, au fond du théâtre.

Des ratons tout chauds, à deux liards, à deux liards.

ARLEQUIN.

Commençons par le plus nécessaire. Le plus nécessaire à la vie c'est le manger. Holà! hé! les ratons.

LA LINGÈRE, dans sa boutique.

Chemises de Hollande.

LE GARÇON PATISSIER, au fond du théâtre.

A deux liards, à deux liards.

ARLEQUIN.

Des chemises de Hollande à deux liards! Je n'ai point de chemises; voilà mon affaire. Holà! hé! chemises de Hollande!

(La marchande lui met une chemise.)

UN MARCHAND, dans sa boutique.

Des indiennes à la mode, de très belles robes de chambre.

LE GARÇON PATISSIER, toujours derrière.

A deux liards, à deux liards.

ARLEQUIN.

Des robes de chambre à deux liards! Il faut qu'il les ait volées. L'homme aux robes de chambre!

(Le marchand lui met une robe de chambre.)

UNE MARCHANDE.

Des couvertures de Marseille, voyez ici.

LE GARÇON PATISSIER.

A deux liards.

ARLEQUIN.

Encore? Il faut que l'on ait taxé toutes les nippes de la foire à deux liards, à cause de la disette d'argent. Parlez donc, hé! couvertures de Marseille!

(On lui donne une couverture de Marseille, qu'il met sous son bras.)

UN MARCHAND.

Des olives de Vérone, du fromage de Milan, messieurs.

LE GARÇON PATISSIER.

A deux liards, à deux liards.

ARLEQUIN.

Le fromage de Milan à deux liards! *O che fortuna!* L'homme au fromage!

(Il prend un fromage.)

LE GARÇON PATISSIER, passant devant Arlequin.

Ratons tout chauds, tout fumants, tout sortants du four, à deux liards, deux liards.

ARLEQUIN.

Hé! l'homme aux ratons! Voyons la marchandise.

LE GARÇON PATISSIER.
Tenez, monsieur, les voilà tout chauds.
ARLEQUIN.
Donnes-tu le treizième?
LE GARÇON PATISSIER.
Oui, monsieur.
ARLEQUIN, prenant un raton.
Eh bien! je le prends; demain j'en achèterai une douzaine.
LE GARÇON PATISSIER, reprenant son raton.
Doucement, s'il vous plait; il faut payer avant que de manger.
ARLEQUIN, tirant une petite pièce de sa poche.
Attends. Voyons si j'ai de quoi payer tout cela. Deux liards de chemise, deux liards de robe de chambre, deux liards de couverture de Marseille, deux liards de fromage; voilà qui fait deux sols : il me faudra avec cela pour deux liards de filles : cela fera six blancs. Malepeste! que l'argent va vite! N'importe, j'avais besoin de cette petite réparation. (*Au garçon pâtissier.*) Tiens, mon ami, voilà une petite pièce que je te donne, et voilà trois ratons que je prends : du surplus, paie ces marchands. Serviteur.

(Il s'en va; les marchands courent après lui.)

SCÈNE II.

ANGÉLIQUE, COLOMBINE.

COLOMBINE.
Eh! bonjour, mademoiselle; quel bon vent vous amène à la foire? et que je suis heureuse de vous rencontrer!
ANGÉLIQUE.
Ah! Colombine, te voilà! que fais-tu dans ce pays-ci?
COLOMBINE.
Ma foi, madame, il faut qu'une fille, pour vivre honnêtement, sache plus d'un métier. Je fais prêter de l'argent à des enfants de famille qui n'en ont point; je le fais dépenser à ceux qui en ont; je raccommode les ménages disloqués; j'en brouille d'autres, et quantité de petits négoces de cette nature-là. Et vous, mademoiselle, que faites-vous présentement?

ANGÉLIQUE.
Toujours la même chose, Colombine ; j'aime.
COLOMBINE.
Tant pis! l'amour est un métier bien ingrat pour les honnêtes filles qui se font scrupule d'en tirer toute la quintessence.
ANGÉLIQUE.
Tu vois, Colombine, une fille embarrassée, et qui a déjà pensé se perdre à la foire.
COLOMBINE.
Cela est fort honnête de se perdre toute seule dans un lieu public.
ANGÉLIQUE.
Une fille vertueuse se retrouve toujours.
COLOMBINE.
La fille se retrouve, mais quelquefois la vertu ne se retrouve plus avec elle.
ANGÉLIQUE.
Tu connais ma sagesse, Colombine.
COLOMBINE.
Je la connaissais autrefois ; mais les choses changent, et on ne voit guère de cette marchandise-là à la foire, quoiqu'on ne laisse pas que d'y en vendre.
ANGÉLIQUE.
Je cherche un asile contre les mauvais traitements de mon tuteur. Tu connais ses caprices.
COLOMBINE.
Nous avons assez demeuré ensemble pour nous connaître réciproquement.
ANGÉLIQUE.
Tu ne sais pas qu'il est devenu amoureux de moi?
COLOMBINE.
C'est donc depuis que je n'y suis plus? Le petit inconstant !
ANGÉLIQUE.
Il veut m'épouser.
COLOMBINE.
Un tuteur épouser sa pupille! C'est une manière abrégée de rendre ses comptes. Mais à ces comptes-là, quand le tuteur est vieux, la pupille trouve de grandes erreurs de calcul.
ANGÉLIQUE.
Il y a encore un nigaud de Normand, de Pont-l'Évêque, qui

se nomme Nigaudinet, qui est venu à Paris exprès pour se marier, et qui a du goût pour moi.

COLOMBINE.

Vous voilà bien lotie, entre un docteur et un Bas-Normand.

ANGÉLIQUE.

Je ne veux ni de l'un ni de l'autre ; et je suis sortie de la maison de mon tuteur dans le dessein de n'y point rentrer que je n'aie épousé Octave.

COLOMBINE.

Pour l'amant de Pont-l'Évêque, nous lui jouerons quelques tours pour vous en débarrasser. A l'égard du docteur, quelque appétit qu'il ait pour vous, je sais bien un moyen sûr pour l'en dégoûter. Le vieux penard (1) ne vous épouse que parce qu'il croit qu'il n'y a que vous de fille sage au monde. Laissez-moi faire ; avant qu'il soit une heure, je veux que vous passiez dans son esprit pour la fille de la foire la plus équivoque.

ANGÉLIQUE.

Il est si prévenu en ma faveur, et il me croit si sage, qu'il sera difficile de lui faire croire le contraire.

COLOMBINE.

Bon ! bon ! je fais bien pis ; je fais tous les jours passer pour sages des filles qui ne l'ont jamais été.

SCÈNE III.

ANGÉLIQUE, COLOMBINE, OCTAVE ; UN PORTEUR IVRE.

OCTAVE, au porteur.

Va, mon ami, laisse-moi en repos ; tu n'es pas en état de me porter.

LE PORTEUR.

Mais, monsieur, un porteur..., il faut qu'il porte ; nous savons la règle.

OCTAVE, à Angélique.

Ah ! madame, il y a une heure que je vous cherche ; mais puisque j'ai le plaisir de vous voir, je suis trop bien payé de mes peines.

(1) Vieux libertin.

LE PORTEUR, croyant qu'Octave lui parle.

Payé de mes peines? Eh! palsambleu! je n'ai encore rien reçu.

ANGÉLIQUE.

Vous voyez, Octave, ce que je fais pour vous. Voilà Colombine qui nous secondera pour rompre les mariages dont nous sommes menacés.

OCTAVE.

Ah! ma chère Colombine, que je te serai obligé! Dispose de ma bourse, ne l'épargne point; combien te faut-il?

COLOMBINE.

Ah! monsieur...

LE PORTEUR.

Je vous assure, monsieur, que vous ne sauriez moins donner qu'un écu pour le principal, et quatre francs pour boire.

OCTAVE, à Angélique.

Vous me promettez donc, charmante Angélique, d'être toujours dans les mêmes sentiments, et de ne jamais changer.

LE PORTEUR.

Changer? changer? Oh! monsieur, si vous voulez changer, je trouverai de la monnaie. Mais ces officiers n'ont jamais de monnaie; j'en sais bien la raison.

COLOMBINE.

Ah! mademoiselle, voilà votre tuteur : entrons dans ma loge, et nous verrons ensemble ce qu'il faudra faire.

(Ils s'en vont : le porteur reste.)

SCÈNE IV.

LE PORTEUR, LE DOCTEUR; PIERROT, avec une échelle et des affiches.

PIERROT.

Je vous dis, monsieur, que vous me laissiez gouverner cela : je vous retrouverai Angélique.

LE PORTEUR, au docteur, croyant parler à Octave.

Allons, monsieur, dépêchons; je n'ai pas le temps d'attendre; j'ai chaud, et je pourrais m'enrhumer.

LE DOCTEUR.

Que veux-tu donc, mon ami?

LE PORTEUR le regarde.

Ah! j'étais bien nigaud! Je croyais parler à un officier, et ce n'est qu'un bourgeois. Je m'en vais prendre mon ton pour les bourgeois. (*Haut.*) Allons, de l'argent.

LE DOCTEUR.

De l'argent? pourquoi donc de l'argent?

LE PORTEUR.

Parbleu! la question est drôle! pour vous avoir porté en chaise.

PIERROT.

Monsieur le docteur ne monte jamais en chaise.

LE PORTEUR.

Oh! morgué, point tant de raisons, avec ma houssine, je vous redresserai.

PIERROT.

Comment! coquin! lever la main sur monsieur le docteur!

LE PORTEUR.

Ah! morgué, il n'y a docteur qui tienne; il me faut de l'argent.

(Il veut les battre, le docteur et Pierrot le chassent.)

SCÈNE V.

LE DOCTEUR, PIERROT.

PIERROT.

Pour venir donc à la conclusion je vous dis encore une fois, monsieur, que je vous ferai retrouver Angélique, fût-elle dans les Indes, dans le Ponotapa (1).

LE DOCTEUR.

Quelle cruauté de perdre une pauvre enfant qui m'aime si tendrement!

PIERROT.

Quel âge avait-elle ce matin, quand vous l'avez perdue?

LE DOCTEUR.

Vingt-deux ans.

---

(1) Pour le Monomotapa qui se trouve non dans les Indes mais dans l'Afrique australe, ce dont Pierrot ne s'inquiète guère.

PIERROT.

C'est votre faute.

LE DOCTEUR.

Comment?

PIERROT.

C'est votre faute, vous dis-je. Il faut tenir les filles présentement par la lisière jusqu'à trente ans : encore a-t-on bien de la peine à les empêcher de faire quelque faux pas.

LE DOCTEUR.

Ah! Pierrot! perdre une fille avec laquelle j'allais me marier! cela est bien dur.

PIERROT.

Je vous dis que vous ne vous mettiez pas en peine; je vous la ferai retrouver peut-être au double.

LE DOCTEUR.

Que veux-tu donc dire, au double?

PIERROT.

Oui, Monsieur, et peut-être au triple. J'avais autrefois une doguine que je perdis; six semaines après, je la retrouvai avec trois petits doguins dans le ventre.

LE DOCTEUR.

Les trois doguins sont de trop; je me contente bien de retrouver Angélique comme je l'ai perdue.

PIERROT.

C'est pour vous dire comme j'ai la main heureuse pour les retrouvailles. Tenez, Monsieur, voilà quatre mille affiches toutes prêtes.

LE DOCTEUR.

Mets-en de tous les côtés, au moins.

PIERROT.

Laissez-moi faire; je l'afficherai où il faut : aux cafés, aux cabarets, dans les chambres garnies, enfin dans tous les endroits où l'on trouve des filles perdues. Voulez-vous que je vous lise l'affiche? C'est un petit ouvrage d'esprit que j'ai fait entre la poire et le fromage.

(Il lit.)

Fille perdue, trente pistoles à gagner.

« Il a été perdu, entre chien et loup, entre Boulogne et Vincennes, une fille entre deux âges, qui était entre deux tailles, les cheveux entre bruns et blonds, l'œil entre doux et hagard. Quiconque la trouvera, la mette entre deux portes, et avertisse M. le docteur, qui demeure entre un maréchal et un médecin. Fait à Paris, entre deux tréteaux, par Pierrot, entre deux vins. »

LE DOCTEUR.

Voilà bien de l'entre-deux.

PIERROT.

Monsieur, tandis que je serai en train d'afficher, ne voulez-vous point que j'affiche aussi votre esprit? Je ferai d'une pierre deux coups.

LE DOCTEUR.

Que veux-tu dire, afficher mon esprit?

PIERROT.

Vraiment oui, Monsieur; il faut que vous l'ayez perdu, à votre âge, de vouloir épouser une jeune fille qui s'échappe comme une anguille.

LE DOCTEUR.

Tiens, voilà ce que j'ai perdu et ce que tu as retrouvé.

(Il lui donne un soufflet.)

PIERROT.

Je ne veux point du bien d'autrui; puisque je l'ai trouvé, je vous le rends.

(Il veut lui donner un soufflet, le manque et s'en va.)

SCÈNE VI.

LE DOCTEUR, COLOMBINE.

COLOMBINE.

Ah! monsieur le docteur, vous voilà! j'ai bien du plaisir de vous revoir en ce pays.

LE DOCTEUR.

Tu vois un homme au désespoir; j'étais sur le point de me marier avec Angélique...

COLOMBINE.

C'est un point fatal; je sais mille fripons d'amants qui n'attendent que ce moment-là pour se faire payer de leurs services passés.

LE DOCTEUR.

Que me dis-tu là, Colombine? Je voudrais avoir des marques de son infidélité, pour me guérir de l'amour que j'ai pour l'ingrate.

COLOMBINE.

Allez m'attendre au premier détour, et dans un moment je suis à vous.

LE DOCTEUR, s'en allant.

Ah! la traîtresse! la traîtresse!

SCÈNE VII.

COLOMBINE, seule.

Le bonhomme avale assez bien la pilule. Je veux conduire Angélique dans tous les lieux de la foire les plus suspects : j'ai concerté ce stratagème avec les parties intéressées.

SCÈNE VIII.

COLOMBINE, ARLEQUIN.

COLOMBINE.

Mais qui est cet homme-là?

ARLEQUIN, sans voir Colombine.

A deux liards, à deux liards. Voyez le peu de bonne foi qu'il y a dans le commerce! on voulait ravoir les nippes qu'on m'avait vendues deux liards... Quelque sot!... (Il aperçoit Colombine.) N'est-ce point là de la marchandise à deux liards? (Il passe devant elle et l'examine.) Voilà apparemment quelque aventurière foraine. (Haut.) Mademoiselle, ne seriez-vous point par hasard de ces chauves-souris apprivoisées, qui gracieusent le bourgeois et lui proposent la collation?

COLOMBINE.

En vérité, Monsieur, vous me faites plus d'honneur que je n'en mérite. Et vous, ne seriez-vous point par aventure de ces chevaliers déshérités par la fortune, qui retrouvent leur patrimoine dans la bourse des passants?

ARLEQUIN.

Ah! pour cela, Mademoiselle, vous mettez ma pudeur hors

des gonds. Je suis un gentilhomme, qui ai depuis peu quitté le service pour prendre de l'emploi à la foire.

COLOMBINE.

Sans trop de curiosité, peut-on vous demander si vous avez été longtemps dans le service?

ARLEQUIN.

Dix ans.

COLOMBINE.

En Flandre, ou en Allemagne?

ARLEQUIN.

A Paris. J'y ai été trois ans cuirassier du Guet, après avoir servi volontaire dans le régiment de l'Arc-en-Ciel.

COLOMBINE.

Je n'ai jamais ouï parler de ce régiment-là.

ARLEQUIN.

C'est pourtant un des gros régiments du royaume; les soldats y sont tantôt fantassins et tantôt carrossiers, et sont habillés de vert, de rouge et de jaune, suivant la fantaisie des capitaines (1).

COLOMBINE.

Je commence présentement à avoir quelque teinte de votre régiment.

ARLEQUIN.

Comment diable! c'est la milice la plus nécessaire à l'État, et c'est le régiment où l'on fait le plus vite son chemin; c'est de là qu'on tire des officiers pour remplir les postes les plus lucratifs. Je connais vingt commis en chef qui n'ont jamais fait leurs exercices que dans ce corps-là.

COLOMBINE.

Je suis ravie, Monsieur, de trouver en vous un gentilhomme qui ait étudié dans une académie si florissante. Apparemment que vous savez faire l'exercice du flambeau?

ARLEQUIN.

J'ai eu l'honneur d'éclairer, chemin faisant, une femme de robe, une femme garde-note, et la concierge d'un abbé.

COLOMBINE.

La concierge d'un abbé? Voilà une plaisante condition. Et quel était l'emploi de cette concierge-là?

(1) Allusion aux laquais habillés de couleurs diverses selon la livrée de leurs maîtres.

ARLEQUIN.

Elle avait soin des meubles de monsieur; elle lui faisait de la gelée, bassinait son lit, et le frisait tous les soirs.

COLOMBINE.

Il n'y a pas grand ouvrage à friser des cheveux courts comme ceux-là.

ARLEQUIN.

Plus que vous ne pensez: j'aimerais mieux coiffer dix femmes en boucles, que de mettre une tête d'abbé en marrons.

COLOMBINE.

Vous avez raison; il y a plus à faire auprès de ces messieurs-là qu'auprès des femmes.

ARLEQUIN.

Je me suis pourtant assez bien trouvé des femmes, et dans le fond, ce sont de bonnes personnes : on en dit la rage, mais moi je ne les trouve pas si dévergondées que les hommes.

COLOMBINE.

Assurément on peut dire, pour les excuser, qu'elles sont plus exposées au péril. Pour peu qu'une femme ait d'enjouement, un soupirant lui donne vivement la chasse : elle évite un temps l'écueil dangereux des présents; elle résiste à la tempête : mais à la fin il vient une bourrasque de pleurs et de soupirs; un amant fait force de voiles, il double le cap de Bonne-Espérance : une femme veut se sauver; elle donne contre un rocher; voilà la barque renversée; et dans cette extrémité-là, l'honneur a bien de la peine à se sauver à la nage.

ARLEQUIN.

L'honneur d'à présent est pourtant bien mince et bien léger; il devrait aller sur l'eau comme du liège.

COLOMBINE.

Cette femme de robe, par exemple, que vous avez éclairée, son honneur savait-il nager?

ARLEQUIN.

Il faisait quelquefois le plongeon; mais d'ailleurs c'était une brave femme; elle faisait l'extrait de tous les procès dont monsieur était le rapporteur : elle n'avait jamais étudié, et si elle savait plus de latin que son mari.

COLOMBINE.

Et cette femme garde-note, n'a-t-elle jamais fait de faussetés dans son ministère?

ARLEQUIN.

Ah! il ne faut jamais dire de mal de gens dont on a mangé le pain; mais si l'on avait gardé minute dans l'étude de tout ce qui se faisait dans la chambre, il aurait fallu plus de vingt clercs pour en délivrer des expéditions; et, pour dire la vérité, je crois qu'il se passait moins d'actes par-devant monsieur que par-devant madame.

COLOMBINE.

C'est-à-dire qu'il y avait toujours quelqu'un dans le logis qui signait en second.

ARLEQUIN.

Justement.

COLOMBINE.

Pour moi, dans toutes les conditions que j'ai faites, tout ce que je voyais m'échauffait si fort la bile, que je me suis faite limonadière, pour me rafraîchir la conscience.

ARLEQUIN.

C'est-à-dire que vous avez présentement la conscience à la glace. Pour moi, pour le repos de la mienne, j'attrape ici l'argent du badaud; c'est moi qui suis le maître de la Bouche de Vérité, des trois théâtres, du cadran du Zodiaque, du sérail de l'empereur du Cap-Vert, et autres sottises lucratives de cette nature-là.

COLOMBINE.

Quoi! c'est toi qui...

ARLEQUIN.

Oui, moi-même.

COLOMBINE.

Voilà cinquante pistoles qui te sautent au collet, si tu veux être de concert avec nous pour tromper un vieux docteur, lui faire voir sa maîtresse dans toutes les boutiques, et renvoyer un provincial à Pont-l'Évêque.

ARLEQUIN.

Vous vous moquez de moi : je ne suis point intéressé; l'argent ne m'a jamais dominé; mais je n'ai jamais rien refusé pour cinquante pistoles.

COLOMBINE.

Je vais envoyer le docteur à la Bouche de Vérité, et je te dirai après ce qu'il faudra faire.

ARLEQUIN.

Va vite, et moi, de mon côté, je vais faire ouvrir mon magasin. Holà, hé! qu'on ouvre.

SCÈNE IX.

(La ferme s'ouvre; on voit trois bustes, posés sur trois tables différentes, au milieu du théâtre.)

ARLEQUIN, seul.

Voici le rendez-vous de tous les curieux;
C'est ici qu'on voit tout, pourvu qu'on ait des yeux;
Ici l'on entend tout, quand on a des oreilles,
Et de l'argent, s'entend. O têtes sans pareilles!
Vous, effort de mon art, miracle de ma main,
Vous ne cesserez pas d'être mon gagne-pain
   Tant que la ville
  En badauds sera fertile.
Vous êtes, il est vrai, de bois et de carton,
Vides de sens commun, sans esprit, sans raison :
Cependant vous allez prononcer des oracles;
Mais on voit tous les jours de semblables miracles.
  Que de cervelles à ressorts
  Voyons-nous dans les plus grands corps,
  Former de graves assemblées,
  Décider de nos destinées!
  En un mot, combien voyons-nous
  De ces têtes tant consultées
  Qui n'ont pas plus d'esprit que vous!
(Une des têtes, représentée par la chanteuse, chante :)
   Venez à nous,
   Accourez tous;
   Rien n'est si doux
  Que d'apprendre sa destinée;
   Mais dans l'hyménée,
  L'ignorance est d'un grand secours.
   Époux, ignorez toujours.

SCÈNE X.

ARLEQUIN, LE DOCTEUR.

LE DOCTEUR.
Une nommée Colombine m'a dit, Monsieur, que j'aurais ici des nouvelles d'une fille égarée que j'ai fait afficher.

ARLEQUIN, à part.
Voilà le docteur dont on m'a parlé; il faut le turlupiner. (*Haut.*) De quoi vous embarrassez-vous de chercher une fille? Et qu'en ferez-vous quand vous l'aurez retrouvée?

LE DOCTEUR.
Ce que j'en ferai? Je l'épouserai.

ARLEQUIN rit et le regarde sous le nez.
Vous, l'épouser? Et de quelle profession êtes-vous, monsieur l'épouseur?

LE DOCTEUR.
Je suis docteur, Monsieur, à votre service.

ROQUILLARD.
Benè. Voilà une qualité d'une bonne ressource pour une femme. Et quel âge?

LE DOCTEUR.
Je cours ma soixante-dixième.

ARLEQUIN.
Optimè. C'est une année bien glissante, et vous courrez risque de vous y casser le cou. Et la fille est âgée?...

LE DOCTEUR.
De vingt ans, ou environ.

ARLEQUIN.
Ah! que cela est bien fait! Quand on n'a plus de dents, on ne saurait prendre la viande trop tendre.

LE DOCTEUR.
Je voudrais bien savoir, Monsieur, par le moyen de votre Bouche de Vérité, quel sera mon sort dans le mariage.

ARLEQUIN.
C'est-à-dire que vous voudriez bien savoir si votre future ne vous enregistrera point dans le grand catalogue où Vulcain est à la tête.

LE DOCTEUR.

Vous l'avez dit; et j'aurais une petite démangeaison d'apprendre ma destinée sur ce chapitre-là.

ARLEQUIN.

C'est agir prudemment; il vaut mieux s'en éclaircir avant le mariage, que de vouloir en être instruit quand on est marié. Il faut aller à la Bouche de Vérité, et vous essayer le bonnet.

LE DOCTEUR.

Comment! qu'est-ce que cela veut dire?

ARLEQUIN prend le bonnet.

Voilà un bonnet qui ne s'est jamais trompé en sa vie; et s'il change de figure sur votre tête, c'est que vous serez coiffé à la moderne.

LE DOCTEUR.

Oh! mettez, mettez; je ne crains rien.

(Arlequin lui met le bonnet, qui aussitôt se change en croissant.)

LA BOUCHE DE VÉRITÉ chante.

Console-toi d'avoir sur ton turban
Les armes qu'on révère en l'empire ottoman;
On les porte par tout le monde,
Et j'en vois
Qui, malgré leur perruque blonde,
Ne sont pas mieux coiffés que toi.

(Le docteur se regarde dans un petit miroir qui est sur la table de la Bouche de Vérité, jette de dépit le bonnet et s'en va.)

SCÈNE XI.

ARLEQUIN, UNE JEUNE FILLE.

LA JEUNE FILLE.

Il y a longtemps, monsieur, que la curiosité m'aurait amenée ici, si la crainte ne m'avait retenue.

ARLEQUIN.

La curiosité mènerait les filles bien loin, si la crainte ne les retenait; mais c'est une bride qui n'est pas toujours la plus forte.

LA JEUNE FILLE.

Je ne crois pas qu'il y ait une fille plus craintive que moi;

je n'oserais demeurer seule, et la nuit, j'ai si peur des esprits, qu'il faut que j'aille coucher avec ma mère pour me rassurer.

ARLEQUIN.

Si vous aviez fait connaissance avec de certains esprits palpables, vous auriez moins peur d'eux que de votre mère. Puisque vous êtes si timide, il faut donc que je devine le sujet qui vous conduit ici. Voulez-vous savoir si votre beauté durera longtemps?

LA JEUNE FILLE.

Mais, monsieur, je crois qu'elle durera autant que ma jeunesse.

ARLEQUIN.

Les femmes d'aujourd'hui poussent la jeunesse bien loin; et j'en vois tous les jours, qui, selon leur calcul, sont encore plus jeunes que leurs filles.

LA JEUNE FILLE.

Il est vrai, et j'ai une vieille tante qui veut à toute force passer pour ma sœur, et qui dernièrement cassa de dépit son miroir, en disant que la glace en était ridée, et qu'on n'en faisait plus d'aussi belles qu'au temps passé.

ARLEQUIN.

Laissez-moi faire; je suis après à établir une manufacture de glaces exprès pour les vieilles.

LA JEUNE FILLE.

Je trouve cela si ridicule, que je renoncerai à la jeunesse dès que j'aurai vingt ans.

ARLEQUIN.

Oui, vous compterez de bonne foi jusqu'à dix-huit; mais vous serez terriblement longtemps sur la dix-neuvième. Ce n'est donc pas le soin de votre jeunesse ni de votre beauté qui vous amène ici?

LA JEUNE FILLE.

Non, monsieur.

ARLEQUIN.

Cela m'étonne; car c'est d'ordinaire le seul soin qui occupe les femmes. Vous voulez peut-être savoir si vous aurez des amants?

LA JEUNE FILLE.

Des amants? Qu'est-ce que c'est que des amants?

ARLEQUIN.

Un amant! c'est une espèce d'animal soumis qui s'insinue

auprès des filles en chien couchant, les mord en mâtin, et s'enfuit en lévrier.

LA JEUNE FILLE.

Si c'est cela que vous appelez des amants, j'en ai bien de cette espèce-là. J'ai entre autres un grand cousin qui me suit toujours, qui me baise les mains quand il peut les attraper, et qui me dit qu'il se tuera si je ne l'aime.

ARLEQUIN.

Voilà le chien couchant, cela : prenez garde qu'il ne devienne mâtin ; car je suis bien trompé si ce cousin-là n'a envie de faire avec vous une alliance plus étroite.

LA JEUNE FILLE.

Je connais encore un jeune monsieur, qui va à l'armée, qui me fait toujours quelque petit présent.

ARLEQUIN.

Voilà le lévrier ; prenez garde à vous.

LA JEUNE FILLE.

C'est lui qui m'a apporté de Flandre les cornettes et les engageantes que vous voyez(1).

ARLEQUIN.

Des cornettes et des engageantes ! Quand une fille est prise par la tête et par les bras, elle a bien de la peine à se défendre ; je vous en avertis.

LA JEUNE FILLE.

Je voudrais savoir de vous si... Mais... n'y a-t-il là personne ?

ARLEQUIN.

Non, non ; parlez hardiment.

LA JEUNE FILLE.

Je voudrais savoir si... Mais... je n'ose vous le dire.

ARLEQUIN.

Ah ! que de si et de mais !

LA JEUNE FILLE.

Je voudrais donc savoir si je serai mariée cette année.

ARLEQUIN.

Je ne puis pas vous dire cela bien positivement ; mais je sais

---

(1) *Engageante*, sorte de manches de toile ou de dentelles qui pendaient au bout du bras, très ouvertes, engageant la main du galant à s'y glisser.

qu'il ne tiendra qu'à vous de vous faire passer un vernis de mariage.

LA JEUNE FILLE.

Oh! fi, monsieur; le vernis me fait mal à la tête.

ARLEQUIN.

Pour vous dire cela bien sûrement, il faudrait savoir auparavant si vous êtes fille.

LA JEUNE FILLE.

Si je suis fille?

ARLEQUIN.

Mais fille-fille. Il y en a bien qui usurpent ce nom-là : de tous les titres, c'est le plus aisé à falsifier ; et telle porte un losange en écusson, qui pourrait entourer ses armes de bien des cordons de veuve (1). *A la prora.* Mettez votre main dans la Bouche de Vérité: si vous êtes aussi fille que vous le dites, elle répondra à votre demande; mais si vous n'êtes que demi-fille, elle vous mordra si fort qu'elle ne vous lâchera peut-être pas de dix ans.

LA JEUNE FILLE.

Qu'est-ce que c'est, s'il vous plaît, qu'une demi-fille?

ARLEQUIN.

Mais, une demi-fille, c'est une fille qui... dans l'occasion... Avez-vous jamais vu des castors?

LA JEUNE FILLE.

Oui, monsieur.

ARLEQUIN.

Eh bien! il y a des castors et des demi-castors. Une demi-fille, c'est comme qui dirait un demi-castor; il y entre un certain... mélange, qui fait... que... Tout le monde vous dira cela. Mettez, mettez seulement votre main dans la Bouche de Vérité.

LA JEUNE FILLE.

Oh! monsieur, je ne crains rien ; y eût-il vingt bouches, j'y mettrais mon bras jusqu'au coude.

ARLEQUIN.

Allons, voyons. Qu'est-ce? Vous résistez? C'est-à-dire qu'il y a du demi-castor.

(1) Les filles, d'après les règles du blason, portent l'écu de leurs armoiries en losange.

LA JEUNE FILLE.

Ce n'est pas que j'aie peur; mais si votre bouche était une gourmande qui m'allât mordre sans sujet.

ARLEQUIN.

Ne craignez rien ; c'est une bouche fort sobre, et qui ne mord que bien à propos.

(La Jeune fille approche sa main; la bouche remue comme si elle voulait mordre.)

LA BOUCHE DE VÉRITÉ chante.

Prends garde à mes dents,
Crains ma colère ;
J'ai mordu ta mère
A quinze ans ;
Car en ce temps
Une fille n'est guère
Plus fille que sa mère.

LA JEUNE FILLE.

Je suis la très humble servante de la Bouche de Vérité; mais j'ai trop peur de ces vilaines dents-là.

SCÈNE XII.

ARLEQUIN, seul.

C'est fort bien fait, prends garde à ses dents.

Si mainte fille que je vois
Était mise à pareille épreuve,
Il n'en serait point de si neuve.
Qui n'y pensât plus d'une fois.

SCÈNE XIII.

ARLEQUIN; UN ASTHMATIQUE, enveloppé d'un manteau fourré.

L'ASTHMATIQUE.

Ouf! je me meurs! Ouf! je suis mort! Ouf! je veux parler.

ARLEQUIN.

Vous êtes mort, et vous voulez parler? Vous ne viendrez jamais à bout de cette affaire-là.

L'ASTHMATIQUE.

Je voulais consulter la Bouche de Vérité... J'ai un a... as... ame, un ame qui m'étouffe.

(Il se plaint comme un homme qui souffre beaucoup.)

ARLEQUIN.

Votre ame vous étouffe? Consolez-vous; dans peu vous en serez délivré.

L'ASTHMATIQUE.

Et non, Monsieur; c'est un asthme.

ARLEQUIN.

Ah! je vous entends.

L'ASTHMATIQUE.

Je voudrais savoir si ma femme qui n'a que dix-huit ans, et se porte bien, mourra avant moi.

ARLEQUIN.

Si elle veut mourir avant vous, il faudra qu'elle se dépêche.

L'ASTHMATIQUE.

Mais mon mal vient de mélancolie; ma femme m'avait promis de la joie.

ARLEQUIN.

Et quelle espèce de joie femme peut-elle donner à un asthmatique?

L'ASTHMATIQUE.

Elle chante, elle danse, elle joue de la guitare; mais, par malheur, elle en joue si bien, qu'on ne peut l'entendre sans danser, et je ne saurais danser sans étouffer.

SCÈNE XIV.

ARLEQUIN, L'ASTHMATIQUE, LA FEMME DE L'ASTHMATIQUE.

(La femme de l'asthmatique entre avec une guitare, chante un air gai, et danse.)

L'ASTHMATIQUE.

Ah! Monsieur, la voilà qui me poursuit.

ARLEQUIN.

Je crois que c'est la femme d'Orphée; elle met tout en mouvement. Dites-moi, je vous prie, Madame, avez-vous le diable au corps de vouloir faire danser un pauvre asthmatique ?

LA FEMME.

J'ai mes raisons pour cela, Monsieur. Mon mari m'a donné, par contrat de mariage, mille pistoles après sa mort ; depuis que nous sommes mariés, il m'a promis mille autres pistoles si je le guérissais de sa mélancolie asthmatique : j'ai affaire d'argent ; il faut aujourd'hui qu'il danse, ou qu'il crève. Allons, danse. (*Elle fredonne.*) La, la, la.

ARLEQUIN.

Elle a raison. Pourquoi lui promettiez-vous mille pistoles ? Il faut que vous la dansiez.

LA FEMME en s'accompagnant de sa guitare.

Qu'un mari soit pulmonique,
Léthargique, hydropique, asthmatique :
Qu'il soit ce qu'il vous plaira,
Tire, lire, lira, liron, fa, fa, fa,
Tire, lire, lira, liron, fa.
Malgré sa résistance,
Si sa femme veut qu'il danse,
Il a beau faire il dansera,
Tire, lire, lira, etc.

(Pendant que l'on chante cet air, les Termes qui forment la décoration du fond du théâtre, s'animent, dansent et s'en vont en chantant tire, lire, lira, etc.)

FIN DU PREMIER ACTE.

ACTE DEUXIÈME.

SCÈNE I.

LE DOCTEUR, COLOMBINE.

COLOMBINE.

Il me semble, Monsieur, que vous devriez présentement être un peu moins ardent pour la noce.

LE DOCTEUR.

A te dire la vérité, ce que j'ai vu ne m'échauffe guère.

COLOMBINE.

Tout franc, vous n'êtes pas heureux dans vos consultations : et ce diable de bonnet a pris une vilaine figure sur votre tête.

LE DOCTEUR.

J'ai été aussi étonné que si les cornes me fussent venues.

COLOMBINE.

Ç'a été presque la même chose.

LE DOCTEUR.

Quoi! le front d'un docteur serait sujet à ces accidents-là?

COLOMBINE.

J'en vois tous les jours d'aussi savants que vous qui ne l'évitent pas.

LE DOCTEUR.

C'est un bétail bien trompeur que les filles !

COLOMBINE.

J'en tombe d'accord; mais aussi elles n'ont pas tout le tort. Voulez-vous qu'une fille aille s'enterrer toute vive avec un vieillard qui est le bureau d'adresse de toutes les fluxions et rhumatismes qui se distribuent par la ville ?

LE DOCTEUR.

Je n'en suis pas encore là.

COLOMBINE.

Non, mais vous y serez bientôt ; et c'est un bonheur qu'Angélique soit une égrillarde, pour vous empêcher de donner la dernière cérémonie à votre amour.

LE DOCTEUR.

Colombine, au moins... bouche cousue; ne va pas la décrier. Il y a un Bas-Normand qui me l'a demandée en mariage : si l'envie d'Angélique me passe, j'en ferai un ami.

COLOMBINE.

Songeons à vous faire voir Angélique dans son naturel: et vous en ferez après ce que vous voudrez.

LE DOCTEUR.

Allons, je te suis.

COLOMBINE, à part.

Voilà un vrai ours à mener par le nez.

SCÈNE II.

UN MARQUIS, UN CHEVALIER, UNE COQUETTE RIDICULE, UN MARCHAND D'ÉTOFFES; CASCARET, laquais.

LE MARQUIS.

Non, chevalier, vous ne paierez pas; c'est à moi à mettre la main à la bourse.

LE CHEVALIER.

Je vous dis marquis, que je paierai absolument; car je le veux...

LA COQUETTE.

Non, Messieurs, s'il vous plaît; vous ne paierez ni l'un ni l'autre, et je ne veux point que vous vous ruiniez en ma compagnie.

LE MARQUIS.

L'occasion de la foire autorise ce petit présent.

LA COQUETTE.

Non, vous dis-je, je ne veux point de votre étoffe. Cascaret, portez cela à mon tailleur, et dites-lui qu'il m'en fasse une innocente (1); et qu'il la garnisse jusqu'aux pieds de rubans couleur de feu rouge.

(Le laquais emporte l'étoffe.)

SCÈNE III.

LE MARQUIS, LE CHEVALIER, LA COQUETTE, LE MARCHAND.

LA COQUETTE.

Je ne prends jamais rien des hommes.

---

(1) Espèce de robe ample et sans ceinture

> Une robe de femme étalée amplement
> Qui n'a pas de ceinture et va nonchalamment
> Par certain air d'enfant qu'elle donne au visage
> Est nommée *innocente* et c'est du bel usage.
>
> (Boursault.)

LE CHEVALIER.

Mais, Madame, ce n'est qu'une bagatelle.

LE MARQUIS.

Vous ne sauriez, Madame, refuser cette discrétion-là de ma part ; et je vous ai d'ailleurs tant d'obligations...

LA COQUETTE.

Oh ! oh ! Monsieur, vous vous moquez.

LE CHEVALIER.

Il faudrait que je fusse le dernier des coquins si, dans les occasions, je ne cherchais à donner à Madame des marques de ma reconnaissance.

LA COQUETTE.

Monsieur le chevalier est généreux.

LE MARQUIS.

Si nous nous mettons sur les obligations, je crois que personne n'en doit avoir à Madame de plus essentielles que moi : c'est elle qui me nourrit ; et depuis que je suis revenu de l'armée, je n'ai point d'autre auberge que sa maison.

LA COQUETTE.

L'auberge est mauvaise, Monsieur le marquis, mais l'hôtesse est bien votre petite servante.

LE CHEVALIER.

Je n'oublierai jamais le contrat de rente que Madame vient de vendre pour remonter ma compagnie, et la fournir de buffles et de cocardes.

LA COQUETTE.

Ah ! fi donc, chevalier !

LE MARQUIS.

Les présents pour moi ne sont pas ce qui me touche le plus. Madame m'a fait l'honneur de passer huit jours chez moi à ma maison de campagne, où assurément je n'ai pas eu lieu de me plaindre de ma mauvaise fortune.

LA COQUETTE.

Monsieur le marquis est toujours obligeant.

LE CHEVALIER.

Les faveurs de campagne sont des coups de hasard ; mais un tête-à-tête...

LA COQUETTE.

Taisez-vous donc, petit indiscret ; je ne hais rien tant que les babillards.

LE MARQUIS.

Tu diras, chevalier, tout ce qu'il te plaira ; mais je paierai assurément.

LE CHEVALIER.

Tu le prendras, marquis, comme tu voudras ; mais absolument je donnerai l'argent.

LE MARCHAND.

Entre vous le débat ; il n'importe qui paie, pourvu que je sois payé.

LE MARQUIS.

C'est fort bien dit.

LE CHEVALIER.

Tu as raison, mon ami.

LE MARQUIS, fouillant dans ses poches.

Et une marque certaine que je veux payer... Chevalier prête-moi dix louis.

LE CHEVALIER, fouillant dans ses poches.

Dix louis ! Je te les prêterais volontiers, si je les avais ; mais je veux être déshonoré si j'ai un sou.

LE MARQUIS.

Ni moi, ou le diable m'emporte.

LA COQUETTE.

Je le savais bien, moi, que vous ne paieriez ni l'un ni l'autre.

LE MARCHAND.

Ce n'était pas la peine de tant disputer à qui paierait.

LA COQUETTE.

Il faut dire la vérité ; les gens de cour font les choses d'une manière bien plus noble que les autres.

LE CHEVALIER, au marchand.

Mon ami, que cela ne t'embarrasse point ; je vais chez moi chercher de l'argent, et dans un moment je suis ici.

(Il sort.)

SCÈNE IV.

LE MARQUIS, LA COQUETTE, LE MARCHAND.

LE MARQUIS, au chevalier.

Non, parbleu ! chevalier, tu ne paieras pas, ou j'aurai une

affaire avec toi. Le banquier de notre régiment demeure à deux pas d'ici, et j'y cours.

(Il sort précipitamment.)

SCÈNE V.

LA COQUETTE, LE MARCHAND.

LA COQUETTE, faisant une grande révérence.

Monsieur, je suis votre très humble servante; je vous donne le bonjour.

(Elle veut s'en aller.)
LE MARCHAND, la retenant.

Doucement, s'il vous plaît, madame; vous avez mon étoffe, et vous ne sortirez pas que vous ne m'ayez payé.

LA COQUETTE.

Quel incivil! mais je crois que ce brutal-là veut me faire violence.

LE MARCHAND.

Non, Madame; mais je veux que vous me donniez de l'argent.

LA COQUETTE.

De l'argent? Quelle grossièreté! demander de l'argent à une femme de qualité! Fi! je n'ai pas un sou, ou la peste m'étouffe.

LE MARCHAND.

Laissez-moi donc des gages.

LA COQUETTE.

Des gages! des gages! Une femme comme moi laisser des gages! Tenez, mon ami, voilà mon collier.

(Elle lui donne son collier.)
LE MARCHAND.

Votre collier, Madame? Je n'en veux point; il n'est que de verre.

LA COQUETTE.

Il n'est que de verre! il est... il est comme les femmes de qualité les portent. Voyez un peu l'impertinent!

LE MARCHAND.

Point tant de raisonnements, madame; il faut me contenter.
(Il prend l'écharpe, le manteau, la jupe et le manchon de la coquette qui demeure en corset et en jupon de Marseille.)

SCÈNE VI.

LA COQUETTE, seule.

En vérité, la galanterie d'aujourd'hui est bien gueuse. Hé! laquais, prenez ma queue.

SCÈNE VII.

NIGAUDINET, COLOMBINE; FANTASSIN, valet de Nigaudinet.

(Un filou vient doucement auprès de Nigaudinet, lui ôte son épée et s'en va.)

COLOMBINE.

C'est donc vous, monsieur, qui êtes monsieur Nigaudinet de Pont-l'Évêque?

NIGAUDINET.

Oui, m'amie.

COLOMBINE.

Et qui cherchez mademoiselle Angélique à la foire?

NIGAUDINET.

Assurément.

COLOMBINE.

Si vous voulez venir dans ma loge, je vous la ferai voir.

NIGAUDINET.

Dans votre loge? (*A part.*) Voilà quelque libertine qui veut me mettre à mal (*Haut.*) Je vous remercie, Mademoiselle; je n'aime point à être seul avec les filles.

COLOMBINE.

Venez, monsieur Nigaudinet : quoique vous soyez beau, jeune et bien fait, je vous assure que je ne suis point du tout tentée de votre personne.

NIGAUDINET.

Ah! que je ne suis pas si niais! Il faut un rien pour débaucher un garçon.

COLOMBINE.

Au diantre soit le benêt! Puisque vous ne voulez pas venir, je vais dire à mademoiselle Angélique que vous êtes ici. Votre servante, monsieur de Pont-l'Évêque.

SCÈNE VIII.

NIGAUDINET, FANTASSIN.

NIGAUDINET.

On m'avait bien dit de prendre garde à moi quand je viendrais à Paris. Comme les femmes de ce pays-ci aiment les gens de notre province! Mais elles n'ont qu'à venir, comme diable je les galvaudrai! Fantassin!

FANTASSIN.

Mon maître?

NIGAUDINET.

Petit garçon, ne laissez approcher ni fille ni femme auprès de moi.

FANTASSIN.

S'il en vient quelqu'une, je leur dirai que vous êtes retenu, et que mademoiselle Angélique n'attend plus qu'après vous.

NIGAUDINET, se fouillant.

Je crois, Dieu me pardonne, qu'ils m'ont pris mon épée. N'as-tu vu personne rôder à l'entour de moi?

FANTASSIN.

Oui-dà, Monsieur; j'ai vu un grand homme, habillé de rouge, qui a pris le couteau avec la gaîne : j'attendais qu'il la remît; il n'est point revenu la remettre.

NIGAUDINET.

Comment, petit fripon! d'où vient que tu ne m'as pas averti?

FANTASSIN.

Il me faisait signe de n'en rien dire, et tirait cela si drôlement, que j'étais ravi de le voir faire.

NIGAUDINET.

Je vous rabattrai cela sur vos appointements.

FANTASSIN.

Je croyais que cela était de la foire, et je l'ai déjà vu faire à trois ou quatre personnes qui n'en ont rien dit.

NIGAUDINET.

Le petit sot!

FANTASSIN.

Dame! monsieur, je ne suis pas obligé de savoir cela, et tout le monde ne peut pas avoir autant d'esprit que vous.

NIGAUDINET.

Oh bien! va chercher cet homme dans la foire, et dis-lui qu'il me rapporte mon épée; car j'en ai affaire.

SCÈNE IX.

NIGAUDINET, ARLEQUIN.

ARLEQUIN, à part.

Voilà notre nouveau débarqué; il faut que je l'accoste. (*Haut*) Serviteur, monsieur.

NIGAUDINET.

Voilà un homme qui a mauvaise façon. (*Il regarde derrière lui.*) Fantassin!

(Il recule et tremble.)

ARLEQUIN.

Voilà, ma foi, le premier homme à qui j'ai fait peur.

NIGAUDINET.

N'est-ce point vous, monsieur, qui avez pris mon épée?

ARLEQUIN.

Comment donc, monsieur, pour qui me prenez-vous? Par la vertubleu, j'ai envie de vous couper les oreilles.

NIGAUDINET.

Couper les oreilles! Prenez garde à ce que vous ferez. Je me fais homme d'épée, une fois; et je viens à Paris pour acheter une charge dans l'armée. Ne savez-vous pas quelque régiment de hasard à vendre?

ARLEQUIN, à part.

Voilà un homme bien tourné pour acheter un régiment. (*Haut.*) Qu'entendez-vous, s'il vous plaît, par un régiment de hasard?

NIGAUDINET.

Mais c'est un vieux régiment qui aurait déjà servi, et que je pourrais avoir à meilleur marché qu'un autre.

ARLEQUIN.

Il faudra voir à la friperie. Et quel nom portera votre régiment?

NIGAUDINET.

Oh! le mien.

ARLEQUIN.

Et comment vous appelez-vous?

NIGAUDINET.

Christophe Nigaudinet, à votre service.

ARLEQUIN.

Diable! voilà un nom bien martial. Si tous les nigauds de Paris prennent parti dans votre régiment, il sera bientôt complet.

NIGAUDINET.

Oh! je l'espère.

ARLEQUIN.

Quand vous voudrez faire vos recrues, vous n'aurez qu'à faire battre la caisse aux Tuileries pendant l'été.

NIGAUDINET.

Pourquoi donc battre la caisse aux Tuileries?

ARLEQUIN.

C'est que, pendant la canicule, c'est là le rendez-vous de la plus fine valeur. Vous voyez, d'un côté, sur le déclin du jour, un petit maître d'été se promener fièrement sur le champ de bataille de la grande allée, affronter le serein, et se couvrir d'une noble poussière; de l'autre, vous apercevez un grand oisif insultant aux marronniers, passant en revue les coquettes de la ville, et brûlant d'ardeur d'en venir aux mains avec quelque nymphe accostable qu'il aura détournée dans les bosquets.

NIGAUDINET.

Voilà des soldats comme je les veux. Mais, avant d'enrôler ce régiment-là, je serais bien aise d'enrôler une fille en mariage.

ARLEQUIN.

Prenez garde qu'elle ne vous enrôle aussi à votre tour.

NIGAUDINET.

Oh! oh! je ne crains rien; elle est sage : c'est une belle fille, oui. On la nomme Angélique. On m'a dit qu'elle était à la foire, et je voudrais bien la voir.

ARLEQUIN, à part.

Je ne crois pas que ce bonheur-là t'arrive. (*Haut.*) Quoi! monsieur! celle que vous cherchez ici, et que vous devez épouser, s'appelle Angélique, nièce du docteur?

NIGAUDINET.

Oui, monsieur. Est-ce que vous la connaissez?

ARLEQUIN.

Oh! monsieur, permettez que je vous embrasse. C'est la meilleure de mes amies; elle m'a parlé de vous plus de cent fois; elle vous attend avec impatience : elle est ici à quatre pas; je vais lui dire que vous la cherchez. Serviteur, monsieur Christophe Nigaudinet, de Pont-l'Évêque.

(Arlequin, en sortant, fait signe à un filou qui paraît au fond du théâtre; ils se parlent à l'oreille, et ils sortent.)

SCÈNE X.

NIGAUDINET, seul.

D'abord je croyais que cet homme était un voleur; mais je commence à m'apercevoir que c'est un honnête homme.

SCÈNE XI.

NIGAUDINET, UN FILOU.

NIGAUDINET.

Mais que cherche celui-ci?

LE FILOU, enveloppé d'un manteau rouge, compte de l'argent.

Cinq et quatre font neuf, et vingt sont vingt-neuf; deux tabatières, qui en valent encore dix, sont trente-neuf; une montre de vingt-cinq : le tout fait à peu près soixante et quatre ou cinq pistoles : cela n'est pas mauvais à prendre.

NIGAUDINET, qui a écouté tout cela.

Qu'est-ce, monsieur? Pourrait-on savoir quel compte vous faites là?

LE FILOU.

Eh! ce n'est rien, ce sont soixante-dix pistoles que j'ai gagnées au jeu chez Lafrenaye le curieux.

NIGAUDINET.

Diable! soixante-dix pistoles! c'est un fort bon gain.

LE FILOU.

Bon! si je voulais, j'en gagnerais dix mille; mais j'ai de la conscience; je me passe à peu.

NIGAUDINET.

Comment donc, monsieur, vous avez de la conscience! Est-ce qu'il y a de la conscience à jouer?

LE FILOU.

Et oui, monsieur, quand on est sûr de gagner.

NIGAUDINET.

Vous êtes donc sûr de toujours gagner? Et comment cela?

LE FILOU, mystérieusement.

C'est que je vous dirai en confidence que je suis un filou. Je joue aux dés; j'ai toujours des dés pipés sur moi, et je fais rafle de six quand je veux.

NIGAUDINET.

Voilà un merveilleux talent! que vous êtes heureux! Vous faites rafle quand vous voulez?

SCÈNE XII.

NIGAUDINET, LE FILOU; ARLEQUIN, en filou, un manteau rouge sur le nez.

ARLEQUIN, à part.

Je m'en vais renvoyer monsieur du Pont-l'Évêque d'une étrange manière. (*Haut, à l'autre filou.*) Ah! mons de la Trichardière, soyez le bien trouvé. Il y a longtemps que je vous cherche: vous m'avez filouté mon argent au jeu; voilà cent pistoles que j'ai été prendre chez moi : allons, ma revanche, ou il faut nous couper la gorge ensemble.

LE FILOU.

Parbleu! mons de la Filoutière, vous le prenez sur un ton bien haut! par la mort!

(Il met la main sur son épée.)

NIGAUDINET, se mettant entre eux.

Eh! messieurs, point de bruit. (*A Arlequin.*) Comment, monsieur, il vous a donc gagné beaucoup d'argent aux dés?

ARLEQUIN.

C'est un filou, monsieur, il ne m'a pas gagné, il m'a filouté : je prétends qu'il me rende mon argent, ou qu'il rejoue encore avec moi.

NIGAUDINET.

Et combien avez-vous à perdre?

ARLEQUIN.

J'ai encore cent pistoles que voilà.

(Il montre une bourse.)

NIGAUDINET.

Attendez, je m'en vais lui parler et tâcher de vous faire donner satisfaction. (*Au filou.*) Allons, monsieur, il y a encore cent pistoles, il faut les lui gagner.

LE FILOU.

Je ne le ferai pas, monsieur; j'ai de la conscience.

NIGAUDINET.

Eh! morbleu! jouez pour moi : je n'ai point de conscience, moi : je suis Normand.

LE FILOU.

Le voulez-vous?

NIGAUDINET.

Je vous en conjure, et surtout les dés pipés, et toujours râfle.

LE FILOU.

Laissez-moi faire. (*A Arlequin.*) Oh! ça, mons de la Filouterie, puisque vous avez tant envie de jouer, faites donc apporter une table.

ARLEQUIN.

Allons vite, qu'on apporte une table, un cornet et des dés.

NIGAUDINET.

Allons, vite, vite. (*A Arlequin.*) Sans moi, monsieur, il n'aurait jamais joué.

ARLEQUIN.

Je vous suis obligé, monsieur, car j'étais résolu de lui faire tirer l'épée, et vous m'épargnez une affaire.

(On apporte une table, un cornet et des dés. Le filou s'assied à l'un des bouts de la table, Arlequin à l'autre; Nigaudinet se tient debout au milieu.)

ARLEQUIN prend le cornet et remue les dés.

Allons, monsieur, massez.

LE FILOU prend la bourse de Nigaudinet, et en tire vingt louis.

Massé à vingt louis d'or.

ARLEQUIN.

Tope. (*Il jette les dés.*) J'ai gagné.

LE FILOU, en prend autant.

Massé à la poste.

ARLEQUIN.

Tope. J'ai gagné.

NIGAUDINET, à demi-chagrin, bas au filou.

Mais, monsieur, vous n'y songez pas.

LE FILOU.

Laissez-moi faire, c'est pour la lui donner belle. (*A Arlequin.*) Masse au reste de la bourse.

ARLEQUIN.

Tope. J'ai gagné.

NIGAUDINET, d'un ton pleureur.

Vos dés pipés ne pipent point. Où sont donc les râfles?

LE FILOU.

Ne vous fâchez point; je vais prendre le dé; vous allez voir. N'avez-vous point d'autre argent?

NIGAUDINET, se fouillant.

J'ai encore trois louis d'or que voilà.

ARLEQUIN se lève comme pour s'en aller.

Serviteur, messieurs : puisque vous n'avez plus d'argent...

NIGAUDINET, l'arrêtant.

Doucement, monsieur, voilà encore trois louis.

ARLEQUIN.

Belle gueuserie, vraiment! Mais, tenez, je suis beau joueur; masse aux trois louis.

LE FILOU, prenant les dés.

Tope. (*Il jette les dés.*) Râfle de six : j'ai gagné.

NIGAUDINET, riant et sautant.

Râfle de six! Nous avons gagné; ah! ah! ah! (*Au filou.*) Les dés pipés, n'est-ce pas?

LE FILOU.

Oui, vous allez voir beau jeu.

NIGAUDINET, à Arlequin.

Allons, monsieur, jouez gros jeu, s'il vous plaît, à cette heure qu'il y a des dés pipés.

ARLEQUIN.

Masse à six louis.

LE FILOU.

Tope. J'ai gagné.

NIGAUDINET, éclatant de rire.

Râfle de six, et toujours râfle de six. (*Il embrasse le filou.*) Le brave homme!

ARLEQUIN.

Masse à douze louis.

LE FILOU.

Tope.

ARLEQUIN.

J'ai gagné. Serviteur, Messieurs.

NIGAUDINET, l'arrêtant.

Attendez, monsieur, attendez. (*Au filou en pleurant.*) Mais, monsieur, qu'est-ce que cela veut donc dire? Est-ce que vos dés pipés se moquent! Ils ne râflent que les petits morceaux.

LE FILOU.

Il faut bien qu'il gagne quelquefois, pour l'amorcer seulement. Il n'est pas encore dehors; voyez si vous avez quelque chose sur vous.

NIGAUDINET.

Voilà une montre de douze louis, et un diamant de cinquante. (*A Arlequin.*) Allons, monsieur, à mon diamant et à ma montre cela vaut bien soixante louis d'or.

ARLEQUIN.

Je ne joue jamais de nippes; mais, à cause que c'est vous je le veux bien. Masse à soixante louis d'or.

LE FILOU.

Tope.

ARLEQUIN.

J'ai gagné.

(*Il prend la montre et la bague et veut s'en aller.*)

NIGAUDINET, l'arrêtant.

Mais, monsieur, écoutez : j'ai...

ARLEQUIN.

Je n'écoute rien. Le jeu est libre : je ne veux plus jouer. Serviteur.

SCÈNE XIII.

NIGAUDINET, LE FILOU.

NIGAUDINET, pleurant de toute sa force.

Vous m'avez ruiné, monsieur, avec vos dés pipés. Je n'ai plus ni argent, ni montre, ni bague. Comment voulez-vous donc que je fasse!

(Pendant cette tirade le filou s'esquive.)

SCÈNE XIV.

NIGAUDINET, seul.

Au voleur! au voleur! (*Il aperçoit le manteau que le filou a laissé sur sa chaise, et le prend.*) Ils m'ont volé mon argent, ma montre et ma bague; mais je ne leur rendrai pas leur manteau. Le diable emporte la foire, les filous et la ville! Je m'en vais dans mon pays : de ma vie je ne reviendrai à Paris.

SCÈNE XV.

ARLEQUIN, seul.

(Arlequin revient en riant, et regarde de loin Nigaudinet.)

Laissez-le passer, laissez-le passer, C'est monsieur Christophe Nigaudinet de Pont-l'Évêque, qui s'en retourne. Ah! ah! ah! quel animal! quel animal!

Pour un homme d'esprit, pour un adroit filou,
Disons la vérité, Paris est un Pérou.
Mais, de tous les métiers qu'on exerce à la ville,
Un intrigant d'amour est bien le plus utile.
Voici mon argument : il est certains métiers,
Perruquiers, fourbisseurs, armuriers, chapeliers,
Qui seulement à l'homme offrent leur ministère :

Les autres seulement à la femme ont affaire.
Mais dans ce beau métier, dans cet emploi si doux,
Vous tirez des deux mains; vous êtes propre à tous.
S'il est vrai, comme on dit, que la moitié du monde
Pourchasse l'autre part en la machine ronde,
Si tous ceux que l'on voit exercer cet emploi
Étaient, par un arrêt, habillés comme moi,
On verrait dès demain, dans ce pays fertile,
Grand nombre d'Arlequins embarrasser la ville.

SCÈNE XVI.

ARLEQUIN, UN VALET DE THÉATRE.

LE VALET.

Monsieur, l'heure se passe; les trois théâtres sont pleins. Voulez-vous qu'on commence?

ARLEQUIN.

Si la salle est pleine, commencez. Je vais me préparer pour jouer mon rôle.

SCÈNE XVII.

LE VALET DE THÉATRE, LE DOCTEUR, et autres spectateurs.

(On ouvre la Ferme; le fond du théâtre représente un bois agréable. Le Docteur et plusieurs autres spectateurs se placent sur le devant.)

LE DOCTEUR.

Qu'allons-nous voir, monsieur?

LE VALET.

Vous allez voir d'abord la parodie d'Acis et Galatée; ensuite Lucrèce, tragédie. Mais faites silence, on va commencer.

(Le théâtre change; on voit la mer avec des rochers.)

PARODIE
D'ACIS ET GALATÉE.

ACTEURS.

POLYPHÈME. *Arlequin.*
GALATÉE. *Mezzetin.*
ACIS. *Scaramouche.*

SCÈNE I.

GALATÉE, seule.

Qu'une fille, à Paris, a peine à se défendre
    De la poursuite des galants!
La plus fière en ces lieux, en proie à mille amants,
Perd sa coiffe et ses gants dès l'âge le plus tendre.
Mais quoiqu'ils soient perdus, veut-elle les revendre,
    Elle y trouve encor des marchands.
Qu'une fille, à Paris, a peine à se défendre
    De la poursuite des galants!

SCÈNE II.

POLYPHÈME, GALATÉE.

(Polyphème arrive, suivi de chaudronniers, qui tiennent des poêles, des enclumes et des marteaux.)

POLYPHÈME.

Quand veux-tu donc, ma tigresse,
Réciproquer mon amour?
(Les chaudronniers l'accompagnent en frappant sur leurs enclumes.)
Je sens où le bât me blesse;

Mon âme est percée à jour.
(Les chaudronniers, etc.)
Défais-toi de la sagesse ;
Car c'est un harnais trop lourd.
(Les chaudronniers, etc.)
Je suis discret, ma princesse,
Comme le bruit d'un tambour.
(Les chaudronniers, etc.)

SCÈNE III.

POLYPHÈME, GALATÉE, ACIS.

ACIS.
Princesse, me voilà ; mais je ne puis rien dire.
GALATÉE.
Allez, éloignez-vous, faut-il vous le redire ?
(Elle se plonge dans la mer.)

SCÈNE IV.

POLYPHÈME, ACIS.

ACIS.
Vous me fuyez, par où l'ai-je donc mérité ?
POLYPHÈME.
Traître ! reçois le prix de la témérité.
(Il lui jette un rocher en forme de tonneau, qui le couvre entièrement, à la réserve de la tête, qui lui sort par la bonde.)
ACIS.
Déesse, c'en est fait ; je vous perds, et j'expire.
POLYPHÈME.
Il est mort, l'insolent ; cette tonne le cache :
Je suis content de l'avoir fait crever.
Le drôle ici croyait me l'enlever
Jusque dessous la moustache.
(Le théâtre change, et représente un palais magnifique.)

LUCRÈCE.

TRAGÉDIE.

ACTEURS.

TARQUIN. *Arlequin.*
LUCRÈCE. *Colombine.*
L'ÉCUYER DE TARQUIN. *Mezzetin.*

SCÈNE I.

LUCRÈCE, seule, à sa toilette.

Quel bruit injurieux ose attaquer ma gloire!
Quel horrible attentat! O ciel! puis-je le croire?
Quoi! Tarquin, méprisant les dieux et leurs autels,
Nourrirait dans son sein des désirs criminels!
Dieux! pourquoi m'accorder les traits d'un beau visage,
A moi qui ne veux point en faire aucun usage?
A moi qui ne veux point, d'un souris, d'un regard,
Enchaîner chaque jour quelque amant à mon char?
A moi, qui ne suis point de ces femmes coquettes
Qui tirent intérêts de leurs faveurs secrètes,
Et, mettant à profit les charmes de leurs yeux,
Trafiquent un présent qu'elles doivent aux dieux?
Mais pourquoi faire au ciel une injuste querelle?
Des amours de Tarquin suis-je pas criminelle?
C'est moi qui, ce matin, par des soins imprudents,
Ai voulu me parer de ces ajustements;
C'est moi qui, par ces nœuds dont l'appareil m'offense,
De mes cheveux épars ai dompté la licence.
Dangereux ornements, pernicieux attraits,
Cherchez une autre main, quittez-moi pour jamais;
Périsse un ornement à ma vertu contraire!

(Elle veut ôter sa coiffure.)

SCÈNE II.

LUCRÈCE, L'ÉCUYER DE TARQUIN.

LUCRÈCE.
Mais quel mortel ici porte un pas téméraire?
L'ÉCUYER.
Princesse, pardonnez, si, d'un pas indiscret,
Je m'offre devant vous crotté comme un barbet;
Excusez, si forcé du zèle qui me presse...
Madame, par hasard, seriez-vous point Lucrèce?
LUCRÈCE.
Oui, seigneur, je la suis.
L'ÉCUYER.
L'empereur des Romains
Me dépêche vers vous, pour vous remettre ès mains
Des signes assurés de l'amour qui le perce;
Un poulet des plus grands, escorté d'un sesterce.
Un sesterce, en français, fait mille écus et plus.
Ma princesse, il est bon de peser là-dessus.
(Il lui présente un grand papier.)
LUCRÈCE.
A moi, seigneur?
L'ÉCUYER.
A vous.
LUCRÈCE.
O dieux!
L'ÉCUYER.
Savez-vous lire?
Lisez.
LUCRÈCE.
D'étonnement je ne saurais rien dire.
L'ÉCUYER.
Ne vous y trompez pas; il est signé *Tarquin*,
Scellé de son grand sceau; et plus bas, *Mezzetin*.
LUCRÈCE *lit*.
« Il n'est rien que l'amour ici ne vous soumette;
Vous remuez les cœurs par des ressorts secrets.

En argent bien comptant je conte la fleurette,
  Et je ne prends point garde aux frais ;
   Car mon cœur, navré de vos traits,
  A pris feu comme une allumette. »
Le style en est pressant.

     L'ÉCUYER.
    Et surtout laconique ;
Mais mieux que le papier cette bourse s'explique.
   (Il lui présente une bourse que Lucrèce prend.)
     LUCRÈCE.
Que dites-vous, seigneur ? L'ai-je bien entendu ?
Connaît-il bien Lucrèce ?

     L'ÉCUYER.
     Oui, que je sois pendu
Haut et court par mon col, il vous connaît, madame.
Jugez, en ce moment, de l'excès de sa flamme,
D'acheter des faveurs trois cents louis comptants,
Qu'il pourrait obtenir ailleurs pour quinze francs.

     LUCRÈCE.
N'était tout le respect que j'ai pour votre maître,
Vous pourriez bien, seigneur, sortir par la fenêtre.

     L'ÉCUYER.
Moi, madame ?

     LUCRÈCE.
   Oui, seigneur ; car enfin, pour le roi.
Vous vous chargez ici d'un fort vilain emploi.

     L'ÉCUYER.
C'est l'emploi le plus sûr pour brusquer la fortune.

     LUCRÈCE.
Seigneur, votre présence en ces lieux m'importune :
Allez, retirez-vous.

     L'ÉCUYER.
    Voici Tarquin qui vient ;
Faites votre devoir, je vais faire le mien.
Souvenez-vous toujours, beauté trop dessalée (1),
Quand on reçoit l'argent, que l'on est enrôlée.

---

(1) Trop fine, trop rusée.

SCÈNE III.

LUCRÈCE, TARQUIN; GARDES, qui se retirent pendant le cours de la scène.

TARQUIN.

Avant que de venir vous découvrir mon cœur,
J'ai fait sonder le gué par mon ambassadeur ;
Mon garde du trésor l'a fait partir en poste :
Aussi, sans un moment douter de la riposte,
Et poussé des transports d'un feu séditieux,
Je me suis transporté moi-même sur les lieux.
Mon amour, à la fin, a rompu sa gourmette,
Et mon valet de chambre apporte ma toilette[1].

LUCRÈCE.

Seigneur, que ce discours pour Lucrèce est nouveau !
Moi que l'on vit dans Rome, au sortir du berceau,
Être un exemple à tous d'honneur et de sagesse !

TARQUIN.

On peut bien en sa vie avoir une faiblesse ;
Le soleil quelquefois s'éclipse dans les cieux,
Et n'en est pas moins pur revenant à nos yeux.
Plus d'une femme ici dont la vertu, je gage,
A souffert mainte éclipse, y passe encor pour sage ;
Toute l'adresse gît à bien cacher son jeu :
Vous pouvez avec moi vous éclipser un peu.

LUCRÈCE.

Quoi donc ! oubliez-vous, seigneur, quelle est Lucrèce ?

TARQUIN.

Oui, je veux l'oublier : car enfin ma princesse,
Quand on peut regarder ce corsage joli,
Ce minois si bien peint, ce cuir frais et poli,
Cette bouche, ces dents, cette vive prunelle,
Qui, comme un gros rubis, charme, brille, étincelle ;
Surtout ces petits monts, fait d'un certain *métail*,

---

(1) Variante de quelques éditions.
    Et je viens vous donner un brevet de coquette.

Tenus sur l'estomac par deux clous de corail;
Que l'on a vu ce nez... Ah! divine princesse,
On oublie aisément que vous êtes Lucrèce,
Pour se ressouvenir qu'en ce pressant destin
Toute femme est Lucrèce, et tout homme est Tarquin.
(Il veut lui baiser la main.)

LUCRÈCE.
Quelle entreprise! ô ciel! quelle ardeur téméraire!
Seigneur, que faites-vous?

TARQUIN.
     Rien qu'on ne puisse faire.
D'un amour clandestin mon foie est rissolé;
Jusques aux intestins je me sens grésillé.
Ah! madame, souffrez que mon amour vous touche.
Que d'appas! que d'attraits! l'eau m'en vient à la bouche!

LUCRÈCE.
On pourrait, par bonté, d'un amour mutuel...
Mais, seigneur, vous allez d'abord au criminel.

TARQUIN.
Madame, j'aime en roi, cela veut dire en maître;
Ma tendresse est avide, et veut de quoi repaître :
Un regard, un soupir affriole un amant;
Mais c'est viande trop creuse à mon amour gourmand.

LUCRÈCE.
Seigneur, à quelque excès vous porterez mon âme.

TARQUIN.
Madame, à quelque excès vous pousserez ma flamme.
Assez, et trop longtemps, vous attisez mon feu;
J'ai trop fait pour tirer mon épingle du jeu.

LUCRÈCE.
Avant qu'à tes desseins mon cœur se détermine,
Ce fer, de mille coups m'ouvrira la poitrine.

TARQUIN.
Il n'est pas temps encor d'accomplir ce désir :
Vous vous poignarderez après, tout à loisir.

₁ Ce vers était ainsi dans les premières éditions :
 Quand je suis tout en feu, serez-vous une souche?

LA FOIRE SAINT-GERMAIN.

LUCRÈCE.
Quoi, seigneur! ma vertu, cette fleur immortelle...
TARQUIN.
Avec votre vertu, vous nous la baillez belle!
Holà! gardes, à moi.

SCÈNE IV.

TARQUIN, LUCRÈCE, L'ÉCUYER, GARDES.

L'ÉCUYER.
Que voulez-vous, seigneur?
LUCRÈCE.
Puisque rien ne saurait arrêter ta fureur,
Approche, et vois en moi l'action la plus rare
Dont jamais l'univers ouït parler. Barbare!
Contre tes noirs desseins en vain j'ai combattu,
Eh bien! connais Lucrèce et toute sa vertu.
(Elle se poignarde, et on l'emporte.)

SCÈNE V.

TARQUIN, SON ÉCUYER.

TARQUIN.
Que vois-je? Juste ciel!
L'ÉCUYER.
Bon! ce n'est que pour rire.
TARQUIN.
Non, la peste m'étouffe : elle tombe, elle expire,
Et c'est moi, dieux cruels! qui suis son assassin!
C'est moi qui lui plongeai ce poignard dans le sein!
Que la terre irritée, après tant d'injustices,
S'ouvre pour m'engloutir dans ses creux précipices!
Que la foudre du ciel sur moi tombe en éclats!
Mais, quoi! pour me punir n'ai-je donc pas un bras?
(Il prend le poignard dont Lucrèce s'est percée.)

Que ce poignard, encor tout fumant de sagesse,
Immole, en même temps, et Tarquin et Lucrèce,
Frappons ce lâche cœur. Qui me retient la main?
Perçons... Non, remettons cette affaire à demain.
Je sens mollir mon bras; je sens couler mes larmes,
Et ma main de faiblesse, abandonne les armes :
Je deviens tout perplex[1]. Viens-t'en me soutenir.

     (Il s'appuie sur son écuyer.)

O temps! ô siècle! ô mœurs! Que dira l'avenir!
D'un chimérique honneur le sexe s'infatue!
Plutôt que forligner, une femme se tue!
Ah! Lucrèce, m'amour! vous donnez aujourd'hui
Un exemple étonnant qui sera peu suivi.

    L'ÉCUYER.

Pleurez, seigneur, pleurez l'excès de vos fredaines.

    TARQUIN.

Ah! toi qui sais pleurer, épargne-m'en les peines.

    L'ÉCUYER.

Chantez du moins un air sur son triste tombeau.

    TARQUIN.

C'est bien plutôt à toi d'enfler le chalumeau...

    (Il chante.)

  Car je t'ai pris pour mon valet,
  A cause de ton flageolet.

---

[1] On écrit *perplexe*, au masculin comme au féminin : mais le vers eût été trop long.

FIN DU SECOND ACTE.

ACTE TROISIÈME.

SCÈNE I.

OCTAVE, ARLEQUIN, PIERROT.

ARLEQUIN, à Pierrot.

Otez-vous de là, vous dis-je, j'ai commencé l'affaire et je prétends la finir.

OCTAVE.

Mais laisse-le parler. Voyons.

ARLEQUIN.

Oh! je le veux bien; qu'il parle : je ne dis plus rien, moi. Une bête, parler! morbleu; cela me désole.

PIERROT.

Oui, parler, parler, et mieux que toi.

OCTAVE, à Arlequin.

Que sait-on? écoutons-le. L'envie qu'il a de parler vient peut-être...

ARLEQUIN.

Oh! l'envie qu'il a de parler ne me surprend pas; mais je suis surpris que vous vouliez l'écouter.

OCTAVE.

Oh çà! mon pauvre Pierrot, parle donc, et laisse dire Arlequin. Comment ferons-nous pour avoir le consentement du docteur pour mon mariage avec Angélique? tu sais que nous en avons besoin.

PIERROT.

Tenez, monsieur, je sais une manière sûre.

ARLEQUIN.

Pour aller aux Petites-Maisons.

PIERROT.

Une manière sûre pour avoir ce consentement-là. Tenez; mais c'est que cela part de là. (*Il se touche le front.*) Il faut tâcher de rendre le docteur muet.

ARLEQUIN.

Il vaudrait mieux le rendre muet toi-même, tu ne dirais pas tant de sottises.

OCTAVE.

Patience, Arlequin ; laisse-le parler. (*A Pierrot.*) Et pourquoi rendre le docteur muet? Je ne le comprends pas.

PIERROT.

Pourquoi? Voici comment j'argumente : Qui est muet ne dit mot ; qui ne dit mot, consent. *Ergo*, en rendant le docteur muet, nous aurons son consentement. Hem?

ARLEQUIN, riant.

Voilà un argument *in balordo*.

OCTAVE.

Hé! va-t'en au diable avec ton argument. (*A Arlequin.*) Mon pauvre Arlequin, je suis perdu sans toi.

ARLEQUIN.

Moi, monsieur, je me donnerai bien de garde de vous rien dire. Pierrot a envie de parler : écoutez-le ; que sait-on?...

OCTAVE.

J'ai tort de l'avoir écouté ; mais que veux-tu? Le désir de sortir de l'embarras où je suis m'a fait tomber dans l'erreur. Je conviens que tu as plus d'esprit que lui, et que tu es le seul qui peut me tirer de peine. Mon cher Arlequin, de grâce...

ARLEQUIN.

Si je parle, ce n'est point pour l'amour de vous ; c'est pour confondre ce bélître-là, qui se croit un docteur, et veut parler argument. (*A Pierrot.*) Va-t'en argumenter dans l'écurie, mon ami, va. (*A Octave.*) Écoutez, monsieur, voici comme l'on argumente quand on veut prouver quelque chose.

OCTAVE.

Que tu me fais plaisir!

ARLEQUIN.

Pour avoir Angélique, il faut que vous alliez vous-même la demander au docteur. D'abord vous l'aborderez d'un air grave et soumis.

OCTAVE.

D'un air grave et soumis.

ARLEQUIN.

Oui, pour marquer, par la gravité, que vous êtes de qualité ; et par la soumission, que vous venez pour le prier. (*Il fait un lazzi pour exprimer la gravité et la soumission en même temps.*) Et puis dans cette attitude, vous direz au docteur : Je viens vous supplier de m'accorder mademoiselle Angélique en mariage.

OCTAVE.

Et lui, qui ne veut point consentir à cela, me répondra d'abord : Non, vous ne l'aurez pas.

ARLEQUIN.

Tant mieux : je serais bien fâché qu'il dît oui. Aussitôt vous répliquerez, sans changer de posture : Hé! de grâce, monsieur le docteur, accordez Angélique en mariage au pauvre Octave.

OCTAVE.

Mais il dira encore : Non, je ne veux pas vous la donner.

ARLEQUIN.

Voilà où je l'attends. Dès qu'il aura dit encore une fois non, vous le remercierez, et vous irez épouser Angélique.

OCTAVE.

Tu te moques de moi. Quand le docteur aura dit deux fois non, je serai aussi avancé que je l'étais avant de lui parler.

ARLEQUIN.

Que vous avez l'intelligence épaisse! Ma foi, je ne m'étonne pas si vous aimez Pierrot. Est-ce que vous ne savez pas qu'en bonne école deux négations valent une affirmation? *Ergo*, quand le docteur aura dit deux fois non, cela voudra dire une fois oui; et par conséquent vous aurez son consentement.

OCTAVE.

Ton argument est aussi impertinent que celui de Pierrot, et...

ARLEQUIN.

Ne voyez-vous pas, monsieur, que ce que je vous en dis n'est que pour rire et pour contrecarrer Pierrot? Mais le moyen d'avoir le consentement du docteur est sûr. Allez vous préparer pour votre déguisement en sauvage. Trouvez-vous au sérail de l'empereur du Cap-Vert; j'y serai; le docteur y viendra, et nous le ferons donner dans le panneau. Mais, auparavant, allez-vous-en avec Angélique dans le cadran du Zodiaque : Colombine m'a assuré que le docteur doit y venir.

PIERROT.

C'est bien dit; sans moi vous n'auriez jamais trouvé cela.

SCÈNE II.

OCTAVE, ARLEQUIN.

OCTAVE.

Je crois effectivement que c'est le plus sûr. Je vais me préparer à tout.

ARLEQUIN.

Allez, je reste ici, moi, en attendant le docteur.

SCÈNE III.

ARLEQUIN, seul.

ARLEQUIN, à la porte de sa loge, crie après avoir tiré plusieurs papiers de sa poche.

C'est ici, messieurs, que l'on voit tout ce qu'il y a de plus curieux à la foire.

SCÈNE IV.

ARLEQUIN, LE DOCTEUR.

ARLEQUIN, continue de crier.

Sauts périlleux : un Basque derrière un carrosse, qui saute dedans sans attraper la roue; un greffier, qui saute à pieds joints par-dessus la justice; une vieille femme qui saute à reculons de cinquante ans à vingt-cinq; une jeune fille qui saute en avant de l'état de fille à celui de veuve, sans avoir passé par le mariage. Qui est-ce qui veut voir, messieurs?

Monstres naturels : un animal moitié médecin de la ceinture en haut, et moitié mule de la ceinture en bas; un autre animal moitié avocat, moitié petit-maître; un anthropophage qui mange les hommes tout crus, et qui n'a plus faim dès qu'il voit des femmes. On voit cela à toute heure, messieurs; l'on n'attend point.

Ouvrage merveilleux qui fait l'étonnement de tous les curieux: c'est une pendule qui marque l'heure d'emprunter, et jamais celle de rendre, ouvrage utile à la plupart des officiers revenus de l'armée.

LE DOCTEUR après avoir écouté attentivement.

Monsieur, je voudrais bien voir cette pendule; et si elle est comme vous le dites, je l'achèterai, à quelque prix que ce soit.

ARLEQUIN.

Oh! monsieur, ces pendules-là ne se vendent pas; on en fait des loteries.

LE DOCTEUR.

Eh bien! je prendrai des billets de loterie.

ARLEQUIN.

Vous ferez fort bien; vous avez la physionomie heureuse, et je crois que vous gagnerez le gros lot: mais avant que de recevoir votre argent, je veux vous faire voir le gros lot de ma loterie. Qu'on ouvre.

SCÈNE V.

ARLEQUIN, LE DOCTEUR; LE TEMPS, figuré par Mezzetin.

(La ferme s'ouvre; on voit un grand cadran en émail et les signes du zodiaque, figurés par des personnes naturelles.)

LE DOCTEUR, examine les signes du zodiaque.

Voilà bien des signes que je ne connais pas.

ARLEQUIN.

Je le crois bien. Ce sont tous signes symboliques et mystérieux que j'ai mis à la place des anciens. Je réforme le zodiaque comme il me plaît, moi.

LE DOCTEUR.

Un procureur? Et qui a pu mettre un procureur parmi les astres?

ARLEQUIN.

C'est moi qui l'ai mis à la place du *cancer*.

Celui que voyez en ce signe,
Ce fut un procureur insigne,

Que j'ai nommé cancre ou vilain,
Pour m'avoir fait mourir de faim
Quand j'étais clerc sous sa férule.
On entendait à sa pendule
    Sonner l'heure du coucher
    Avant celle du souper.

LE DOCTEUR.

Qu'est-ce que c'est que cette fille avec un trébuchet à la main?

ARLEQUIN.

Au lieu de signe, on a pris soin
De mettre en cet endroit l'épicière du coin.
La balance autrefois servait à la justice :
Maintenant au palais ce meuble est superflu;
    Et l'on ne s'en sert presque plus
    Qu'à peser le sucre et l'épice.

LE DOCTEUR.

Ah! ah! voilà un homme qui me ressemble.

ARLEQUIN.

C'est le capricorne.
Quoique ce chef cornu contienne une satire,
    Je ne veux rien vous dire
    Sur un sujet si beau.
Pour un époux content que mes vers feraient rire,
    Mille enrageraient dans leur peau.

LE DOCTEUR.

Est-ce qu'il y a des malades dans le firmament, que j'y vois un carabinier de la faculté?

ARLEQUIN.

J'ai mis, au lieu de sagittaire,
Ce vénérable apothicaire.
Tout visage sans nez frémit à son aspect;
Et lui, s'agenouillant de civile manière,
    Tire la flèche avec respect.

LE DOCTEUR.

Est-ce qu'il y a quelque signe de mort, que je vois une place vacante dans votre zodiaque?

ARLEQUIN.

J'ai cherché vainement dans tout notre hémisphère,
Une fille pour mettre au signe de *virgo*;

Mais, par le premier ordinaire,
Il m'en vient une du Congo.
Mais que dites-vous de ces deux jumeaux-là?
LE DOCTEUR.
Comment! c'est Octave et Angélique qui s'embrassent!
ARLEQUIN.
Vous l'avez dit, docteur; les Gémini sont morts;
Mais ces deux grands jumeaux que vous voyez paraître
Ne faisant plus qu'un en deux corps,
Malgré vous en feront renaître.
LE DOCTEUR, en colère.
Allez-vous-en au diable avec votre zodiaque. Je vous trouve bien insolent.
ARLEQUIN.
Doucement, ne nous fâchons point, monsieur le docteur. Pour vous dépiquer, je vais vous faire entendre quelque chose de beau.
LE DOCTEUR.
Je ne veux plus rien voir, ni rien entendre. Vous êtes un suborneur de la jeunesse.
ARLEQUIN.
Vous ne sauriez pourtant vous en dédire. (Le Temps, représenté par Mezzetin, quitte le cadran et s'avance sur le devant du théâtre.) Voilà le Temps qui s'avance pour chanter : il faut que vous l'écoutiez paisiblement; il y a de votre vie. Si vous l'interrompiez, il vous couperait le cou avec sa faux.
LE DOCTEUR.
La malepeste! j'aime mieux l'écouter.

MEZZETIN, représentant le Temps, chante au nez du docteur.
Ton temps est passé;
Ton timbre est cassé.
Tu t'en vas finir ta carrière :
Ne prends point de femme, car,
Au lieu de sonner l'heure entière,
Tu ne sonnerais que le quart.

(Le fond du théâtre se referme, et tous les acteurs sortent.)

SCÈNE VI.

UN LIMONADIER, UN OFFICIER SUISSE.

L'OFFICIER.

Holà! ho! quelqu'un! Bastien, François, Ambroise! N'y a-t-il là personne?

LE LIMONADIER.

Me voilà, me voilà, monsieur : que vous plaît-il?

L'OFFICIER.

Que la peste vous crève, mon ami! vous me faites égosiller deux heures. Vite du ratafia.

LE LIMONADIER.

Qu'on apporte du ratafia à monsieur.

(On apporte une carafe de demi-setier.)

L'OFFICIER, après avoir avalé la carafe tout d'une haleine :

Ton ratafia est-il bon?

LE LIMONADIER.

C'est à vous à m'en dire des nouvelles.

L'OFFICIER.

Je ne le trouve pas assez coulant. Donne-m'en encore.

(On apporte une seconde carafe, qu'il boit comme la première.)

LE LIMONADIER.

Vous le faites pourtant bien couler. Du ratafia à monsieur, vite.

L'OFFICIER, avalant une troisième carafe.

Il n'y a pas assez de noyau.

LE LIMONADIER.

De la manière que vous l'avalez, s'il y avait des noyaux, ils vous étrangleraient. Encore du ratafia à monsieur.

L'OFFICIER, buvant une quatrième carafe.

Ton ratafia est-il naturel comme il sort de la vigne?

LE LIMONADIER.

Aussi naturel que le vin de Champagne des cabaretiers de Paris.

L'OFFICIER.

C'est-à-dire que vous autres, vendeurs de ratafia, vous êtes aussi honnêtes gens que les marchands de vin.

LE LIMONADIER.

C'est à peu près la même chose ; et dans peu nous espérons ne faire qu'un corps, comme les violons et les maîtres à danser. Vous en plaît-il encore ?

L'OFFICIER.

Belle demande ! (On lui donne encore une carafe, qu'il boit comme les autres.) Je commence à m'apercevoir que ton ratafia ne vaut pas le diable, ce qui s'appelle pas le diable.

LE LIMONADIER.

Et qu'y trouvez-vous, monsieur ? Vous ne l'avez peut-être pas bien goûté. En voudriez-vous encore une carafe ?

SCÈNE VII.

L'OFFICIER, LE LIMONADIER, UN PETIT-MAITRE

LE LIMONADIER.

Mais voici quelqu'un.

LE PETIT-MAITRE, entre en fredonnant et se promène d'un air distrait.

Tout comme il vous plaira, la rira ; tout comme il vous plaira.

LE LIMONADIER.

Monsieur, que vous plaît-il ? du thé, du café, du chocolat ?

LE PETIT-MAITRE, toujours distrait.

Tout comme il vous plaira, la rira, etc.

LE LIMONADIER.

Voulez-vous aller là-haut, ou demeurer ici ?

LE PETIT-MAITRE, sans y prendre garde, heurte l'officier.

Tout comme il vous plaira, la rira, etc.

L'OFFICIER.

Monsieur, prenez garde à vous, s'il vous plaît. Si vous poussez si fort, il faudra que je sorte.

LE PETIT-MAITRE.

Tout comme il vous plaira, la rira, etc.

L'OFFICIER.

Ventrebleu, monsieur ! je ne sais comment je dois prendre votre procédé.

LE PETIT-MAITRE.
Tout comme il vous plaira, la rira, etc.
L'OFFICIER, mettant l'épée à la main.
Allons, morbleu ! l'épée à la main.
LE PETIT-MAITRE, tirant l'épée.
Tout comme il vous plaira, la rira, etc.
L'OFFICIER, étant blessé.
Ah ! je suis blessé : à l'aide, au secours, au guet !
LE PETIT-MAITRE, le poursuivant.
Tout comme il vous plaira, la rira, etc.
L'OFFICIER, se sauvant.
Ah ! coquin, tu m'as tué ; mais tu seras pendu.
LE PETIT-MAITRE.
Tout comme il vous plaira, la rira, tout comme il vous plaira.

SCÈNE VIII.

LE DOCTEUR, PIERROT.

PIERROT.
De la joie, monsieur, de la joie. Je vous l'avais bien dit que vous la retrouveriez Angélique.
LE DOCTEUR.
J'ai promis vingt pistoles à qui me la ferait retrouver : j'en donnerais présentement cinquante à qui me la ferait perdre.
PIERROT.
Payez-moi toujours la retrouvaille, et après nous fe. marché pour la reperdaille.
LE DOCTEUR.
Est-ce que tu l'as rencontrée en ton chemin ?
PIERROT.
Non, monsieur ; mais mes correspondants m'ont donné des avis. Un oublieux m'a dit qu'on avait vu, dans le Marais, entre onze heures et minuit, une fille sortir en habit de bain, pendant qu'on précipitait son déménagement par les fenêtres... Est-ce Angélique ?
LE DOCTEUR.
Je ne crois pas cela.

PIERROT.

Un crocheteur de la douane m'a donné avis qu'on avait retrouvé, parmi les sacs d'un caissier, une petite femme qui s'était perdue la veille au lansquenet. Est-ce Angélique?

LE DOCTEUR.

Ce n'est pas elle : elle est trop grosse, et ne pourrait se cacher que derrière des sacs de blé.

PIERROT.

Un vendeur d'eau-de-vie m'a assuré qu'il avait vu entrer, à quatre heures du matin, une jolie solliciteuse chez un jeune rapporteur, et qu'il l'avait menée, l'après-midi, au Port-à-l'Anglois, pour instruire son procès.

LE DOCTEUR.

Angélique n'a point de procès.

PIERROT.

Attendez, monsieur, on m'a donné encore un avis...

LE DOCTEUR.

Je ne veux plus entendre parler d'Angélique, ni de tes avis; et je la méprise si fort, que si je trouvais à me marier avec une autre, je l'épouserais dès aujourd'hui.

PIERROT.

Mais, monsieur, puisque l'appétit de la noce vous gourmande si fort, allez voir le sérail de l'empereur du Cap-Vert. On dit qu'il fait l'inventaire de ses femmes : vous en trouverez peut-être quelqu'une à votre convenance.

LE DOCTEUR.

Quoi! que me dis-tu? On vend des femmes à la foire?

PIERROT.

Oui, monsieur; c'est la grande nouvelle de Paris : on y court des quatre coins de la ville.

LE DOCTEUR.

Allons voir ce que c'est que ce commerce-là.

PIERROT.

Je vais vous mener. J'en prendrai peut-être une pour mon compte, si j'en trouve à ma propice, et qui soit digne de mon mérite.

SCÈNE IX.

(La ferme s'ouvre, et le théâtre représente l'intérieur du sérail de l'empereur du Cap-Vert ; on y voit plusieurs berceaux de fleurs, gardés par des eunuques. L'empereur du Cap-Vert, représenté par Arlequin, est debout sur un trône de fleurs, soutenu par des singes, et entouré de perroquets, de serins de Canarie, etc. L'orchestre joue une marche, et les eunuques passent en revue devant Arlequin, qui, ensuite, danse seul une entrée.)

ARLEQUIN, seul.

Je suis prince de la verdure,
Le teinturier en vert de toute la nature :
On ne me prend jamais sans vert.
Singes et perroquets sont dans ma seigneurie :
Roi des serins de Canarie,
Je m'appelle, en un mot, l'empereur du Cap-Vert.
C'est ici que l'on voit un sérail à louer ;
Femme à vendre, ou femme à donner.
Si je voulais en acheter,
Je ne saurais auquel entendre.
Combien, en ce lieu, de maris
M'amèneraient leurs femmes vendre,
Et m'en feraient fort juste prix !
(Aux eunuques.)
Vous geôliers bistournés, qui, pour ma sûreté,
De mes menus plaisirs gouvernez les serrures,
A mes oiseaux privés donnez la liberté :
Qu'ils viennent chercher leurs pâtures.

(Les berceaux se changent en de grands fauteuils, sur chacun desquels une femme est assise.)

SCÈNE X.

ARLEQUIN, LE VALET DE THÉATRE.

LE VALET.

Monsieur, voilà un homme qui dort, et qui demande une femme.

ARLEQUIN.
Un homme qui dort et qui demande une femme! Il rêve donc.
Voilà quelque habitant du pays de Papimanie.

SCÈNE XI.

ARLEQUIN, UN DORMEUR.

LE DORMEUR, enveloppé d'un manteau fourré.
Toujours je dors, toujours je bâille.
(Il bâille à plusieurs reprises.)
ARLEQUIN.
Qui vous fit sous le nez une si longue entaille?
LE DORMEUR.
En mariage ici je viens m'appareiller.
ARLEQUIN.
Il vous faut marier avec un oreiller.
LE DORMEUR.
Non, monsieur; il me faut une femme gaillarde,
Quelque jeune égrillarde,
Qui chante pour me réveiller.
ARLEQUIN.
Femme trop éveillée et mari qui sommeille
Ne peuvent longtemps s'accorder.
Toujours au chant du coq la poule se réveille;
Mais quand le coq s'endort, la poule a beau chanter,
Elle n'est jamais entendue;
Et l'époux, en ronflant la basse continue,
L'oblige bien à déchanter.
LE DORMEUR.
Plus d'un mari qui m'écoute
Voudrait, en certain temps pouvoir dormir bien fort;
Car quand on dort,
On ne voit goutte.
ARLEQUIN.
Dormir trop fort aussi donne un autre chagrin :
Car souvent la femme irritée,
Voyant que son époux dort d'un sommeil malin,
S'en va, n'étant point écoutée,
Chercher, pour l'éveiller, le secours d'un voisin.

Mais je m'en vais faire avancer toutes mes sultanes ; vous les verrez ; et, s'il y en a quelqu'une de votre goût, vous la prendrez. (*Les sultanes s'avancent. Il réveille le dormeur.*) Hé ! il ne faut pas dormir quand il est question de choisir une femme ; les plus clairvoyants n'y voient pas assez clair. Réveillez-vous donc. Tenez, en voilà une qui sera bien votre fait, car elle chante toujours. Avancez, la belle.

LA CHANTEUSE, en sultane, chante.

Époux qui possédez un objet plein d'appas,
Ne vous endormez pas ;
Gardez bien votre conquête
Contre les veilles d'un amant
Car bien souvent,
Le mari se réveille avec un mal de tête
Qu'il n'avait pas en s'endormant.

ARLEQUIN chante sur l'air de Pierre-Bagnolet.

La femme est une place enneuie,
Que tôt ou tard on assiégera :
Il faut toujours qu'un mari crie :
Qui vive ? qui vive ? qui va là ?
Veille qui pourra !
Si la sentinelle est endormie,
Dans le corps-de-garde on entrera.

SCÈNE XII.

ARLEQUIN, UN MUSICIEN ITALIEN

L'ITALIEN.
Vous voyez, monsieur, un homme au désespoir. Ah ! ah ! ah !
(Il rit.)

ARLEQUIN.
À vous voir, on ne le croirait jamais.

L'ITALIEN.
Je ne saurais m'empêcher de rire, quand je songe que je vais me marier.
(Il pleure.)

ARLEQUIN.
Ce n'est pas là un sujet de tristesse.

L'ITALIEN.

J'ai perdu, depuis peu, un procès qui m'afflige beaucoup.

(Il rit.)

ARLEQUIN.

Il n'y a pas de quoi rire.

L'ITALIEN.

Mais ce qui me réjouit, c'est que je suis délivré, par arrêt, de ma première femme.

(Il pleure.)

ARLEQUIN.

Quel diable d'homme est-ce là? Il rit quand il faut pleurer, et il pleure quand il faut rire.

L'ITALIEN.

La coquine m'a perdu de réputation : elle m'a accusé en justice de n'être un mari seulement que pour la forme, et m'a fait déclarer vieux à la fleur de mon âge.

ARLEQUIN.

J'entends votre affaire; on vous a mis sur la liste *de frigidis et maleficialis*.

L'ITALIEN.

Oui, monsieur; mais vous allez rire. Une goguenarde de servante a demandé, en justice, que je fusse obligé de nourrir son enfant, dont elle dit que je suis le père parce qu'il me ressemble.

ARLEQUIN.

S'il fallait adopter tous les enfants qui ressemblent, et désavouer tous ceux qui ne ressemblent pas, on verrait un beau brouillamini dans les familles.

L'ITALIEN.

Ne suis-je pas malheureux? Je me flattais que de ces deux procès il fallait que j'en gagnasse un.

ARLEQUIN.

J'en aurais mis ma main au feu.

L'ITALIEN.

Je les ai perdus tous les deux.

ARLEQUIN.

Tous les deux! cela n'est pas juste.

L'ITALIEN.

Non, assurément; car ou je suis, ou je ne suis pas; ma servante dit oui, ma femme dit non : cependant, le même jour, les mêmes juges ont déclaré que j'étais oui et non, tout à la fois, et on m'a condamné aux dépens. Ah! ah! ah!

(Il rit.)

ARLEQUIN chante.

Après un pareil procès,
Crois-moi, ne plaide jamais.
Dans la même occasion,
Tantôt on dit oui, tantôt on dit non.
Par arrêt te voilà donc
Déclaré coq et chapon.

Mais, de ta seconde femme, qu'en as-tu fait?

L'ITALIEN.

Hélas! monsieur, elle est morte : l'on m'avait accusé de l'avoir tuée; et sans l'argent et des amis, j'aurais été pendu pour une femme.

ARLEQUIN.

Comment donc? conte-moi un peu cela.

L'ITALIEN.

Le vrai de la chose est que ma femme est morte parce que je n'ai pas eu assez de complaisance pour elle.

ARLEQUIN.

Voilà qui est extraordinaire! Cette femme-là prenait donc les choses bien à cœur?

L'ITALIEN.

Un jour d'hiver, elle revient à la maison à deux heures après minuit, heurte comme tous les diables; mais je n'eus jamais la complaisance d'aller lui ouvrir : elle coucha dehors.

ARLEQUIN.

Et pour cela, elle mourut?

L'ITALIEN.

Oh! que nenni.

ARLEQUIN.

Je m'en étonnais aussi, jamais femme n'est morte pour avoir couché dehors.

L'ITALIEN.

Une autre fois, je l'enfermai deux jours et deux nuits dans la cave, avec un pain de six livres; et quoi qu'elle pût dire, je n'eus jamais la complaisance de lui ouvrir.

ARLEQUIN.

Et elle en mourut?

L'ITALIEN.

Point du tout. Elle but tout un quartaut de vin de Champagne, et mangea les deux tiers d'un jambon de quinze livres.

ARLEQUIN.

Cette femme-là était bien en colère.

L'ITALIEN.

Voyant donc qu'elle ne se corrigeait pas, je l'emmenai promener sur l'eau, dans un petit bateau, du côté de Charenton; et comme elle était assise sur le bord du bateau, je la poussai tant soit peu en passant, et elle tomba dans la rivière. La voilà qu'elle commence à crier : A moi! miséricorde! au secours! Je n'eus jamais la complaisance de lui tendre la main.

ARLEQUIN.

Elle en mourut?

L'ITALIEN.

Non, monsieur, elle se noya.

ARLEQUIN.

Comme s'il y avait de la différence entre mourir et se noyer! Mais de quelle vacation êtes-vous?

L'ITALIEN.

Je suis musicien italien, monsieur.

ARLEQUIN.

Je ne m'étonne pas s'il y a quelque *déficit* à votre personne, et si vous êtes si peu complaisant. Oh bien! j'ai justement ici votre affaire : j'ai une fille qui a été serin de Canarie autrefois. Vous ferez ensemble des concerts admirables.

L'ITALIEN.

Serin de Canarie! Vous vous moquez.

ARLEQUIN.

Non. Pythagore lui a révélé tout cela : elle le croit; c'est sa folie.

SCÈNE XIII.

ARLEQUIN, LE MUSICIEN ITALIEN, COLOMBINE.

ARLEQUIN, à Colombine.
Parlez, n'est-il pas vrai, belle visionnaire,
Que vous avez jadis chanté dans ma volière ?
COLOMBINE.
Oui, seigneur ; et c'est aujourd'hui
Ce qui fait mon mortel ennui.
Lorsque j'étais serin de Canarie,
Je passais plaisamment la vie :
J'étais l'honneur de ce séjour.
Je chantais tout le long du jour.
Aux opéras d'oiseaux, j'avais les premiers rôles :
J'étais Armide, Arcabonne, Didon ;
Je me pâmais en poussant un fredon ;
Et rien ne me manquait, enfin que la parole.
On m'a, croyant me faire un plaisir singulier,
Naturalisé fille. Ah ! le triste métier !
ARLEQUIN.
Vous avez tort d'avoir tant d'amertune,
La belle, autrefois bête à plume ;
C'est un sort plein d'attraits
D'être jeune fille au teint frais ;
D'avoir un nez, un front. Ma foi, vous êtes folle
De vouloir retourner à votre ancienne peau.
Une fille, en tout temps, se vend mieux qu'un oiseau ;
Je vous en donne ma parole
Pour trois ou quatre écus, j'achète le plus beau ;
Mais en cas d'une fille, un peu friand morceau ;
Vous n'avez pas grand'chose avec une pistole.
COLOMBINE.
Lorsque j'étais serin, il m'en souvient encore,
Rien ne contraignait mes désirs :
De mes chants amoureux je saluais l'aurore ;
J'allais sur l'aile des zéphirs,

Documents manquants (pages, cahiers...)
NF Z 43-120-13

DE LA PAGE 203
A LA PAGE 206.

ARLEQUIN.

A tout. La femme est, dans la société, ce que le poivre concassé est dans les ragoûts. Veut-on rire, chanter, danser, boire, se marier, il faut des femmes; enfin, il entre de la femme partout où il y a des hommes.

LE DOCTEUR.

Vous avez fait la définition d'une femme; je vais faire celle d'une fille. Une fille est un petit oiseau farouche, qu'il faut tenir en cage; et voilà ce que je vais faire.

(Il se saisit d'Angélique.)

OCTAVE, se jetant sur lui.

Chauriby musala cheriesi peristacq.

ARLEQUIN.

Miséricorde! relâchez-lui cette fille.

OCTAVE.

Je sens revenir ma tranquillité; et si l'on me voulait donner ce joli animal-là, je ne mangerais plus d'hommes, je vous assure; je m'en tiendrais à ce mets-là pour toute ma vie.

ANGÉLIQUE.

Vous vous en lasseriez bientôt.

ARLEQUIN.

Il n'y en a point de plus friand; mais il n'y en a point aussi qui rassasie plus vite. (*Au docteur.*) Monsieur le docteur, donnez-lui ce qu'il vous demande.

LE DOCTEUR.

Que je donne Angélique à un mangeur de chair humaine!

ANGÉLIQUE.

Ne craignez rien; et afin qu'il ne vous fasse point de mal, je veux toujours être auprès de lui.

LE DOCTEUR.

Comment! malheureuse?

ANGÉLIQUE.

Ne vous fâchez point, monsieur le docteur; si vous me donnez à ce sauvage-là, il ne vous demandera jamais compte de mon bien.

LE DOCTEUR.

Il ne me demandera point de compte? Qu'il l'emmène donc au pays d'Anthropophagie, et que je n'en entende jamais parler.

ARLEQUIN.

Vous rendez un grand service au genre humain : ce mangeur d'hommes-là ne s'occupait qu'à le détruire, et il va s'occuper à le peupler.

(Il chante.)

Pour vous, monsieur le sauvage,
Qui faites tant le méchant,
Quatre jours de mariage
Vous rendront moins violent :
Quand on voit un beau visage,
On croit d'abord faire rage,
Mais son approche nous rend
Doux et souple comme un gant.

LE DOCTEUR.

Mais, monsieur l'empereur, donnez-moi donc une femme comme aux autres, car j'ai envie de me remarier.

ARLEQUIN.

Je crois effectivement que vous n'en avez que l'envie; car je vous crois trop vieux pour en avoir les forces. Allons, il faut vous faire deux plaisirs à la fois, vous marier et vous rajeunir.

LE DOCTEUR.

Me rajeunir?

ARLEQUIN.

Oui, vous rajeunir. Je m'en vais vous faire piler dans le mortier de mon apothicaire; et trois jours après, vous en sortirez gai et gaillard, et aussi vigoureux que vous l'étiez à dix-huit ans. Qu'on fasse venir Caricaca, mon apothicaire.

SCÈNE XVII.

ARLEQUIN, LE DOCTEUR, ANGÉLIQUE, OCTAVE; CARICACA, apothicaire, un mortier sur la tête, dont un chat tient le pilon entre ses pattes.

CARICACA.

Q'est-ce qu'il y a, monsieur? De quoi s'agit-il?

ARLEQUIN.

De rajeunir monsieur que voilà. Faites-lui voir comme vous vous y prendrez.

CARICACA.

Tout à l'heure. Allons, hé! Gille, pilez.
(Il chante.)
Je suis un apothicaire,
Qui place bien un clystère,
Laire la, laire lanla ;
N'est-il pas vrai, Caricaca ?
Pile, Gille ; Gille pile,
Pile-moi du quinquina ;
Pile donc, Caricaca,
La femme de maître Gille,
Quelque jour on la croquera.
Pile donc, Caricaca ;
Pile-moi du quinquina.

(Le chat pile pendant que l'apothicaire chante.)

SCÈNE XVIII.

ARLEQUIN, LE DOCTEUR.

ARLEQUIN.

Eh bien! monsieur, que dites-vous de mon apothicaire et de son garçon ?

LE DOCTEUR.

Je dis que vous n'avez rien que de merveilleux.

ARLEQUIN.

Je m'en vais vous faire voir la femme que je vous destine. Faites avancer Charlotte.

LE DOCTEUR.

Monsieur, est-elle jolie?

ARLEQUIN.

C'est la meilleure et la plus jolie pièce de mon sac. Elle m'a servi longtemps de guenon, et j'espère que vous ferez de beaux singes ensemble. Elle sait chanter, elle sait danser. Vous allez voir.

12.

SCÈNE XIX.

ARLEQUIN, LE DOCTEUR; UNE PETITE FILLE, en cage.

(Quatre Indiens apportent une cage, dans laquelle est une petite fille qui chante ce qui suit.)

LA PETITE FILLE.
Vous qui vous moquez, par vos ris,
De ma figure en cage;
Parmi vous autres, beaux-esprits,
Il s'en trouve, je gage,
Qui voudraient bien, au même prix,
Revenir à mon âge.

(Après qu'elle a chanté, elle sort de sa cage; et elle danse seule une entrée.)

VAUDEVILLE.

LA CHANTEUSE.
La foire est un sérail fécond,
Qui peuplerait la France :
Force mariages s'y font,
Sans contrat ni finance.
Messieurs, la foire est sur le pont,
Venez en abondance.

ARLEQUIN.
Par quelque agréable chanson
Filouter l'auditoire,
Et lui couper bourse et cordon,
Voilà notre grimoire :
Car ici nous nous entendons
Comme larrons en foire.

COLOMBINE.
Tel qui sa femme, tous les jours,
A la foire accompagne,
Ne voit pas, en certains détours,
Les rivaux en campagne.

Un mari ne sait pas toujours
Les foires de Champagne.
LA CHANTEUSE, au docteur.
Il faut que tout vieillard usé
Renonce au mariage.
Si vous en êtes entêté,
Prenez fille à cet âge ;
(Elle montre la petite fille.)
Et pour plus grande sûreté,
Vous la mettrez en cage.
ARLEQUIN, au parterre.
Messieurs, de bon cœur recevez
La pièce qu'on vous donne :
Demain nos vœux seront comblés,
Si votre argent foisonne.
Si les marchands sont assemblés,
La foire sera bonne.

(Les couplets suivants ont été ajoutés à l'occasion d'une comédie qui fut donnée dans le même temps, et sous le même titre que celle-ci. Cette pièce, dont Dancourt est l'auteur, avait été faite pour contrebalancer le succès de la pièce italienne.)

MEZZETIN.
Deux troupes de marchands forains
Vous vendent du comique ;
Mais si pour les Italiens
Votre bon goût s'explique,
Bientôt l'un de ces deux voisins
Fermera sa boutique.

ARLEQUIN.
Quoique le pauvre Italien
Ait eu plus d'une crise,
Les jaloux ne lui prennent rien
De votre marchandise.
Le parterre se connaît bien
En bonne marchandise.

FIN DU TROISIÈME ACTE.

THÉATRE DE LA FOIRE.

ARLEQUIN
ROI DE SERENDIB.

PIÉCE EN TROIS ACTES.

DE LESAGE.

Représenté à la foire Saint-Germain en l'année 1713.

PIÈCE A ÉCRITEAUX.

La lutte des comédiens français contre les acteurs de la Foire, après avoir eu pour résultat de faire défendre successivement à ces derniers de jouer des pièces du répertoire italien et des farces françaises, puis des dialogues, ensuite jusqu'à des monologues, eût enfin pour conséquence nouvelle de donner naissance au vaudeville.

La veuve de Maurice Vondrebeck, associée à Alard pour l'exploitation des théâtres forains, obtint du sieur Guyenet, directeur de l'Académie royale de musique, un traité qui l'autorisait à user de décorations variées, à faire intervenir sur sa scène des danseurs et même des chanteurs.

Nous avons signalé quelques-uns des échantillons de cette période. Mais Guyenet était peu sûr et il dénonça son traité. C'est alors qu'on s'ingénia pour tourner la difficulté à jouer des pièces *à la muette*. Et pour compléter ces pantomimes, leur donner une clarté suffisante après s'être borné à écrire le dialogue sur des cartons que les acteurs montraient au public, on en vint à l'emploi des couplets adaptés à des airs connus et cela de la façon suivante :

L'orchestre jouait l'air des couplets dont le texte descendait du cintre lisiblement écrit sur une pancarte (ou *écriteau*) soutenue par deux enfants habillés en amours. Les spectateurs excités par des chanteurs-compères placés dans la salle, répétaient en chœur les couplets pendant que les acteurs en scène se livraient à une pantomime animée.

Arlequin roi de Serendib est une de ces pièces à écriteaux et des mieux réussies. Elle inaugura la féconde collaboration de Lesage au théâtre de la Foire et peut être regardée comme le type originaire de l'opéra-comique.

ARLEQUIN
ROI DE SERENDIB.

PERSONNAGES.

ARLEQUIN, roi de Serendib.
MEZZETIN, en grande prêtresse.
PIERROT, en suivante de Mezzetin.
LE GRAND-VIZIR.
LE GRAND SACRIFICATEUR.
SUITE DU GRAND SACRIFICATEUR.
TROUPE DE PRÊTRESSES.

TROUPE DE FEMMES DU SÉRAIL.
LE CHEF DES EUNUQUES.
TROUPE D'OFFICIERS DU PALAIS.
UN PEINTRE.
UN MÉDECIN.
TROUPE DE VOLEURS AVEC LEURS FEMMES.

La scène est dans l'île de Serendib.

ACTE PREMIER.

Le théâtre représente une solitude où l'on voit des rochers escarpés.

SCÈNE I.

ARLEQUIN, seul.

Arlequin, après avoir fait naufrage sur la côte de Serendib, s'avance dans l'île. Il tient une bourse, et paroit un peu consolé de sa disgrâce. Ce qu'il exprime par un écriteau (1) qui contient ces paroles :

AIR : *Je laisse à la fortune.*
Auprès de ce rivage,
Hélas ! notre vaisseau

---

(1) Comme nous l'avons dit dans la notice qui précède, l'écriteau consistait en un cartouche de toile que déroulaient deux enfants suspendus par un système de cordages. L'orchestre jouait l'air toujours familier au public et chacun chantait ou fredonnait à sa guise, se mettant à la place de l'acteur auquel il était interdit d'ouvrir la bouche.

Avec tout l'équipage
Vient de fondre sous l'eau !
Un procureur du Maine,
Dans la liquide plaine,
A trouvé son tombeau ;
Moy, grâce à mon génie,
J'ai sçu sauver ma vie
Et l'argent du Manceau.

Ce couplet chanté, il s'assied à terre et se met à compter son argent. Tandis qu'il est dans cette occupation, il arrive un homme qui a un emplâtre sur l'œil et une carabine sur l'épaule. Cet homme fait plusieurs révérences à Arlequin, qui, se défiant de tant de civilités, dit à part par un écriteau :

Air : *Quand le péril est agréable.*

Ouf ! Je crains fort pour ma finance ;
Ce drôle a tout l'air d'un voleur ;
Le gisier me bondit de peur
A chaque révérence.

L'homme pose son turban à terre, fait signe à Arlequin de jeter de l'argent dedans, et le couche en joue, en criant : *Gnaff, Gnoff.* Arlequin effrayé jette plusieurs pièces dans le turban. Le Voleur se retire, et dans le moment il en paroit un autre qui a le bras gauche en écharpe, une jambe de bois, et un large coutelas au côté. Celui-ci fait aussi des révérences à Arlequin, qui dit toujours à part :

Air : *Quand je tiens de ce jus d'octobre.*

Quel autre homme s'offre à ma vue ?
Il est manchot ! Oui, justement,
C'est un fripon, il me salue ;
C'est du *Gnaff, Gnaff*, assurément.

Le second Voleur met aussi à terre son turban, et, tirant son coutelas, fait signe à Arlequin d'y jeter de l'argent, en lui disant : *Gniff Gniff.* Il obéit, et le Voleur s'en va. Arlequin après cela, croyant en être quitte, pose sa bourse à terre derrière lui ; mais un troisième brigand en cul-de-jatte, portant un pistolet à la ceinture, paroit et s'empare subitement de la bourse. Arlequin s'en aperçoit et se lève pour la lui ôter. Le cul-de-jatte lui présente le bout de son pistolet en criant : *Gnoff, Gnoff.* Arlequin désespérant de ravoir sa bourse, dit au Voleur :

Air : *O reguingué, o lon-lan-la.*

Cette bourse porte malheur ;
Elle me vient d'un procureur,

Et va de voleur en voleur;
Craignez, monsieur, que la justice
A son tour ne vous la ravisse.

On voit revenir les deux premiers Voleurs : ils se défont, l'un de son emplâtre, l'autre de sa jambe de bois, le troisième de sa jatte, et tous se mettent à danser autour d'Arlequin. Dans le même temps il paroît une charrette tirée par un âne, et conduite par un sauvage qui tient à la main une grosse massue. Il y a dans la charrette une table, deux bancs, un piédestal, des peaux de bouc et un tonneau. Pendant qu'au fond du théâtre quelques Voleurs s'occupent à décharger la charrette, trois autres s'avancent et dansent avec trois jolies femmes de leur compagnie. Leur danse est coupée par ces deux couplets :

Air : *Pierrot se plaint que sa femme.*

UN VOLEUR.

Nous menons joyeuse vie ;
Sans débat nous vivons tous.
Des grandes villes bannie
L'Équité vient avec nous :
 Jamais d'envie ;
Chacun ne fait les yeux doux
 Qu'à sa Sylvie.

UNE DES FEMMES.

Nous ressemblons aux pucelles
Qui jadis couroient les champs ;
Toujours compagnes fidelles
De nos chevaliers errans,
 Comme ces belles ;
Mais nous passons notre temps
 Beaucoup mieux qu'elles.

Après la danse, les trois Voleurs qui ont volé Arlequin dressent une table sur laquelle ils tendent des peaux. Ils mettent ensuite des provisions dessus. On voit au milieu de la table le tonneau sur le piédestal. Il est posé de manière qu'on juge bien qu'il n'y a presque plus rien dedans. Ils se mettent tous à table, et ils obligent Arlequin à s'asseoir auprès d'eux, ce qu'il fait volontiers. Ils boivent tous dans des cruches et des gobelets de terre, qu'ils tendent sous le robinet du tonneau. Arlequin, après avoir bu quelques coups, veut cajoler une des femmes qui est auprès de lui; mais le cul-de-jatte lui présente le bout de son pistolet, et lui fait faire la culbute. Le repas fini, ils se lèvent de table, replient leurs peaux, et les remettent dans la charrette, avec les bancs de la table. Pour le tonneau, comme il est vide, ils le jettent par terre, et l'y laissent. Puis la charrette part, et il ne reste plus sur la scène qu'Arlequin avec les trois premiers Voleurs. Ils veulent décider de son sort, ce qu'ils font connoître par ce couplet :

AIR : *Grimaudin.*

UN VOLEUR.

Or sus, amis, qu'on délibère
Sur son destin.
Qu'en pensez-vous ? Que faut-il faire
De ce faquin ?
Si nous ne le faisons mourir,
Il pourra bien nous découvrir.

Alors, celui qui a un coutelas le tire pour en frapper Arlequin, qui se met à genoux pour demander grâce. Un des Voleurs s'oppose au dessein de son camarade, et lui dit :

UN DES VOLEURS.

Ne frappez point ce pauvre diable ;
Ami, tout beau ;
Mettons plutôt ce misérable
Dans le tonneau.
Des loups dont ce désert est plein,
Il sera bientôt le butin.

Les Voleurs prennent le tonneau, le défoncent, y mettent Arlequin, et s'en vont, après avoir remis les fonds. Arlequin, se voyant sans espérance de salut, pleure, crie, en roulant son tonneau. Il vient un loup affamé qui cherche de la pâture. Il va flairer le tonneau, et comme il y sent de la chair fraîche, il fait tous ses efforts pour en briser les douves. Pendant qu'il s'y prend de toutes les manières, Arlequin passe la main par le trou de la bonde, attrape la queue du loup, qui se voyant saisi, a peur et veut prendre la fuite ; mais en tirant le tonneau, sa queue demeure entre les mains d'Arlequin, et dans le moment le tonneau se partage en deux. Le loup se sauve d'un côté et Arlequin de l'autre.

(Le théâtre change en cet endroit et représente la capitale de l'île.)

Mezzetin, habillé en grande prêtresse de l'idole qu'on y adore, vient, avec Pierrot sa confidente, faire des réflexions sur la coutume de l'isle, et sur l'état de leurs affaires.

SCÈNE II.

MEZZETIN EN GRANDE PRÊTRESSE, ET **PIERROT** EN CONFIDENTE.

MEZZETIN.

AIR : *Menuet de M. de Grandval* (1).

Détestons ce fatal rivage
Où nous vivons depuis trois mois ;
Pierrot, de ce climat sauvage
Maudissons les cruelles lois.

AIR : *Je ne suis pas si diable.*

Tous les mois sur le trône
On place un étranger ;
Mais, ciel ! on le couronne,
Pourquoy ? Pour l'égorger !
Au temple d'une idole
Qu'on nomme Késaïa,
Il faut que je l'immole
  A ce dieu-là.

PIERROT.

AIR : *Du cap de Bonne-Espérance.*

Nous fîmes bien, sur mon âme,
En arrivant, Mezzetin,
De prendre un habit de femme
Pour fuir un pareil destin.
Le Grand Visir vous crut fille ;
Il vous trouva bien gentille,
Et vous fit, pour vos beaux yeux,
Grande prêtresse en ces lieux.

(1) M. de Grandval était le pseudonyme de Nicolas Ragot, attaché comme maître de musique d'abord à des troupes de province et qui leur faisait jouer des divertissements dont il composait la musique. Il se haussa même jusqu'à la comédie. On a de lui un volume de *Cantates* publié en 1729 et un *Essai sur le bon goût en musique* de 1732. Né en 1676, il mourut en 1753. Son fils Charles-François Grandval appartint à la Comédie française.

MEZZETIN.

Air : *Ne m'entendez-vous pas ?*
Oui ; mais, Pierrot, hélas !
Que je crains sa tendresse !
Tous les jours il me presse...
Tu vois mon embarras.
Que n'ai-je moins d'appas !

PIERROT.

Air : *Le fameux Diogène.*
Ah ! cessez de vous plaindre !
C'est au visir à craindre,
Vous savez que la loi
Veut qu'il perde la vie,
Si, lorsqu'on sacrifie,
Serendib est sans roi.

Air : *Réveillez-vous, Belle endormie.*
Ce soir on fait le sacrifice ;
Il n'est pas venu d'étranger.

MEZZETIN.
Il faut que le visir périsse.

PIERROT.
Préparez-vous à l'égorger.

Mezzetin paroît se consoler, et marque par ses gestes qu'il immolera de bon cœur le Grand Visir à l'idole. Mais il ne jouit pas longtemps de la douceur de cette pensée. Ce ministre arrive, et lui dit avec beaucoup de joye :

SCÈNE III.

MEZZETIN, PIERROT, LE GRAND VISIR.

LE GRAND VISIR.

Air : *Voulez-vous sçavoir qui des deux ?*
Charmant objet de mes amours,
Cessez de craindre pour mes jours.
Ma reine, ayez l'esprit tranquille ;
De la mort me voilà sauvé ;

Un étranger dans cette ville
En ce moment est arrivé.
MEZZETIN, à part.

Air : *Dans notre village.*
Que viens-je d'entendre !
Quel coup, justes Dieux !
LE GRAND VISIR.
Bientôt dans ces lieux
Ce misérable va se rendre ;
 On va l'amener
 Pour le couronner.
Comme Mezzetin paroit triste, le visir lui dit :
 Air : *Si dans le mal qui me possède.*
Mais comment ! A cette nouvelle
Vous paraissez vous affliger !
MEZZETIN.
Seigneur, je plains cet étranger.
LE GRAND VISIR.
Non, non. Dites plutôt, cruelle,
Que vous attendiez le trépas
D'un amant que vous n'aimez pas.
MEZZETIN, soupirant.
Ah !
LE GRAND VISIR.

 Air : *Je reviendrai demain au soir.*
Dès demain, madame, je veux
 Voir couronner mes feux.   (bis.)
Je n'aime point tous ces soupirs ;
 Il me faut des plaisirs.   (bis.)
Le Visir sort pour aller au-devant du nouveau roi, et Mezzetin, frappé de ce qu'il vient d'entendre, dit :

SCÈNE IV.

MEZZETIN, PIERROT.

MEZZETIN.
 Air : *Les Trembleurs.*
Il veut, dit-il, sans remise...

Pierrot, tu vois ma surprise...
Ce jour est un jour de crise ;
Ma foi, je crains pour ma peau.

PIERROT.

Songeons à faire retraite ;
Par une porte secrète,
Sortons d'ici sans trompette ;
Assurons-nous d'un vaisseau.

(Ils sortent.)

SCÈNE V.

ARLEQUIN, LE GRAND VISIR, LE CHEF DES EUNUQUES, TROUPE D'OFFICIERS DU PALAIS ET DE SACRIFICATEURS.

Mezzetin et Pierrot sont à peine sortis qu'on entend un grand bruit de fifres, de timbales et de trompettes. En même temps on voit arriver Arlequin porté sur les épaules de quatre hommes. Des joueurs d'instruments commencent la marche ; ils sont suivis de six officiers du palais. Le Grand Visir, une hache à la main, et le Chef des Eunuques, tenant une clef, viennent après, et précèdent immédiatement Arlequin, qui a derrière lui le Grand Sacrificateur et ses suivans. Le Grand Visir et le Chef des eunuques aident au roi à descendre. Il leur donne sur les mains et sur le visage de la queue du loup qu'il a arrachée. Dès qu'il est descendu, le Grand Visir lui dit :

AIR : *Lanturlu.*

Régnez dans notre île
Jusques à la mort.

ARLEQUIN.

Votre humeur civile,
Messieurs, me plaît fort.

LE GRAND VISIR.

Sur toute la ville
Votre empire est absolu.

ARLEQUIN.

Lanturlu, lanturlu, lanturlu.

(*Même air.*)

Puisque sur le trône
Vous m'avez placé,

ARLEQUIN.

Vite, je l'ordonne,
Le buffet dressé ;
Sans quoi la couronne
Pour moi vaut moins qu'un fétu.
Lanturlu, lanturlu, lanturlu.

Après ce couplet, le Grand Visir et le Chef des eunuques ramènent Arlequin au fond du théâtre, et les officiers du palais dansent. Après quoi le Grand Visir et le Chef des eunuques ramènent Arlequin sur le devant du théâtre, se retirent, et font place au Grand Sacrificateur et à deux de ses suivants, qui commencent la cérémonie.

SCÈNE VI.

ARLEQUIN, LE GRAND SACRIFICATEUR, ET SES SUIVANTS.

Le Grand Sacrificateur et ses suivants se laissent tomber sur le cul ; Arlequin fait la même chose. Ils se relèvent. Alors le Grand Sacrificateur prend un livre ; il lit, et ses Suivants répondent.

LE GRAND SACRIFICATEUR, lentement.
Basileos, alisi, agogi, aformi.
LES SUIVANTS.
Basileos.
LE GRAND SACRIFICATEUR, plus vite.
Bibli, bondromi, bebrosi.
LES SUIVANTS.
Basileos.
ARLEQUIN, arrachant un poil de la barbe du Grand Sacrificateur.
Basileos.
LE GRAND SACRIFICATEUR, très vite.
Mileno, milea mileni, maliski.
LES SUIVANTS.
Basileos.
ARLEQUIN, lui passant la queue du loup sous le nez.
Basileos.
LE GRAND SACRIFICATEUR, lentement.
Pollaki, piretos, pephili, pepomsi.
LES SUIVANTS.
Basileos.

LE GRAND SACRIFICATEUR.
Tou crizou, i crizi, tiptomen, tiptete, tiptousi.
LES SUIVANTS.
Basileos.
ARLEQUIN, crachant au visage du Grand Sacrificateur.
Basileos.
LE GRAND SACRIFICATEUR, posant le turban royal sur la tête d'Arlequin.
Tragizo, trapeza, porphyra, kecaca.
LES SUIVANTS.
Kecaca.
LE GRAND SACRIFICATEUR.
Porphyra, pisma, kecaca.
LES SUIVANTS.
Kecaca.

Arlequin, qui croit par ce dernier mot que le Grand Sacrificateur et les suivants lui disent qu'il est de la cérémonie de se servir de son turban comme d'un pot de chambre, se met en devoir de leur obéir; mais ils font tous un cri d'indignation. Le Grand Sacrificateur remet le turban sur la tête d'Arlequin. Ils remportent leur roi, et par là finit le premier acte.

FIN DU PREMIER ACTE.

ACTE DEUXIÈME.

Le théâtre représente le plus bel appartement du sérail.

SCÈNE I.

ARLEQUIN, avec un turban royal, et un tonnelet,
UN CUISINIER.

ARLEQUIN.
AIR : *Mon père, je viens devant vous.*
Oui. Votre prince est très content.
De vos ragoûts, de vos potages.

ARLEQUIN.

Allez dire à mon intendant
Qu'aujourd'hui je double vos gages.
Je viens de faire un bon repas ;
Mais qu'un second ne tarde pas.

SCÈNE II.

ARLEQUIN, LE CHEF DES EUNUQUES,
UN PEINTRE.

LE CHEF DES EUNUQUES.

AIR : *Qu'on apporte bouteille.*

Voici le peintre habile,
Qui vient, suivant les lois,
Seigneur, tous les mois, dans cette île
Faire le portrait de nos rois.

Le peintre est un homme qui paroît âgé de plus de cent ans. Il s'appuie sur un bâton, et ne marche qu'avec beaucoup de peine. Il a sur le dos son chevalet et une grande toile pour faire le portrait du roi. Arlequin se met à rire en le voyant, et se moque de lui. Le peintre s'en apercevant, lui dit :

LE PEINTRE.

AIR : *Quand le péril est agréable.*

Depuis cent ans, dans cette ville,
Je peins les princes trait pour trait.
Sachez que j'ai fait le portrait
Du premier roi de l'île.

ARLEQUIN.

AIR : *Amis, sans regretter Paris.*

Bon-homme, je crois en effet
Que vous l'avez pu faire ;
Vous pourriez bien même avoir fait
Celui du premier père.

Le peintre dresse son chevalet, et pose la toile dessus. Il place dans un fauteuil Arlequin, qui se lève aussitôt, et se tient les pieds en haut. Le peintre met ses lunettes, et s'apercevant de la situation où est Arlequin, il lui fait signe de se tenir debout auprès de lui. Arlequin, dès que le pein-

13.

tre a le dos tourné, lui tourne aussi le dos, en se mettant la tête en bas, et se tenant sur les mains. Le peintre vient pour l'examiner, et pose la tête entre les jambes d'Arlequin, qui lui fait tomber son chapeau et ses lunettes. Le peintre le fait mettre derrière son chevalet, de sorte qu'Arlequin a le menton sur la table. Il fait tomber son turban sur la main du peintre. Cependant, malgré tous les *lazzis* d'Arlequin, la toile étant enduite de blanc d'Espagne, le peintre ne fait que la frotter, et le portrait d'Arlequin, qui est dessous, se découvre. Il le montre au nouveau roi, en lui disant d'un air de confiance :

LE PEINTRE.

AIR : *La faridondaine.*

Vous voyez qu'il ne manque rien,
 Seigneur, à mon ouvrage;
A cent ans, je peins aussi bien
 Qu'à la fleur de mon âge.

ARLEQUIN.

Je suis content de toi, barbon.

LE PEINTRE, s'applaudissant.

La faridondaine, la faridondon.

ARLEQUIN.

De moi tu le seras aussi,
  Biribi,
A la façon de barbari,
  Mon ami.

LE PEINTRE.

AIR : *Laire-la, laire lan-laire.*

J'aurais besoin de vos bienfaits.

ARLEQUIN.

Au premier jour je te promets
Une pension viagère.

LE PEINTRE, branlant la tête, et s'en allant.

Laire-la, laire lan-laire,
Laire-la, laire lan la.

SCÈNE III.

ARLEQUIN, LE CHEF DES EUNUQUES, LE GRAND VISIR
LES TROIS VOLEURS QUI ONT VOLÉ ARLEQUIN.

LE GRAND VISIR.

AIR : *Tu croyais, en aimant Colette.*

On vient de prendre dans la plaine,
Seigneur, par mes soins vigilants,
Trois voleurs que je vous amène.
Jugez vous-même ces brigands.

Arlequin demande à les voir. Ils entrent. Il reconnoît en eux les trois fripons qui l'ont volé. Il s'écrie : *Ah! gnaff, gniff, gnoff!* Les Voleurs le reconnaissant aussi, se jettant à ses pieds pour lui demander grâce ; mais Arlequin ôte son turban, le pose à terre devant eux, et fait tous les gestes qu'il leur a vu faire. Ensuite il les frappe de sa batte. Le Visir ennuyé de ses lazzis, lui dit :

LE GRAND VISIR.

AIR : *Quel plaisir de voir Claudine.*

Hé bien, rendez donc justice,
Mais craignez d'être trop doux.
A quel genre de supplice,
Seigneur, les condamnez-vous?

ARLEQUIN.

AIR : *Quand le péril est agréable.*

Je veux qu'on branche ces compères ;
Qu'on les houspille tant et plus ;
Après qu'on les aura pendus,
Qu'on les mène aux galères.

Le Grand Visir emmène les trois Voleurs, et Arlequin demeure avec le Chef des eunuques.

SCÈNE IV.

ARLEQUIN, LE CHEF DES EUNUQUES.

ARLEQUIN.

Air : *Et zon, zon, zon.*

Toi dont ici l'employ
Est de garder les filles,
Dis-moi de bonne foy,
En as-tu de gentilles ?
　Et zon, zon, zon,
Lisette, la Lisette,
　Et zon, zon, zon,
Lisette, la Lison.

LE CHEF DES EUNUQUES.

Air : *Comme un coucou que l'amour presse.*

Je vais vous en montrer l'élite,
Seigneur, dans cet appartement.
Vous aurez une favorite,
Si vous voulez, dans un moment.

ARLEQUIN.

Air : *Allons, gai.*

Oui. Vite une maîtresse.
Ma foi, je suis enclin,
Ami, je le confesse,
Au sexe féminin.
　Allons gai,
　D'un air gai, etc.

(Le Chef des eunuques sort.)

SCÈNE V.

ARLEQUIN, seul.

Air : *Les pauvres filles gagnent peu.*

Ah ! Qu'il est doux d'être aujourd'hui
　Un homme d'importance !

ARLEQUIN.

Mère, époux rampent devant lui;
Et s'il veut voir Hortense,
Il n'a qu'à tinter,
Il n'a qu'à compter,
Et la mignonne s'avance

SCÈNE VI.

ARLEQUIN, LE CHEF DES EUNUQUES, TROUPE D'ESCLAVES.

Le Chef des eunuques revient avec six esclaves qui dansent autour du fauteuil où le roi s'est assis en les attendant. Elles agacent toutes Arlequin d'une manière différente. Il leur fait des mines en petit-maître. Puis il tire son mouchoir pour le jeter à celle qu'il choisira. Dans le temps qu'il veut le jeter à l'une, il est tenté de le jeter à l'autre; ce qui lui fait dire :

ARLEQUIN.

Air : *Lanturlu.*

Quand l'une m'agace,
Quand j'en suis blessé,
A l'autre je passe,
Comme un insensé :
Le choix m'embarrasse :
Je suis un irrésolu.
Lanturlu, lanturlu, lanturlu.

Enfin Arlequin met deux esclaves à part. Les autres aussitôt se retirent. Il balance quelque temps, puis il se détermine. L'esclave qui n'a pas eu la préférence sort. Mais à peine a-t-il fait un choix qu'il s'en repent; ce qu'il exprime par ce couplet :

ARLEQUIN, à la favorite.

Air : *On dit qu'Amour est si charmant.*

Vos beaux yeux forcent votre roi
A suivre une amoureuse loi.
Belle Iris, recevez ma foi,
En me donnant la vôtre...

(A part.)
Palsambleu! j'aurais, je le crois,
Mieux fait de prendre l'autre.

Air : *Tu croyais en aimant Colette.*

(A la cantonade.)
Tôt, tôt, tôt, qu'on dresse une table,
Qu'on me la couvre de perdrix.

(A la favorite.)
Buvons. Prenez, mon adorable,
L'esprit des dames de Paris.

L'ESCLAVE FAVORITE.

Air : *Réveillez-vous, belle endormie.*

Je ne dois songer qu'à vous plaire ;
Mais, hélas! Seigneur, je crains bien
Que l'amour de la bonne chère...

ARLEQUIN.
Allez. Cela ne gâte rien.

Air : *Quel plaisir de voir Claudine.*

Je porterai mon hommage
De la table à vos beaux yeux ;
Ne craignez point ce partage :
J'en aimerai trois fois mieux.

Pendant ce temps-là, les Officiers s'occupent à dresser une table. Ils la couvrent d'une nappe et y mettent deux couverts. Cela fait, Arlequin prend l'esclave par la main, la place à un bout de la table, et va se mettre à l'autre. Ils prennent chacun un couteau, puis tout à coup, à l'imitation de Corésus et Callirhoé, qu'on jouoit en ce temps-là (1), ils se donnent la foi par ce couplet parodié de cet opéra.

ARLEQUIN ET L'ESCLAVE FAVORITE, ensemble.

Air : *Folies d'Espagne.*

Sur ces couverts, sur cette nappe blanche,
Sur cet autel redoutable aux poulets,

(1) L'allusion semble dans la pensée de Lesage s'appliquer à la tragédie de Lafosse *Corésus et Callirhoé* qui fut jouée sans aucun succès à la Comédie française en 1703. Mais le couplet parodie en réalité une situation de la *Callirhoé* du poète Roy, tragédie lyrique mise en musique par André Destouches et qui venait d'être reçue avec grande faveur du public à l'Opéra. La première représentation avait eu lieu en effet le 27 décembre 1712.)

Par ce couteau, la terreur de l'éclanche,
Je fais serment d'être à vous à jamais.

L'esclave s'évanouit comme Callirhoé. Arlequin vole à son secours; il l'embrasse; elle revient. Arlequin pose ses pieds sur la table, et frappe de temps en temps avec le manche de son couteau. Il siffle même quelquefois pour faire venir les Officiers. Dès qu'il les voit paroître avec leurs plats, il se lève, court au-devant d'eux, et met la main dans les sauces, prend et mange sans songer que c'est pour lui qu'on apporte ces mets. Enfin il se remet à table et se dispose à manger; mais le Médecin arrive et lui dit :

SCÈNE VII.

ARLEQUIN, L'ESCLAVE FAVORITE, LE MÉDECIN, LES OFFICIERS.

LE MÉDECIN.

AIR : *On n'aime point dans nos forêts.*

Quoi, Seigneur, vous mangez encor!
C'est trop exposer votre vie.

ARLEQUIN, en colère.

Que nous vient chanter ce butor?

LE MÉDECIN, voulant ôter les plats.

Ces plats sentent l'apoplexie.

ARLEQUIN, donnant un coup de poing au Médecin.

Laisse là mes plats, Médecin;
Tu ne dois sentir qu'un bassin.

Le Médecin, sans avoir égard à ce qui peut plaire ou déplaire à Arlequin, fait ôter les plats à mesure qu'il y porte la main, sous prétexte que ce sont des mets nuisibles à sa santé; ce qu'il explique par ses gestes. Mais la patience échappe à Arlequin, qui lui dit :

AIR : *Ma mère, mariez-moi.*

Retire-toi, bateleur,
Veux-tu nous porter malheur?
Chacun en te voyant là
Va dire : Fi donc! Qu'est-ce que cela?
    Chacun en te voyant là
    Croira voir Sancho Pança (1).

(1) Épigramme qui s'adresse uniquement au *Sancho-Pança*, de Dancourt,

Arlequin continue à vouloir manger, et le Médecin à lui enlever les plats. Arlequin prend une talemouse, mord dedans; le Médecin lui en arrache la moitié, l'autre demeure dans la bouche. Alors Arlequin, outré de colère, se saisit d'un plat de crème et l'applique sur le visage du docteur. Ce qui finit le repas et le second acte.

FIN DU DEUXIÈME ACTE.

ACTE TROISIÈME.

Le théâtre représente le même appartement qu'au second acte.

SCÈNE I.

ARLEQUIN, LE CHEF DES EUNUQUES.

ARLEQUIN.

AIR: *Ah! vraiment, je m'y connois bien.*
Mon cher, dois-je, toujours fidelle,
Ne cajoller que même belle?
Ventrebleu! j'en enragerois,
Moi qui suis là dessus François.

LE CHEF DES EUNUQUES.

AIR: *Faire l'amour la nuit et le jour.*
La loi n'est pas contraire;
A plus d'une beauté,
Seigneur, vous pouvez faire
    L'amour
La nuit et le jour.

comédie manquée dont il avait même emprunté le fond et presque la forme au *Gouvernement de Sancho* de Guérin de Bouscal.

ARLEQUIN.

Air : *Je ne suis né ni roy ni prince.*

Mais il faut que je vous présente
Une Grecque toute charmante
Que jamais Vénus n'égala.

ARLEQUIN.

La peste! Ce portrait me touche!
Tu me gardois donc celle-là,
Vieux coquin, pour la bonne bouche?
(Le Chef des eunuques va chercher la Grecque.)

SCÈNE II.

ARLEQUIN, seul.

Air : *La bonne aventure, ô gai.*

Moi qui devois des turbots
  Estre la pâture,
Je trouve, échappé des flots,
Les jeux, les ris, le repos :
  La bonne aventure!
    O gai,
  La bonne aventure!

SCÈNE III.

ARLEQUIN, LE CHEF DES EUNUQUES, L'ESCLAVE GRECQUE.

LE CHEF DES EUNUQUES.

Air : *Voulez-vous sçavoir qui des deux?*

Seigneur, vous voyez la beauté...

ARLEQUIN.

Ah! tu m'as dit la vérité!
Je n'ai rien vu qu'elle n'efface.
Tudieu! Qu'elle a l'œil assassin!
Sors, et ne laisse pas, de grâce,
Entrer ici le Médecin.
(Le Chef des eunuques sort.)

SCÈNE IV.

ARLEQUIN, LA GRECQUE.

L'esclave grecque, se voyant seule avec le nouveau roi, lui fait des minauderies et lui dit :

LA GRECQUE.

AIR : *Sais-tu la différence ?*

Keleos, kidasie,
Kilaspé, karpeïa, kina,
Kaclios, kidarie,
Kikinnou, kastana, kasta,
Keleos, karpeïa.

Après ce couplet de jargon, Arlequin rit avec l'esclave, qui fait tout ce qu'elle lui voit faire. Il en est charmé et lui dit :

ARLEQUIN.

AIR : *Tu croyais en aimant Colette.*

Doucement, petite égrillarde,
Ahi, ahi, ahi, ahi ! Ouf ! Hoïmé !
Ah ! C'en est fait ! Déjà, pendarde,
Mon pauvre cœur est empaumé.

LA GRECQUE.

AIR : *Dondaine, dondaine.*

Seigneur, ne vous plaignez point tant.   (*bis.*)
Vous m'en avez fait tout autant.
Dondaine, dondaine,
Je sens qu'un doux penchant
Vers vous m'entraîne.

Arlequin, enchanté de ces paroles, veut embrasser la Grecque ; mais le Grand Visir vient l'interrompre. Ce ministre est suivi de deux sacrificateurs qui apportent l'habit de victime.

SCÈNE V.

ARLEQUIN, LA GRECQUE, LE GRAND VISIR, TROIS SACRIFICATEURS.

LE GRAND SACRIFICATEUR.

Air : *Quand je tiens ce jus d'octobre.*

De votre glorieux supplice
Je viens vous annoncer l'instant.
Tout est prêt pour le sacrifice ;
Venez, seigneur, on vous attend.

Le nouveau roi paroît fort étonné de ce compliment. Le Grand Visir lui parle à l'oreille, et l'instruit de la loi. Arlequin n'est pas plus tôt a fait, qu'il s'abandonne à sa douleur.

ARLEQUIN.

Air : *Or, écoutez, petits et grands.*

C'est donc pour répandre mon sang
Qu'on m'a mis dans un si haut rang !
Le sort me gardoit pour victime ;
C'étoit son dernier coup de lime.
Mes pleurs, puisqu'on va m'immoler,
Coulez, hâtez-vous de couler.

Les sacrificateurs dépouillent Arlequin de son habillement de prince, et commencent à le revêtir d'un habit de victime tout parsemé de pierreries. Pendant qu'ils le déshabillent, il met la main dans la poche du Grand Sacrificateur, et lui dérobe sa bourse, par l'habitude qu'il a de voler ; mais à peine a-t-il fait le coup que, se souvenant qu'il va perdre la vie, il jette la bourse, en faisant connoître par ses gestes que ce vol lui est inutile. Il pleure, et se désespère. Le Grand Sacrificateur, choqué de la répugnance que le nouveau roi paraît avoir pour le sacrifice, lui dit d'un air indigné :

LE GRAND SACRIFICATEUR.

Air : *Menuet d'Hésione.*

Vous allez mourir pour l'idole ;
Vous êtes couvert de bijoux :
D'un mortel qu'ainsi l'on immole

Le sort doit faire des jaloux.

ARLEQUIN.

Monsieur le Grand Prêtre, de grâce,
Si ce destin vous paroit doux,
Vous n'avez qu'à prendre ma place.

LE GRAND SACRIFICATEUR, baissant les yeux d'un air hypocrite.

Cet honneur n'est point fait pour nous.

Pendant ce temps-là, l'esclave grecque, qui a son mouchoir à la main, pousse des cris et fait toutes les démonstrations d'une amante désespérée. Enfin Arlequin s'approche d'elle et lui dit :

ARLEQUIN.

AIR : *Mon père, je viens devant vous.*

Je vais remplir mon triste sort ;
Il faut partir, chère mignonne ;
On va me conduire à la mort :
Mais, hélas ! avec vous, bouchonne,
Je n'ai folâtré qu'un instant !
Est-ce assez pour mourir content ?

LA GRECQUE.

AIR : *Comme un coucou que l'amour presse.*

Connoissez toute ma tendresse :
Je cours à l'autel avec vous.
Allons, il faut que la Prêtresse
D'une pierre fasse deux coups.

Arlequin en cet endroit fait tous les gestes d'un héros de théâtre qui s'afflige sans modération. Ensuite il dit :

ARLEQUIN.

AIR : *Nous sommes demi-douzaine.*

Ma douleur se renouvelle
Par ces amoureux discours.
  O fortune cruelle !
Soûle-toi de mes jours.

ARLEQUIN ET LA GRECQUE, ensemble.

Hélas ! hélas ! une chaîne si belle,
  De si tendres amours,
Hélas ! hélas ! une chaîne si belle
  Devait durer toujours.

Arlequin s'arrache avec violence des bras de l'esclave qui le retient. Il suit les sacrificateurs. La Grecque redouble ses cris, et cependant sort par la coulisse opposée à celle par où les prêtres emmènent Arlequin.

Le théâtre change, et représente la pagode ou temple de l'idole, dont la porte est fermée. On voit la mer dans le lointain. Le Grand Sacrificateur et la Grande Prêtresse avec sa confidente, viennent chanter la gloire de Késaya.

SCÈNE VI.

LE GRAND SACRIFICATEUR, MEZZETIN, EN GRANDE PRÊTRESSE, PIERROT, SA CONFIDENTE.

LE GRAND SACRIFICATEUR.

AIR : *J'entends déjà le bruit des armes.*

Célébrons la gloire immortelle
Du grand Késaya par nos chants ;
Ranimons ici notre zèle,
Pour chanter ses soins bienfaisants.
Il donne une force nouvelle
A nos campagnes tous les ans.

Le Grand Sacrificateur, après avoir chanté son couplet, se retire, et la Grande Prêtresse continue avec sa suivante :

MEZZETIN.

Air précédent.

C'est lui qui fait la pimprenelle ;
De chardons il pare nos champs ;
C'est lui qui, quand l'hiver nous gèle,
Retarde les jours du Printemps ;
C'est lui qui fait tomber la grêle,
Quand nous demandons du beau temps.

PIERROT.

C'est lui qu'implorent nos vestales
Pour sortir des mains des tuteurs ;
C'est lui dont les faveurs vénales
Trouvent mille et mille acheteurs,

Ce qui fait bouillir les timbales
De tous nos sacrificateurs.

Mezzetin et Pierrot se retirent aussi dans le fond du théâtre, près de la pagode dont la porte s'ouvre. On voit l'idole sur un trône élevé de quatre à cinq marches. Les sacrificateurs amènent la victime parée de guirlandes de fleurs. Ils lui font faire le tour du théâtre. Ensuite ils l'obligent à se mettre à genoux sur le premier degré du trône, où ils la laissent pour former des danses avec les prêtresses. Après quoi le Grand Sacrificateur s'avance sur le devant du théâtre et dit :

SCÈNE VII.

MEZZETIN, PIERROT, ARLEQUIN, TROUPE DE SACRIFICATEURS ET DE PRÊTRESSES.

LE GRAND SACRIFICATEUR.
AIR : *Réveillez-vous, belle endormie.*
Le Dieu fait sentir sa présence.
Dans un moment il va parler.
Les ruisseaux gardent le silence ;
Les arbres n'osent pas branler.

Après ce couplet, Mezzetin, grande prêtresse, sort de derrière l'idole, le poignard levé, et s'approche d'Arlequin pour le frapper (1). Mais il croit reconnoitre ses traits ; il s'arrête, et tout à coup, s'adressant aux sacrificateurs et aux prêtresses, il leur dit :

MEZZETIN.
AIR : *Les Trembleurs.*
Tremblez, mortels. Qu'on m'entende.
Késaya parle, il commande.
Sachez qu'il veut qu'on suspende
Ce sacrifice aujourd'hui :
Que mon couteau redoutable
Demain verse un sang coupable.
Laissez-moi ce pauvre diable.
Allez, je réponds de lui.

Tous les acteurs qui sont sur la scène sortent, excepté Arlequin, la Grande Prêtresse et sa confidente.

(1) Le dénouement est la parodie de l'opéra d'*Iphigénie en Tauride*, de Duché.

SCÈNE VIII.

MEZZETIN, ARLEQUIN, PIERROT.

MEZZETIN.

Il prend la victime par la main, l'aide à se relever, et lui dit :

AIR : *Folies d'Espagne.*

Dans quel climat avez-vous pris naissance,
Jeune étranger, parlez, dites-le nous,
Je veux ici prendre votre défense,
Et vous sauver moi-même de mes coups.

ARLEQUIN.

Vous demandez le nom de ma patrie,
Je vais parler avec sincérité.
C'est à Bergame, hélas ! en Italie,
Qu'une tripière en ses flancs m'a porté.

MEZZETIN, ému de cette réponse.

AIR : *Je ne suis né ni roi, ni prince.*

Quel transport de mon cœur s'empare !
Pour vous il se trouble, il s'égare.
Puis-je méconnoitre ces traits ?
C'est Arlequin que j'envisage !
J'en crois mes mouvements secrets,
Et mes yeux encor davantage.

ARLEQUIN.

AIR : *Monsieur Lapalisse est mort.*

C'est lui... Plaignez ses malheurs !
C'est lui que le sort ballotte,
Reconnoissez-le à ses pleurs,
Encor plus à sa culotte.

(Il montre sa culotte d'Arlequin.)

MEZZETIN.

AIR : *Ma mère, mariez-moi.*

Le ciel change ton destin.
Vois Pierrot et Mezzetin.

Mezzetin et Pierrot montrent également leurs culottes.

ARLEQUIN.
Quoi, mes bons amis, c'est vous!
MEZZETIN.
Oui, cher Arlequin.
ARLEQUIN.
Que ce jour m'est doux!
Ah! mes bons amis, c'est vous!
PIERROT.
Quel bonheur!
ARLEQUIN.
Embrassons-nous.

Après qu'ils se sont embrassés tous trois à plusieurs reprises, Mezzetin dit :

MEZZETIN.

AIR : *Joconde.*

J'ai fait préparer un vaisseau
   Pour nous sauver en France,
Le jour a perdu son flambeau;
   Partons en diligence.
Que nous allons boire à Paris
   De flacons de champagne!
      (Montrant des pierreries.)
Avec ces brillans, que d'Iris
   Nous mettrons en campagne!

ARLEQUIN.

AIR : *Lon lon la, derirette.*

Oui; mais avec tous nos bijoux,
Emportons l'idole avec nous,
   Lon lan-la, derirette;
Car l'Opéra finit ainsi,
   Lon lan-la, deriri.

Arlequin, Pierrot et Mezzetin pillent le temple. Ils veulent enlever Késaya, qui s'abîme, et ne laisse entre leurs mains qu'un cochon de lait. Ensuite la pagode tombe par morceaux, comme si ce sacrilège eût attiré l'indignation de l'idole. Ils s'enfuient tous trois, et par là finit la pièce.

FIN DU TROISIÈME ET DERNIER ACTE.

THÉATRE DE LA FOIRE.

LA CEINTURE DE VÉNUS,

PIÈCE EN DEUX ACTES.

AVEC UN DIVERTISSEMENT PAR LESAGE.

ET MUSIQUE NOUVELLE DE GILLIER.

Représentée à la foire Saint-Germain en l'année 1715, reprise le 6 août 1727

La *ceinture de Vénus* est une sorte de petite féerie d'un tour fort agréable, ce qui lui valut un succès très vif et qui se soutint pendant un certain nombre d'années.

Elle rentre dans le genre opéra-comique et fut jouée pour la première fois par la troupe de Gaultier Saint-Edme et de sa femme Marie Duchemin. Cette troupe était connue à la foire sous le nom d'*Opéra-Comique de Dominique*.

Par traité avec les syndics des créanciers de Guyenet ancien directeur de l'Opéra et en vertu de leur association avec la veuve Baron, les époux Saint-Edme avaient le droit d'exploiter le chant et le ballet.

Lesage était leur auteur attitré et les timbres musicaux étaient choisis par Gillier qui y ajoutait de la musique nouvelle.

LA CEINTURE DE VENUS.

PERSONNAGES.

L'AMOUR.
LA FORTUNE.
ARLEQUIN, amant de Colombine.
MEZZETIN, amant de Marinette.
COLOMBINE.
MARINETTE.
PIERROT, amant de Nicole.
NICOLE, bergère.

UN MAGISTER DE VILLAGE.
DEUX PAYSANS CHANTANTS.
LUCAS, nouveau marié.
COLETTE, nouvelle mariée.
UNE COMTESSE PLAIDEUSE (*Pierrot*).
UN MAITRE A CHANTER.
UN POÈTE.
TROUPE DE MASQUES.

La scène au premier acte est au Bois de Boulogne, au second à Paris.

ACTE PREMIER.

Le théâtre représente le Bois de Boulogne.

SCÈNE I.

LA FORTUNE, seule.

AIR : *Du haut en bas.*

Tous les mortels
Pour monter au haut de ma roue,
Tous les mortels
En vain me dressent des autels.
Incessamment d'eux je me joue;
J'élève ou je mets dans la boue
Tous les mortels.

L'orchestre joue en cet endroit le cotillon de l'opéra des *Fêtes de Thalie*, et l'on entend derrière le théâtre des rossignols.

LA FORTUNE.

AIR : *Quand le péril est agréable.*

Quels sons touchans se font entendre?
Les oiseaux y mêlent leurs chants.
Je vois à ces concerts charmans
Que l'Amour va descendre.

L'orchestre reprend le cotillon, et l'Amour descend dans un char.

SCÈNE II.

L'AMOUR, LA FORTUNE.

L'AMOUR.

AIR : Cotillon des *Fêtes de Thalie.*

A l'Amour,
Dans ce beau séjour,
Amans, venez tous faire votre cour.
Venez, fillettes,
Prudes, coquettes,
Abbés et traitants.
Je vous promets de doux instants.
A l'Amour,
Dans ce beau séjour,
Amans, venez tous faire votre cour.

LA FORTUNE.

AIR : *Je ne suis né ni roy ni prince.*
Ici, le dieu de la tendresse!

L'AMOUR.

Quoi! cela vous surprend, déesse!
Le Bois de Boulogne à l'Amour
Est une retraite bien chère.
J'y tiens aussi souvent ma cour
Qu'à Paphos même et qu'à Cythère.

Même air.

J'attends le dieu de l'Hyménée.
Nous devons dans cette journée
Voir célébrer l'hymen heureux
D'un beau berger du voisinage.

LA FORTUNE.
On ne vous voit guère tous deux,
Ma foi, qu'aux noces de village.

L'AMOUR.

Air : *Mon père, je viens devant vous.*

Et vous, que faites-vous ici?
Parlez, madame la Fortune!
Allez-vous dîner à Passy,
Ou bien, attendez-vous la brune?

LA FORTUNE.

Je vais faire mettre à Paris
Un sot parmi les beaux esprits.

Air : *On n'aime point dans nos forêts.*

J'y vais aussi pour deux caissiers,
Dont vous causez la banqueroute.
Je veux pousser leurs créanciers
A faire éclater leur déroute.

L'AMOUR.

A leur malheur l'Amour prend part,
Qu'ils en soient quittes pour le quart.

Air : *Si l'on menoit à la guerre.*

Hélas! soyez-leur propice!
Sauvez-les de l'hôpital!

LA FORTUNE.

Soit! Comme vous, par caprice,
Je fais le bien et le mal.

On entend dans les coulisses Mezzetin, qui chante les paroles suivantes :

SCÈNE III.

LA FORTUNE, L'AMOUR, MEZZETIN, ARLEQUIN.

MEZZETIN, sans être vu.

Air : *Folies d'Espagne.*

Cruel Amour, vois mon sort déplorable.

LA FORTUNE, à l'Amour.

Des vers à votre louange!

MEZZETIN, continuant.

Faut-il qu'en vain j'implore ton secours!
Fais-moi trouver ce moment favorable,
Qui fait l'espoir des constantes amours.

LA FORTUNE, à l'Amour d'un ton railleur.

AIR : *Comme un coucou que l'amour presse.*

Doit-on, dans les lieux où vous êtes,
Entendre de tristes soupirs?
J'ai cru, surtout en ces retraites,
Qu'on ne chantoit que vos plaisirs.

ARLEQUIN, sans être vu.

O chienne de Fortune!

L'AMOUR, à la Fortune.

A vous le dé.

ARLEQUIN, continuant.

Pour qui sont les faveurs?
Si tu ne m'en fais une,
C'en est fait, je me meurs.
Déesse impitoyable,
Tu veux donc mon trépas.
Va, je te donne au diable.

L'AMOUR, à la Fortune.

Il ne vous flatte pas.

LA FORTUNE, souriant.

AIR : *L'amour me fait, lon lan la*

Par de douces paroles,
On veut nous attendrir.

L'AMOUR.

Voyons un peu les drôles
Que nous faisons souffrir.

Arlequin et Mezzetin se montrant

MEZZETIN.
L'amour me fait ⎫
  ARLEQUIN. ⎬ lon lan la.
La faim me fait ⎭

MEZZETIN.
L'amour me fait ⎫
  ARLEQUIN. ⎬ mourir.
La faim me fait ⎭

L'AMOUR, à Mezzetin.

Air : *De quoi vous plaignez-vous?*

C'est donc pour ta Chloris
Que tu viens dans ce bocage?
C'est donc pour ta Chloris
Que tu pousses ces cris?

MEZZETIN.

Oui, cette beauté sauvage
N'a pour moi que du mépris.
Une fille si sage
Est pourtant de Paris.

ARLEQUIN, à la Fortune.

Air : *Réveillez-vous belle endormie.*

Je suis fort mal dans mes affaires.
Faut-il que je verse des pleurs,
Tandis que je vois mes confrères
Faire à Paris les grands seigneurs!

LA FORTUNE, à l'Amour.

Air : *Bannissons d'ici l'humeur noire.*

Amour, soyons-leur favorables.

L'AMOUR, à la Fortune.

Comment donc? la pitié vous prend!

LA FORTUNE.

Rendons heureux des misérables.

LA FORTUNE ET L'AMOUR, ensemble.

C'est ce que vous faites souvent. (*Bis.*)

LA FORTUNE, à Arlequin, lui donnant une bourse.

Air : *Quand je tiens de ce jus d'octobre.*

Bannis la douleur qui t'accable,
De moi tu ne te plaindras plus;
Prends cette bourse, elle est semblable
A celle de Fortunatus.

Arlequin reconnoît que c'est la Fortune : il lui fait des civilités.

LA FORTUNE, continuant.

Même air.

A peine tu l'auras vuidée,
Qu'un nouvel or la remplira.

ARLEQUIN.
Elle sera donc bien gardée ;
Bien fin qui l'escamotera.
  L'AMOUR, à Mezzetin, lui donnant une ceinture.
Air : *Voulez-vous savoir qui des deux ?*
Mezzetin, reçois à ton tour
Ce présent que te fait l'Amour.
C'est la ceinture de ma mère.
Quand tu t'en ceindras les côtés,
Ami, sois assuré de plaire
Aux plus orgueilleuses beautés.
  ARLEQUIN, sur le ton du dernier vers.
Le ciel conserve vos santés.
  LA FORTUNE.
Air : *J'offre ici mon savoir-faire.*
Mais songez bien à l'usage
Que vous ferez de nos bontés.
  L'AMOUR.
Si bientôt vous n'en profitez...
Nous n'en disons pas davantage.
Si bientôt vous n'en profitez...
Nous n'en disons pas davantage.
  ARLEQUIN, sur le ton du dernier vers.
Adieu, Déités. Bon voyage.
          L'Amour et la Fortune disparoissent.

SCÈNE IV.

MEZZETIN, ARLEQUIN.

  MEZZETIN, après avoir regardé sa ceinture.
Air : *O reguingué, ô lon lan la.*
Veux-tu troquer ?
  ARLEQUIN, considérant sa bourse.
          Oh ! diable zot.
Morbleu ! je ne suis pas si sot !

Mon ami, j'ai le meilleur lot.
J'aime beaucoup mieux je te jure,
De bon argent que ta ceinture.
MEZZETIN.
Et moi, je fais bien plus de cas
D'elle que de tous les ducats.
Qu'il est beau d'avoir des appas!
Que je vais charmer de fillettes!
ARLEQUIN.
Ah! que je vais faire d'emplettes!
MEZZETIN.

Air : *Landeriri.*

Hé bien, voyons qui de nous deux
Va devenir le plus fameux,
Landerirette.
ARLEQUIN.
Tope... J'accepte ce défi,
Landeriri.

Ils font quelques pas comme pour s'en aller; mais Mezzetin arrête Arlequin en lui disant :

MEZZETIN.

Air : *Je ne suis né ni roy ni prince.*

Mais, Arlequin, lorsque j'y pense,
J'admire notre confiance.
Ne sommes-nous pas de grands fous?
La Fortune et l'Amour peut-être
Se sont tous deux moqués de nous.
ARLEQUIN.
Ma foi, cela pourroit bien être.
MEZZETIN.
Ces Divinités sont trompeuses.
ARLEQUIN.
Il est vrai, ce sont des craqueuses (1).
Çà, dans ma bourse en ce moment,
Voyons si l'or se renouvelle.

---

(1) Se disait déjà de celles qui ne savent que mentir et se vanter faussement. *Craqueur, craqueuse* (Acad.) on dit en argot moderne *une craque,* pour un mensonge.

Il fait l'essai de la bourse de cette manière. Il la vide dans son chapeau où il y en a une semblable toute prête, qu'il fait voir en disant.

O ciel! la Fortune est vraiment
De bonne foi, quoique femelle.

MEZZETIN.

Air : *Laire la, laire lan laire.*

Je voudrois éprouver aussi
Si ma ceinture... Bon voici
Fort à propos une bergère.
 Laire la laire, lan laire,
 Laire la laire, lan la.

SCÈNE V.

MEZZETIN, ARLEQUIN, NICOLE.

MEZZETIN, après avoir mis sa ceinture.

Air : *Griselidis.*

Quel aimable bergère
Vient parer ce sejour!
En nymphe bocagère,
C'est la mère d'amour.
 Aussi je dis :
Dans ce lieu solitaire,
Que ne suis-je en ce jour
 Son Adonis?

ARLEQUIN, passant sa main sous le menton de Nicole, dit sur le ton des deux premiers vers :

Bonjour, ma mie Thomasse,
Mon bél œil de poisson.

MEZZETIN.

Air : *Quand je tiens de ce jus d'octobre.*

Quoi! vous vous promenez seulette!

NICOLE.

Oh! je ne crains rien, Dieu merci!
Lucas vient d'épouser Colette;
La noce est à vingt pas d'ici.

MEZZETIN.

Air : *Réveillez-vous, belle endormie.*
C'en est fait, déjà je soupire
Pour vos appétissants appas.
　　　NICOLE, faisant la révérence d'un air innocent.
Monsieur, cela vous plaît à dire.
(A part.) Ce monsieur ne me déplaît pas.
　　　　　　MEZZETIN.

Air : *Menuet d'Hésione.*
Je vous adore, je le jure.
　　　　　　NICOLE.
Ne vous moquez-vous point de moi?
　　　　　　MEZZETIN.
Non, ma princesse,
　　　ARLEQUIN, à part.
　　　　　La ceinture.
Opère déjà, sur ma foi.
　　　　　　MEZZETIN.

Air : *Va-t-en voir s'ils viennent.*
Prenez-moi pour votre amant ;
　Mes feux vous conviennent.
　　　　　　NICOLE.
Vous m'aimerez tendrement?
　　　　　　MEZZETIN.
Et qui plus est, constamment.
　　　　ARLEQUIN, bas.
Va-t'en voir s'ils viennent... Jean,
　Va-t'en voir s'ils viennent.
　　　　　　MEZZETIN.

Air : *La Verte Jeunesse.*
Quand sous votre empire
　J'engage mon cœur,
D'un trop long martyre
　Je crains la rigueur.
Faudra-t-il, la belle,
Que ma mort...
　　　　NICOLE, l'interrompant.
　　　Hélas!

MEZZETIN.
Serez-vous cruelle?
NICOLE.
Mais... Je ne sais pas.
MEZZETIN.

Air : *Dupont, mon ami.*

Je vois dans vos yeux
Un peu de tendresse ;
Mais vous ferez mieux,
Charmante Déesse,
D'avouer que votre cœur
Est sensible à mon ardeur.

NICOLE.

Air : *Landeriri.*

Oui, tenez, car j'aimois Pierrot.
J'ai ri même avec lui tantôt,
Landerirette,
Et je n'y pense plus ici,
Landeriri.

ARLEQUIN, à part, riant.

Fin de l'air : *Robin turelure, lure.*

Oh! oh! oh! oh! la ceinture!
Robin turelure lure.

(A Nicole).

Air : *Lon lan la derirette.*

Choisis-moi plutôt pour galant.
Ce drôle est fort mal en argent.
Lon lan la derirette,
Bien mieux que lui j'en suis fourni,
Lon lan la deriri.

NICOLE, à Arlequin.

Air : *Pour faire honneur à la noce.*

Ne tentez pas un cœur tendre ;
Mes yeux ne sont point éblouis.
A l'éclat de vos louis,
Je ne me laisserai point prendre ;
Ne tentez pas un cœur tendre,
Mes yeux ne sont point éblouis.

ARLEQUIN.

Air : *Menuet de M. de Grandval.*

Je vois qu'aux yeux d'une bergère,
Sa ceinture est d'un plus grand prix ;
Mais mon argent saura mieux plaire
A nos coquettes de Paris.

Arlequin s'en va.

SCÈNE VI.

MEZZETIN, NICOLE.

MEZZETIN.

Air : *Le beau berger Tircis.*

Du même amour épris,
Sortons de ce bocage.
Allons tous deux à Paris
Pour y faire un mariage,
Suivant le doux usage
De ce charmant pays.

Nicole, apercevant Pierrot qui s'avance et l'écoute, demeure interdite et confuse.

NICOLE.

Air : *Réveillez-vous, belle endormie.*

Voici Pierrot !

MEZZETIN, à part, ôtant sa ceinture.

L'épreuve est faite.
Otons le charme en ce moment.
Que la belle, après ma retraite,
Rende son cœur à son amant.

Mezzetin salue Nicole. Pierrot le conduit jusqu'au fond du théâtre, en lui faisant des révérences à chaque fois qu'il se retourne pour regarder Nicole.

SCÈNE VII.

NICOLE, PIERROT.

PIERROT, en colère.

Air : *Pierrot se plaint que sa femme.*

Aga! Petite inconstante,
Vous écoutiez ce muguet!
Vous n'êtes donc pas contente
D'avoir un amant bien fait?
Dans ma colère,
Je vais le dire tout net
A votre mère.

NICOLE, embarrassée.

Ne te fâche point... Écoute...
Ce monsieur... Tiens, en un mot,
Il me demandoit la route
Qui conduit droit à Chaillot.

PIERROT.

Voyez la ruse!
Mais, jarni, prend-on Pierrot
Pour une buse?

Nicole fait des minauderies à Pierrot pour l'apaiser; mais il reste fâché.

PIERROT.

Air : *Pierrot revenant du moulin.*

Ça, rompons la paille entre nous, *bis.*
Tu ne m'auras point pour époux.

NICOLE, le caressant.

Pierrot, souviens-toi de tantôt;
Apaise-toi, Pierrot.

PIERROT, sur le ton des deux derniers vers et voulant s'en aller.

Pierrot reviendra tantôt,
Tantôt reviendra Pierrot.

Nicole flatte encore Pierrot qui la repousse brutalement et lui dit :

Air : *Voulez-vous savoir qui des deux?*

Non, non, morguié, tu perds tes pas.

NICOLE, faisant à son tour la fâchée.

Eh bien, fais ce que tu voudras.
Je n'ai pour toi plus de tendresse,
Puisque tu fais ainsi le sot.

PIERROT.

Tant mieux. Soit. Ici je te laisse
Montrer le chemin de Chaillot.

Pierrot fait deux ou trois pas pour s'en aller. Ensuite il s'arrête, regarde Nicole, et comme il voit qu'elle reste, il lui dit :

AIR : *Le fameux Diogène*

Ne fais point tant la fière;
Je sais une bergère
Qui soupire pour moi.

NICOLE.

Il est dans le village
Un berger discret, sage
Et plus jeune que toi.

PIERROT.

Je vais chercher Lisette.
L'autre jour en cachette
Elle me prit la main;
Je suis sûr de lui plaire.

NICOLE.

Et toi, crains ma colère.
Je vais chercher Colin.

Là se fait un *lazzi*. Pierrot empêche Nicole de se retirer, et Nicole à son tour l'agace, ce qui donne lieu à leur raccommodement, qui se fait ainsi :

PIERROT.

AIR *De mademoiselle de la Guerre* (1).

Pourquoi viens-tu m'agacer ?

NICOLE.

Qui t'empêche de passer ?

PIERROT.

C'est toi qui m'approches.

(1) Mademoiselle de la Guerre, née Élisabeth Claude Jacquet, avait épousé Marin de la Guerre, organiste de St-Séverin et de St-Gervais. Musicienne très distinguée, elle a composé un opéra : *Céphale et Procris* joué en mars 1694 et auquel est emprunté le timbre de ce duo du raccommodement.

NICOLE.
C'est toi qui m'accroches.
PIERROT.
Ote-toi.
NICOLE.
Laisse-moi.
PIERROT.
Nicole.
NICOLE.
Pierrot.
PIERROT.
Une parole.
NICOLE.
Un mot.

ENSEMBLE.
Sans aucune
Rancune
PIERROT.
Touche ici.
NICOLE.
Touche y là.
PIERROT.
Tends ta main,
NICOLE.
Tends la tienne

ENSEMBLE.
Frappe dans la mienne.
PIERROT.
La voici.
NICOLE.
La voilà.
PIERROT.
Commence.
NICOLE.
Avance.

ENSEMBLE.
Ah! que de façon
Touche-là tout de bon.

SCÈNE VIII.

PIERROT, NICOLE, LE MAGISTER, LUCAS, COLETTE ET TOUTES LES AUTRES PERSONNES DE LA NOCE.

UN BERGER.

Air *De monsieur Gillier* (1).

Célébrons l'heureux mariage
Qui nous assemble en ce bocage.
Les ris, les jeux suivent nos pas.
Chantons le bonheur de Lucas.

CHOEUR.

Chantons le bonheur de Lucas.

UNE BERGÈRE.

Chantons l'aimable Colette.
Elle est gentille, elle est bien faite,
Son teint aux lys ne cède pas.
Chantons le bonheur de Lucas.

CHOEUR.

Chantons le bonheur de Lucas.

On danse.

LUCAS.

Air : *Allons, gai.*

Vous avez donc, Colette,
Pour époux votre ami.
C'est une affaire faite,
Ou du moins à demi.
Allons, gai,
D'un air gai, etc.

---

(1) Jean Claude Gillier, dont nous avons parlé dans la notice sur la *Ceinture de Vénus*, était violon à la Comédie-Française. Il a composé beaucoup d'airs variés pour le Théâtre de la Foire. C'est à lui que Regnard et Dancourt ont confié le soin de mettre en musique la plupart de leurs divertissements.

Je suis, je vous assure,
Charmé de ce jour-ci

COLETTE.

Et moi, je vous le jure,
J'en suis contente aussi.
Allons, gai,
D'un air gai, etc.

On reprend la danse et l'acte finit.

FIN DU PREMIER ACTE.

ACTE DEUXIÈME.

Le théâtre représente un bel appartement.

SCÈNE I.

ARLEQUIN en robe de chambre, UN VALET DE CHAMBRE, DEUX LAQUAIS.

ARLEQUIN.

Page! un fauteuil.

Un laquais lui donne un fauteuil, et se jetant dedans, il dit :

Tourangeau! ma râpe (1).

(1) On ne prisait alors qu'en prenant une carotte de tabac et en la réduisant soi-même en poudre fine à l'aide d'une râpe. L'abbé Lattaignant, vers cette même époque, célébrait les vertus du tabac dans cette chanson restée populaire qui commence par ces vers :

J'ai du bon tabac dans ma tabatière ;
J'ai du bon tabac, tu n'en auras pas.
J'en ai du fin et du *râpé*...

On lui donne une grande râpe. Il met ses jambes sur les bras du fauteuil et après avoir râpé du tabac :

Picard ! ma pipe.

On lui apporte une pipe allumée, et il fume.

LE VALET DE CHAMBRE.

Air : *Réveillez-vous, belle endormie.*

Monsieur, un homme en linge sale,
Mal vêtu, crotté diablement,
Est depuis longtemps dans la salle.
Le ferai-je entrer ?

ARLEQUIN.
Oui, vraiment.

Air : *Bannissons d'ici l'humeur noire.*

Voyons un peu cette figure ;
C'est un auteur apparemment.
Oui, je le vois à son allure ;
C'est un poète justement.

SCÈNE II.

ARLEQUIN, UN POÈTE, chargé d'un sac.

LE POÈTE.

Air : *La faridondaine.*

Je viens vous offrir humblement
  Mon divin ministère.

ARLEQUIN, fumant, renversé dans son fauteuil.

Vous faites des vers ?

LE POÈTE.
Aisément.
C'est là mon savoir-faire.
Je suis favori d'Apollon.

ARLEQUIN, lui soufflant de la fumée au visage.

  La faridondaine,
  La faridondon.

LE POÈTE.
Et des neuf sœurs je suis chéri.

ARLEQUIN, lui soufflant encore de la fumée au visage
Biribi.
A la façon de Barbari,
Mon ami.

LE POÈTE.

AIR : *Quand je tiens de ce jus d'octobre.*

J'ai dans ce sac mille épigrammes,
Mille sonnets, huit cents rondeaux.

Arlequin, étonné d'un si grand nombre de pièces, se lève brusquement de son fauteuil. Le poète continue :

Deux mille soixante anagrammes,
Item, dix-neuf cents madrigaux.

ARLEQUIN, jetant sa pipe.
Hoïmé !

LE POÈTE.

AIR : *Les Trembleurs.*

J'ai bien d'autres poésies,

Arlequin veut s'en aller ; le poète l'arrête et continue :

J'ai trente-cinq comédies,
Item, vingt-six tragédies.

ARLEQUIN.
Miséricorde !

LE POÈTE, continuant.
Et quinze opéras charmans.

ARLEQUIN.
Bon ! cela se peut-il croire !

LE POÈTE.
Item, des chansons à boire,
Item, j'ai fait pour la foire
De beaux divertissements.

ARLEQUIN.

AIR : *Tu croyois en aimant Colette.*

Peste ! mais que voulez-vous faire
De ces vers, monsieur le rimeur ?
Ils pourront, je crois, plutôt plaire
A l'épicier qu'à l'imprimeur.

LE POÈTE.

Air : *Ah! que la paresseuse automne.*

Je vais les mettre sous la presse ;
Je veux dans peu les publier.
Le zèle qui pour vous me presse
Me porte à vous les dédier.

ARLEQUIN.

Ho ! ho ! ho !

LE POÈTE.

Je dirai de vous des merveilles.

ARLEQUIN.

Moi, je prétends les payer bien ;
Quoique, pour louanges pareilles,
Aujourd'hui l'on ne donne rien.

Arlequin donne de l'argent au poète.

Air : *Comme un coucou que l'amour presse.*

Oui, voilà, mon panégyriste,
Pour être bien sur vos papiers.

LE POÈTE, s'en allant, après avoir salué Arlequin.

Je vais payer mon aubergiste.

ARLEQUIN, l'appelant.

St, St.

Item, voici pour des souliers.

Il donne encore de l'argent au poète qui fait une révérence et s'en va.

ARLEQUIN, l'appelant encore.

St, St.

Air : *Menuet d'Hésione.*

Item, parlant avec franchise,
Votre perruque a fait son temps.

Il lui donne une troisième fois de l'argent.

LE POÈTE fait deux ou trois pas pour s'en aller, et voyant qu'on ne l'appelle plus, il revient, et se déboutonnant, il dit en continuant l'air :

Item, Monsieur, pour ma chemise.

ARLEQUIN, lui donnant pour la dernière fois de l'argent, avec un coup de pied au cul.

Digne fruit de tes vers charmans.

Le poète sort.

SCÈNE III.

ARLEQUIN, UN MAITRE A CHANTER.

LE MAITRE A CHANTER, en entrant.

AIR *De monsieur Gillier.*

Ne me reprochez plus, cruelle...

Apercevant Arlequin.

AIR : *Je passe la nuit et le jour.*

Je viens de faire une chanson
Qui me paroît assez jolie.
Comme vous avez le goût bon,
Écoutez-la, je vous supplie.
Je l'ai faite également bien,
En françois, en italien,
     Italien, (*bis.*)
En françois, en italien.

ARLEQUIN.

Voyons cela.

LE MAITRE A CHANTER.

Dans le goût françois, d'abord.

Ne me reprochez plus, cruelle,
Que je n'ai point été fidèle
A mille objets divers dont j'ai senti les coups.
Pouvoient-ils allumer une flamme éternelle
Dans un cœur destiné pour vous ?

Arlequin bâille d'ennui.

LE MAITRE A CHANTER.

Maintenant, dans le goût italien.

AIR *De monsieur Gillier.*

Ne me reprochez plus, cruelle,
Que je n'ai point été fidèle
A mille objets divers dont j'ai senti les coups.

ARLEQUIN, paroissant content.

Ah! bon cela.

LE MAÎTRE A CHANTER, continuant.
Pouvoient-ils allumer, allumer une flamme éternelle
Dans un cœur, un cœur, un cœur destiné pour vous?
ARLEQUIN, charmé.
Voilà ce qui s'appelle un air.
LE MAÎTRE A CHANTER.
Cependant dans le goût françois...
Pouvoient-ils allumer une flamme éternelle...
ARLEQUIN, branlant la tête.
Cela ne vaut pas le diable.
LE MAÎTRE A CHANTER, dans le goût italien.
Pouvoient-ils allumer, allumer une flamme éternelle
Dans un cœur, un cœur, un cœur destiné pour vous?
ARLEQUIN, reprenant le dernier vers avec enthousiasme.
Dans un cœur, un cœur, un cœur destiné pour vous.
(Embrassant le maître à chanter.)
Voilà qui est divin.
LE MAÎTRE A CHANTER.
AIR : *Laire la, laire lan laire.*
Vous n'aimez pas le goût françois?
ARLEQUIN.
Fi donc! Je le laisse aux bourgeois.
L'autre aux gens titrés sait mieux plaire.
LE MAÎTRE A CHANTER, s'en allant en se moquant d'Arlequin.
Laire la, laire lan laire
Laire la, laire lan la.

SCÈNE IV.

ARLEQUIN, seul, puis des valets.

Hé! mes gens! quelqu'un!

Deux valets arrivent : Il ôte sa robe de chambre et se fait habiller. Il copie les meilleurs airs des petits-maîtres. Pendant qu'on lui tient un miroir et qu'il ajuste sa perruque, il fredonne dans le goût italien :

Dans un cœur, un cœur, un cœur destiné pour vous.

Quand il est habillé, il dit, en considérant sa figure :

AIR : *Tu croyois en aimant Colette*

Je suis, autant qu'on le peut être,
Maniéré, buveur, outrageant.
Je serois un vrai petit-maître,
Si j'étois plus mal en argent.

Il sort.

Le théâtre change et représente une rue où est Mezzetin.

SCÈNE V.

MEZZETIN, seul, habillé en marquis, et riant.

Ah! ah! ah! ah! ah!

AIR : *Bannissons d'ici l'humeur noire.*

Comme un nouveau Dieu de Cythère,
Quand je parois, tout est charmé.
Un cavalier, trop sûr de plaire,
Sent peu le plaisir d'être aimé.
Mais ces deux folles. (Il continue de rire.) Ah! ah! ah! ah! ah!

SCÈNE VI.

MEZZETIN, ARLEQUIN.

ARLEQUIN.

AIR : *Mon père, je viens devant vous.*

Qui te fait rire, Mezzetin?

MEZZETIN.

Morbleu! la plaisante aventure!
Je vais te la dire, Arlequin.
Par un effet de la ceinture,
Pour l'amour de moi, deux guenons

Se sont arraché les tignons (1).

Air : *Voulez-vous savoir qui des deux ?*

Ami, je ne puis faire un pas,
Sans en avoir vingt sur les bras.
Ma foi, dans le siècle où nous sommes,
Le beau sexe est persécutant.
Ah ! que je plains les jolis hommes !
Par moi, j'en juge en cet instant.

ARLEQUIN.

Air : *Comme un coucou que l'amour presse.*

Mon cher, prête-moi la ceinture
Pour m'en divertir un moment.

MEZZETIN, donnant la ceinture à Arlequin.

Je veux bien. Sur cette figure,
Éprouvons-la présentement.

Il paroît une comtesse représentée par Pierrot.

SCÈNE VII.

ARLEQUIN, MEZZETIN, UNE COMTESSE.

Elle se fait porter la queue par un grand manant de valet qui mord dans un gros morceau de pain.

ARLEQUIN.

Air : *Robin, turelure lure.*

Quel objet s'offre à mes yeux ?

MEZZETIN.

Quelles hanches ! quelle allure !

ARLEQUIN.

Vit-on jamais sous les cieux
Turelure,

---

(1) *Tignon*, encore admis par l'Académie est vieux et vient de la même étymologie que *chignon*, *chaignon* dérivé du latin *catenionem* (chaînon vertébral). AUGUSTE BRACHET.

De *tignon* l'argot de la langue populaire a fait *tignasse*, encore usité, et *tigne*, chevelure en désordre, qui rappelle la première forme de *teigne*.

Si gentille créature !
Robin, turelure lure.

MEZZETIN, la saluant.

Quels traits ! quel charmant minois !

LA COMTESSE, faisant la grimace.

Politesse toute pure.

MEZZETIN.

Ma franchise est aux abois.

LA COMTESSE.

Turelure.

ARLEQUIN.

La mienne aussi, je vous jure.

LA COMTESSE.

Robin, turelure, lure.

MEZZETIN.

AIR : *Pierre Bagnolet.*

Vous forcez les cœurs à se rendre.

LA COMTESSE.

Vous êtes tous des inconstans.

ARLEQUIN.

On ne sauroit trop s'en défendre ;
Vos yeux sont de petits Satans.

LA COMTESSE, minaudant.

Quels charlatans ! (bis.)

MEZZETIN.

Vous forcez les cœurs à se rendre.

LA COMTESSE.

Vous êtes tous des inconstans.

ARLEQUIN.

AIR : *Je ne suis né ni roy ni prince*

Vous avez un air de noblesse...

LA COMTESSE.

Hé ! mais je suis une comtesse.
Je plaide contre mes parens,
A Paris, pour une tutelle.
Je suis native d'Orléans.

ARLEQUIN.

Ne seriez-vous point la Pucelle

LA COMTESSE.

Oh ! pour cela, non.

MEZZETIN.

AIR : *Lanturlu.*

Déjà de mon âme
Votre œil est vainqueur.

ARLEQUIN.

D'une vive flamme,
Vous brûlez mon cœur.

ARLEQUIN ET MEZZETIN, ensemble.

Sur nous deux, Madame,
Votre empire est absolu.
Lanturlu, lanturlu, lanturlu.

ARLEQUIN.

AIR : *Talalerire.*

Madame, recevez l'hommage
D'un jeune et tendre cavalier.

Il passe la ceinture à Mezzetin.

LA COMTESSE, à part.

Je sens que ce brunet m'engage.
A mon sort je veux le lier.
De son bonheur je vais l'instruire.

Regardant Mezzetin qui vient de prendre la ceinture, elle change tout à coup, et dit d'un air embarrassé.

Talaleri, talaleri, talalerire.

MEZZETIN.

Ne dédaignez pas ma tendresse ;
Belle, sur moi jetez les yeux.

LA COMTESSE, à part.

Oh! oh! Ce gros-ci m'intéresse
Encor plus que l'autre... Grands Dieux !

Arlequin et Mezzetin dans le moment prennent la ceinture chacun par un bout, et la tiennent derrière la comtesse, sans qu'elle s'en aperçoive.

LA COMTESSE, se sentant du goût pour les deux, dit :

Dans cet embarras que leur dire?

ARLEQUIN ET MEZZETIN, riant ensemble.

Talaleri, talaleri, talalerire.

Ils continuent tous deux à parler.

AIR : *Ramonez-ci, ramonez-là.*

Donnez-nous la préférence.

LA COMTESSE.
Entre vous deux je balance,
Vous avez mêmes appas ;
Ramonez-ci, ramonez-là
La, la, la,
La cheminée du haut en bas.

MEZZETIN.

AIR : *Le beau berger Tircis.*
Que ne prononcez-vous
Entre nous deux, comtesse ?

ARLEQUIN.
Pour ne point faire un jaloux,
Partagez votre tendresse.
C'est ainsi, ma princesse,
Qu'on en use chez nous.

MEZZETIN.

AIR : *Pour passer doucement la vie.*
Madame, expliquez-vous, de grâce ;
Ne résistez plus à nos vœux.

LA COMTESSE.
C'en est fait. Je quitte la place ;
Vous êtes trop pressans tous deux.

Elle marche comme pour s'en aller, et elle revient sur ses pas.

AIR : *Menuet d'Hésione.*
Je veux vous dire où je demeure.

ARLEQUIN, ironiquement.
Ah ! c'est ce que nous souhaitons !

LA COMTESSE.
Vous me trouverez à toute heure
A l'hôtel des Treize-Cantons.

Elle s'en va.

SCÈNE VIII.

ARLEQUIN, MEZZETIN.

ARLEQUIN, riant.
Ah ! ah ! ah ! ah ! ah !

Air : *Réveillez-vous, belle endormie.*
Ma foi, la scène est des plus belles.
Parbleu, cela ne va pas mal.

MEZZETIN.

Je veux t'en donner des nouvelles.
Ami, viens... Je te mène au bal.

Ils s'en vont.

Le théâtre change en cet endroit et représente une belle salle de bal.

SCÈNE IX.

COLOMBINE, MARINETTE, masquées.

COLOMBINE, considérant et reconnaissant Marinette.

Air : *La bonne aventure, ô gai.*
De Marinette c'est là
Toute la figure.

MARINETTE, regardant de même Colombine et la reconnaissant.

De Colombine voilà
Tout le port...

COLOMBINE, se démasquant.

Et cætera.

COLOMBINE ET MARINETTE, ensemble

La bonne aventure
O gai,
La bonne aventure.

COLOMBINE.

Air : *Qu'on apporte bouteille.*
Dans ces lieux qui t'amène,
Marinette, mon cœur ?

MARINETTE.

Le même penchant qui t'entraîne.
J'aime le bal à la fureur.

COLOMBINE.

Tu viens faire, friponne,
Quelque nouvel amant.

MARINETTE.
Vous n'avez pas, je crois, ma bonne,
Un autre dessein.
COLOMBINE.
Non vraiment.
MARINETTE.

Air : *Le ciel bénisse la besogne.*

Vois-tu toujours ton Arlequin ?
COLOMBINE.
Depuis quelques jours le faquin
Ne vient plus voir sa Colombine.
Franchement cela me chagrine.

Même air.

Et toi, comment gouvernes-tu
Ton Mezzetin ?
MARINETTE.
Je l'ai perdu.
J'ai maltraité le misérable.
J'aime pourtant ce pauvre diable.

Air : *Je passe la nuit et le jour.*

J'ai cru qu'on perdoit un amant,
Lorsqu'on cessoit d'être cruelle ;
Que c'étoit par là seulement
Qu'on en faisoit un infidèle.
Mais nos rigueurs font aujourdh'ui
Le même effet.
COLOMBINE.
Oh ! vraiment oui, *(ter.)*
On n'en voit plus sécher d'ennui.

Arlequin et Mezzetin entrent dans la salle de bal. Ils s'approchent de Colombine et de Marinette pour les lorgner.

SCÈNE X.

MARINETTE, COLOMBINE, ARLEQUIN, MEZZETIN

COLOMBINE, bas à Marinette.

Air : *Din, dan, don.*

Ah! voici deux seigneurs charmans.
MARINETTE, bas à Colombine, les reconnaissant.
Que dis-tu? Ce sont nos amans.
ARLEQUIN, bas à Mezzetin.
Ces Iris,
Pour de nobles personnages,
Ma foi, nous ont pris.
MARINETTE, bas à Colombine.
Pour ces deux visages,
Affectons un air de mépris.
MEZZETIN, les abordant.

Air : *Vous êtes jeune et belle.*

Que vous êtes aimables!
Vous lancez sur nous
Des traits inévitables.
COLOMBINE.
Ma foi, tant pis pour vous.
Franchement vos figures
Ont fort peu d'appas.
MEZZETIN.
Beautés, ces injures
Ne nous rebutent pas.
ARLEQUIN, flattant Colombine.
Oh! que non!
COLOMBINE, le repoussant.
Tirez, tirez.
ARLEQUIN.
Ouais! j'ai pourtant la ceinture, moi!

Air : *El zon, zon, zon.*

Sans vous mettre en courroux,

Je vous dirai, Madame,
Que l'amour fait pour vous
Le lutin dans mon âme,
 Et zon, zon, zon,
Lisette, la Lisette;
 Et zon, zon, zon,
Lisette, la Lison.

COLOMBINE, *le repoussant encore.*

Allons donc!

ARLEQUIN, à Mezzetin.

Mais elle ne songe pas que j'ai la ceinture.

COLOMBINE.

AIR : *Dupont, mon ami.*

Voyez ce nigaud.

ARLEQUIN, à Mezzetin.

Comment la ceinture
Se trouve en défaut,
Dans cette aventure!

MEZZETIN.

Elle rate apparemment
Les coquettes.

ARLEQUIN.

Justement.

AIR : *Quand je tiens de ce jus d'octobre.*

Je te la rends, mon cher confrère;
Elle n'est pas d'un si grand prix.
Je n'y mettrois jamais l'enchère :
Que diable en ferois-je à Paris?

SCÈNE XI.

ARLEQUIN, MEZZETIN, COLOMBINE, MARINETTE, troupe de masques, **LA FORTUNE, L'AMOUR.**

Les masques forment des danses; après quoi la Fortune prend Arlequin par la main. L'Amour fait la même chose à Mezzetin.

LA FORTUNE.

Air : *Voulez-vous savoir qui des deux?*

Ouvrez les yeux, remettez-nous.
Faquins, nous reconnoissez-vous?
(A Arlequin.)
Rends la bourse.

L'AMOUR, à Mezzetin.

Toi, la ceinture.

ARLEQUIN, étonné.

C'est la Fortune!

MEZZETIN.

C'est l'Amour.
Du moins que notre bonheur dure
Encor le reste de ce jour.

L'AMOUR.

Air : *Je reviendrai demain au soir.*

Non, non, vous deviez, mes enfans, (*bis.*)
Bien profiter du tems.
Souvent je change en moins d'un jour.

LA FORTUNE.

Et moi, comme l'Amour. (*bis.*)

LA FORTUNE, à Arlequin, le prenant au collet.

La bourse.

ARLEQUIN.

Air : *Tu croyois en aimant Colette.*

Attendez, je vais vous la rendre,
Puisque je ne puis la garder;

Mais, mais, avant que de la prendre,
Permettez-moi de la vider.

Il la vide deux fois. La Fortune la lui arrache, tandis que l'Amour ôte aussi la ceinture à Mezzetin. Ces deux Divinités se retirent. Arlequin pleure; Colombine se démasque.

SCÈNE XII.

ARLEQUIN, MEZZETIN, COLOMBINE, MARINETTE, PIERROT, TROUPE DE MASQUES.

COLOMBINE.
AIR : *Grimaudin.*
Arlequin, tu vois Colombine.
Console-toi.

ARLEQUIN.
Oui, ventrebleu, c'est la coquine.

COLOMBINE.
Veux-tu ma foi?

ARLEQUIN.
Tope... Quand l'or nous manquera,
Ta bonne mine y suppléera.

MARINETTE, se démasque aussi et dit à Mezzetin.
AIR : *Le joli, belle meunière.*
Tu vois l'objet qui t'engage,
Je ne serai plus sauvage;
Mon cher Mezzetin,
Tiens, reçois ma main.
Qu'à mon sort le mariage
Joigne ton destin.

Les masques recommencent à danser.

VAUDEVILLE.

Air : *De monsieur Gillier.*

MEZZETIN à Marinette.
Je serai comme un favori
Tendre et complaisant je t'assure.
  MARINETTE.
Par ce moyen, quoique mari,
Tu le passeras de ceinture.
  LE CHOEUR reprend.
Tu le passeras de ceinture.
  COLOMBINE.
Vous, jaloux, gens bourrus, grondans,
Qui n'avez pas riche figure,
Et n'êtes plus dans vos beaux ans,
Vous avez besoin de ceinture.
  LE CHOEUR.
Vous avez besoin de ceinture.
  ARLEQUIN.
Vieux minois qui prétend encor
Qu'on fasse fête à sa peinture,
A pleines mains doit donner l'or,
Ou bien il lui faut la ceinture.
  LE CHOEUR.
Ou bien il lui faut la ceinture.
  PIERROT.
Je me tiens plus content qu'un roi,
Je plais à mainte créature;
Mais quand on est fait comme moi,
On n'a pas besoin de ceinture.
  LE CHOEUR.
On n'a pas besoin de ceinture.
  COLOMBINE.
Nous avons de certains momens
La dangereuse conjoncture !
Un amant qui prendroit ce tems,
N'auroit pas besoin de ceinture.
  LE CHOEUR.
N'auroit pas besoin de ceinture.

MEZZETIN, aux spectateurs.
Si la pièce avoit le pouvoir
D'échapper à votre censure,
De Vénus nous croirions avoir
Véritablement la ceinture.
LE CHŒUR.
De Vénus nous croirions avoir
Véritablement la ceinture.

FIN DU DEUXIÈME ET DERNIER ACTE.

THÉATRE DE LA FOIRE.

LE TEMPLE DU DESTIN

PIÈCE EN UN ACTE

DE LESAGE.

Représentée à la foire Saint-Laurent le 25 juillet 1715, par la troupe de la Dame de Baune (opéra-comique de Baxter et de Saurin).

Cette petite pièce d'une gaité facile servit de début à la demoiselle Maillard. Dans son rôle de Colombine elle fit courir tout Paris à la foire Saint-Laurent. Aussi s'empressa-t-on de la faire paraître dans d'autres rôles propres à la mettre en relief. C'est à la foire de cette année 1715 qu'elle joua notamment *Colombine Arlequin et Arlequin Colombine*, ainsi que les *Eaux de Merlin* qu'on retrouve encore vingt ans plus tard, en 1735, au répertoire des théâtres forains.

LE TEMPLE DU DESTIN

PIÈCE EN UN ACTE.

PERSONNAGES.

LE DOCTEUR, amant de Colombine.
COLOMBINE.
ARLEQUIN, } amoureux
SCARAMOUCHE, } de Colombine.
PIERROT, valet du docteur, aimé de Colombine.
MEZZETIN.
COLIN, berger.
COLINETTE, bergère.
UN VIEUX FRIPIER.
SA JEUNE FEMME.
UN COMÉDIEN DE CAMPAGNE.
LE DESTIN.
LE GRAND PRÊTRE DU DESTIN.
DEUX MINISTRES DU DESTIN.
LE TEMPS.
LES HEURES.

La scène est d'abord devant la maison du docteur, et ensuite dans le temple du Destin.

Le théâtre représente une rue.

SCÈNE I.

LE DOCTEUR, PIERROT.

PIERROT, tenant un billet à la main.
Air : *Dupont, mon ami.*
Pour qui ce poulet?
LE DOCTEUR.
C'est pour Colombine.
Porte ce billet
A cette assassine.
Parle-lui des maux pressants,
Que pour elle je ressens.

PIERROT.
Laissez-moi faire.
LE DOCTEUR.
Air : *Réveillez-vous, belle endormie.*
Tu lui diras que, dans mon âme,
Sa beauté règne uniquement,
Et que mon amoureuse flamme,
S'accroit de moment en moment.
PIERROT.
S'accroit... Oui, je lui dirai cela.
LE DOCTEUR, sur le même air.
Tu lui diras que son image,
S'offre sans cesse à mon esprit.
PIERROT.
Ne m'en parlez pas davantage.
Allez, Monsieur, cela vaut dit.
LE DOCTEUR fait un pas pour s'en aller, et revient en disant
Air : *Quand je tiens de ce jus d'octobre.*
Mais peins-lui bien mon amour tendre.
PIERROT, en le renvoyant.
Ne finirez-vous pas bientôt ?
LE DOCTEUR, va et revient encore.
Je vais donc au logis t'attendre.
PIERROT, le poussant par les épaules.
Je dirai tout ça mot pour mot.

SCÈNE II.

PIERROT, seul.

Air : *Mirlababibobette.*
Il te sied bien d'être amoureux,
Mirlababibobette,
Vieux goutteux !
Pour Colombine, quelle emplète !
Mirlababi, serlababo, mirlababibobette,
Serlababorita,
Mais la voilà

SCÈNE III.

PIERROT, COLOMBINE.

COLOMBINE, flattant Pierrot.

AIR : *Quand la bergère vient des champs.*

Ah! c'est toi, Pierrot, mon poulet,
Mon dadouillet,
Mon grassouillet!

PIERROT.

J'allais chez toi, mon doux souci,
Pour te remettre
Certaine lettre...
Tiens la voici.

COLOMBINE, après avoir jeté les yeux sur la lettre.

AIR : *Je reviendrai demain au soir.*

C'est une lettre du docteur.
Ah! le vieux radoteur (*bis*).

PIERROT.

Avec sa face de hibou,
Il croit plaire, il est fou.

COLOMBINE, après avoir lu le billet, le déchire.

AIR : *O reguingé, ô lon lon la.*

Pierrot, vois le cas que je fais
De ton maître et de ses poulets.
C'est un magot des plus complets.
Il faut, pour toucher Colombine,
Un amant de meilleure mine.

PIERROT, sur le même air.

Je lui dis cela tous les jours;
Mais c'est un esprit à rebours.
Pour aspirer à tes amours,
Il a vraiment fort bonne grâce.
S'il me ressembloit, encor passe.

16.

COLOMBINE.

AIR : *Allons, gai.*

Oui, j'aime ta figure ;
En dépit des jaloux,
Tu seras, je t'assure,
Quelque jour mon époux.
Allons, gai,
D'un air gai, etc.

PIERROT.

AIR : *Et zon, zon, zon.*

Parles-tu tout de bon ?

COLOMBINE.

Je suis fille sincère :
Je veux un bon garçon.

PIERROT.

Je suis donc ton affaire.
Et zon, zon, zon,
Lisette, la Lisette,
Et zon, zon, zon.
Lisette, la Lison.

COLOMBINE.

AIR : *Je me ris, je me ris d'eux.*

A mes autres amoureux,
Mon ami, je te préfère.
Que, dans l'ardeur de leurs feux,
Ils cherchent tous à me plaire,
Je me ris, je me ris, je me ris d'eux.
Ta seule amitié m'est chère.
Je me ris, je me ris, je me ris d'eux :
Pierrot est l'amant heureux.

PIERROT, sautant de joie.

AIR : *Toque, mon tambourin, toque.*

Toque, mon tambourin, toque ;
Toque, mon tambourinet.

AIR : *Tu croyais en aimant Colette.*

Je m'en vais rejoindre mon maître.

COLOMBINE.

Dis-lui qu'il ne m'écrive plus,

LE TEMPLE DU DESTIN.

Et, comme il faut, fais-lui connoître
Qu'il me rend des soins superflus.

PIERROT.

Oh! je n'y manquerai pas!

Air : *Le fameux Diogène.*

Adieu, mais je te prie,
Accorde-moi, ma mie,
Un baiser.

COLOMBINE.

Oh! que non !
J'ai l'âme trop bien née ;
Mais après l'hyménée...

PIERROT.

Cela n'est pas si bon.

Il la salue et s'en va.

SCÈNE IV.

COLOMBINE, seule.

Air : *Quand le péril est agréable.*

Ma foi, je ne suis plus surprise,
Puisque j'ai du goût pour Pierrot,
Si, dans le monde, on voit d'un sot
Plus d'une femme éprise.

SCÈNE V.

COLOMBINE, SCARAMOUCHE.

SCARAMOUCHE, saluant Colombine.

Air : *Non, non, il n'est point de si joli nom*

Qu'un autre à Diamantine
Aille s'offrir pour mignon ;
Qu'un autre adore Argentine,

Moi, je chante sur ce ton :
Non, non,
Il n'est point de si joli nom,
Que celui de Colombine.
Non, non,
Il n'est point de si joli nom,
Que celui de ce tendron.

Colombine s'en va, en faisant la révérence d'un air sérieux à Scaramouche, qui demeure immobile d'étonnement.

SCÈNE VI.

SCARAMOUCHE, seul.

Air : *Or, écoutez petits et grands.*
L'ingrate méprise mes feux !
J'ai sans doute un rival heureux.
(En colère.)
Il faut le chercher tout à l'heure :
Dans ce moment, je veux qu'il meure.
(Apercevant Arlequin.)
C'est apparemment Arlequin.
Défaisons-nous de ce faquin.
Je vais chercher deux épées.

SCÈNE VII.

ARLEQUIN, seul.

Scaramouche me fuit. Comme nous sommes rivaux, il a peur apparemment de me rencontrer en son chemin... Mais non, le voici.

SCÈNE VIII.

ARLEQUIN, SCARAMOUCHE, tenant deux épées.

SCARAMOUCHE, après avoir salué gravement Arlequin.
Air : *Comme un coucou que l'amour presse.*
Ami, vous aimez Colombine?
ARLEQUIN.
Oui, morbleu, je l'aime, et je croi
Qu'on peut répondre sur ma mine,
Qu'elle en tient aussi bien que moi.
SCARAMOUCHE.
Air : *Quand je tiens de ce jus d'octobre.*
Renonce au cœur de cette belle,
Ou battons-nous en ce moment.
ARLEQUIN.
Céder les droits que j'ai sur elle!
Me prends-tu pour un lâche amant?
SCARAMOUCHE, lui présentant les deux épées.
Choisissez.
ARLEQUIN, après avoir examiné comiquement les épées.
Ma foi, je suis bien embarrassé.
SCARAMOUCHE, l'obligeant à en prendre une.
Air : *Pour passer doucement la vie.*
Allons, nous n'avons qu'à nous battre.
ARLEQUIN, faisant le résolu.
Tope... nous pouvons commencer.
Je vais faire le diable à quatre;
Mais gardons-nous de nous blesser.
SCARAMOUCHE, se mettant en garde et poussant Arlequin
Tiens, pare celle-ci.
ARLEQUIN, reculant avec effroi.
Hé, que diable! attendez donc, attendez donc.
Air : *Menuet de M. de Grandval.*
Vous n'entendez point raillerie.

Ventrebleu ! vous n'y pensez pas !
SCARAMOUCHE.
Je prétends bien t'ôter la vie...
C'est tout de bon que je me bats.

Il veut pousser encore Arlequin, qui marque sa peur, en cherchant des défaites ; mais en voyant Mezzetin, il commence à faire le brave.

SCÈNE IX.

ARLEQUIN, SCARAMOUCHE, MEZZETIN.

MEZZETIN, *s'empressant à les séparer.*
AIR : *On n'aime point dans nos forêts.*
Apprenez-moi pourquoi tous deux,
Amis, vous êtes en querelle.
ARLEQUIN.
Tu vois en nous des outre-preux,
Qui se disputent une belle.
Enfonçant son chapeau.
C'est lui qui me la cédera.

Ils font toutes les démonstrations de deux hommes qui veulent en découdre. Mezzetin se met entre eux, et il attrape des coups de batte d'Arlequin.

MEZZETIN, *se frottant le dos* (1).
AIR : *Mon père, je viens devant vous.*
Colombine est apparemment
Le bel objet qui vous engage.
ARLEQUIN.
C'est elle-même justement.
SCARAMOUCHE.
A ce nom redouble ma rage.
Par la mort...

---

(1) *Mezzetin* était un type créé à la Comédie italienne par Angelo Constantini. Les auteurs de la Foire s'emparaient volontiers de ces types familiers au public et dont le nom seul disait le caractère et les habitudes

ARLEQUIN.
Tais-toi, fanfaron :
Tu te débats comme un poltron.

Ils veulent encore se battre, et Arlequin donne de nouveaux coups de batte à Mezzetin, qui se met toujours entre eux deux.

MEZZETIN.

AIR : *Je me ris de qui fait le brave.*

Mes chers enfans, point de querelle.
Pourquoi voulez-vous ferrailler ?
Deux bons amis, pour une belle,
Ne doivent jamais se brouiller.
Mes chers enfans, point de querelle.
Pourquoi voulez-vous ferrailler ?

SCARAMOUCHE, *repoussant Mezzetin.*

Laissez-nous faire.

ARLEQUIN.

Rangez-vous, morbleu.

MEZZETIN.

AIR : *Je ne suis né ni roi, ni prince.*

Quoi, dans la fureur qui vous guide,
Vous voulez faire un amicide !
Consultez plutôt le Destin
Sur cet amour qui vous possède ;
A vos débats il mettra fin.
Il faut qu'à ses arrêts tout cède.

ARLEQUIN.

Soit... consultons.

SCARAMOUCHE.

AIR : *Réveillez-vous, belle endormie.*

Au Destin je veux bien me rendre :
Son arrêt va nous accorder.

ARLEQUIN, *fièrement.*

J'y consens... Nous allons l'entendre.
C'est lui seul qui doit décider.

Ils rengaînent tous deux, et s'en vont gravement consulter le Destin. Mezzetin les suit.

SCÈNE X.

Le théâtre change et représente le Temple du Destin. On voit dans le fond un escalier à deux rampes sur le haut duquel paraît le Temps avec sa faulx. Six Heures blanches et six Heures noires sont rangées le long de l'escalier. Sur les ailes sont dépeints des événements extraordinaires, comme autant de marques de la puissance du Destin. Au milieu du Temple s'élève un trône où le Destin, couvert d'un voile, rend ses oracles.

LE DESTIN, voilé ; LE GRAND PRÊTRE,
DEUX MINISTRES DE SA SUITE.

LE GRAND PRÊTRE.

AIR : *De l'opéra de Thétis et Pélée.*

O Destin ! quelle puissance
Ne se soumet pas à toi ?
Tout fléchit sous ta loi.
Tes ordres n'ont jamais trouvé de résistance.
O Destin ! quelle puissance
Ne se soumet pas à toi ?

LE GRAND PRÊTRE ET LES DEUX MINISTRES, ensemble.

O destin ! quelle puissance
Ne se soumet pas à toi ?

LE GRAND PRÊTRE.

AIR *De monsieur Gillier.*

Tu fais, quand il te plaît, une mère précoce,
Ou, dans le célibat, tu laisses sans pitié,
Un beau tendron devenir rosse.
C'est toi qui fais aller cent faquins en carrosse,
Et mille honnêtes gens à pied.

CHOEUR.

O Destin ! quelle puissance, etc.

PREMIER MINISTRE.

Lorsqu'on voit un manant sortir de son village,
Et peu de temps après se changer en commis,
 Ce changement est ton ouvrage;
Et l'on suit tes arrêts quand on fait un outrage
 Au front des sujets de Thémis.

CHOEUR.

O destin! quelle puissance, etc.

DEUXIÈME MINISTRE.

Le monde, quand ton ordre à la Foire l'appelle,
Déserte l'Opéra, ce spectacle pompeux,
 Pour aller voir Polichinelle.
On siffle, quand tu veux, une pièce nouvelle,
 Et souvent, c'est ce que tu veux.

CHOEUR.

O Destin! quelle puissance, etc.
Les deux ministres du grand prêtre sortent.

SCÈNE XI.

LE DESTIN, LE GRAND-PRÊTRE, UN COMÉDIEN DE CAMPAGNE.

LE COMÉDIEN, faisant le petit-maître.

AIR : *Laire la, laire lan laire.*

A cet air plein de majesté,
Je risque une civilité. (Il salue le grand prêtre.)
Ce qui ne m'est pas ordinaire.
 Laire la, laire lan laire,
 Laire la, laire lan la.

LE GRAND PRÊTRE, à part, après l'avoir regardé,

AIR : *O reguingué, ô lon lan la.*

Ce drôle paroît insolent.

LE COMÉDIEN, à part.

Il admire mon air galant.
Faisons bien valoir le talent.
Ici mettons en étalage
Nos meilleurs airs.

Il grimace.

LE GRAND PRÊTRE, à part.

Quel personnage!

LE COMÉDIEN, haut.

Sachons pour qui vous me prenez.

LE GRAND PRÊTRE.

Pour un marquis des mieux tournés.
O reguingué, ô lon lan la.

LE COMÉDIEN.

Je suis quelquefois davantage.
Vous ne m'entendez pas, je gage.

LE GRAND PRÊTRE.

Air : *Pour passer doucement la vie.*

Comment pourrois-je vous entendre ?

LE COMÉDIEN.

Je suis tout, et je ne suis rien.

LE GRAND PRÊTRE.

Oh! oh! je commence à comprendre.
N'êtes-vous pas comédien?

LE COMÉDIEN.

Justement.

Air : *Comme un coucou que l'amour presse.*

Je suis un acteur de province;
A Paris, je vais débuter.

LE GRAND PRÊTRE, à part.

Il a la figure un peu mince.

Haut.

Vous allez là tout enchanter.

LE COMÉDIEN, prenant du tabac dans une tabatière d'or.

Je m'en flatte.

LE GRAND PRÊTRE.

Air : *Réveillez-vous, belle endormie.*

Ah! quelle riche tabatière!

LE COMÉDIEN, la lui donnant à examiner.

Hé! mais l'ouvrage en est parfait.
Considérez-en la charnière.
Ce n'est pas un colifichet.
LE GRAND-PRÊTRE, lui rendant la tabatière.

Air : *Je ne suis né ni roi, ni prince.*

C'est un présent de quelque femme?
LE COMÉDIEN, souriant d'un air vain.
Il me vient de certaine dame...
Un beau garçon, des mieux bâtis,
Et dont on court l'adolescence,
Ne donne pas son tems gratis.
LE GRAND PRÊTRE.
Vous voulez, du moins, qu'on le pense.
LE COMÉDIEN, sautant au cou du grand prêtre.
Parbleu, mon cher papa, vous avez un air qui me revient.

Air : *Lon lon la, derirette.*

Faisons connoissance tous deux.
Le voulez-vous?
LE GRAND PRÊTRE.
Si je le veux!
Lon lon la, derirette.
Tope, soyons amis, Cinna.
Il lui tend la main.
LE COMÉDIEN.
Lon lon la, derira.
LE GRAND PRÊTRE.

Air : *Tes beaux yeux, ma Nicole.*

Mais quel sujet, beau sire,
Vous amène chez nous?
Vous n'avez qu'à le dire;
Parlez, que voulez-vous?
LE COMÉDIEN.
Que le Destin m'apprenne,
Si l'on me recevra,
Et comment, sur la scène,
On me regardera.
LE GRAND PRÊTRE, au Destin :

Air : *Comme un coucou que l'amour presse.*

Destin, un jeune acteur te prie,

De déclarer s'il entrera
Quelque jour dans la Compagnie,
Et si Paris l'estimera.

LE GRAND PRÊTRE, s'approche du trône et l'enthousiasme
le prenant, il dit :

Air : *Les Trembleurs.*

Quelle émotion subite !
Quel frémissement m'agite !
Je sens que mon cœur palpite ;
Je sens tout mon corps trembler !
Que chacun ici ressente
Un respect plein d'épouvante.

Au comédien.

On répond à ton attente :
Le Destin va te parler.

LE DESTIN.

Air : *O reguingué, ô lon lan la.*

Le jeune acteur on recevra,
Et dans les rôles qu'il fera,
En lui-même il s'applaudira.
Le reste est un profond mystère,
Que je juge à propos de taire.

LE GRAND PRÊTRE, au comédien.

Air : *Laire la, laire lan laire*

Cette réponse vous déplaît.

LE COMÉDIEN.

Oh ! ma foi, malgré cet arrêt,
Papa, je suis bien sûr de plaire.

Il s'en va.

LE GRAND PRÊTRE, se moquant de lui.

Laire la, laire lan laire.
Laire la, laire lan la.

SCÈNE XII.

LE DESTIN, LE GRAND PRÊTRE.

LE GRAND PRÊTRE.

Air : *Amis sans regretter Paris.*

Tout ce qui reluit n'est pas or,
Ils ont tous le génie,
Chacun se croit un Floridor (1)
La plaisante manie !

SCÈNE XIII.

LE DESTIN, LE GRAND PRÊTRE, COLIN, COLINETTE.

COLIN.

Air : *Mon père, je viens devant vous.*

Ministre du Destin, bonjour,
Je vous amène Colinette,
De tous les hameaux d'alentour
La bergère la plus parfaite,
De nos jeunes beautés la fleur.
COLINETTE.
Colin est un berger flatteur.

(1) Floridor, ancien comédien du Marais et de l'Hôtel de Bourgogne, avait laissé la réputation d'un artiste de premier ordre. La Porte parle de sa grande distinction et de la bonne grâce avec laquelle il remplissait les premiers rôles. Il était de race noble et se nommait Josias de Soulas, écuyer, sieur de Prinefosse. Il entra au Marais en 1640 et y remplit les fonctions d'orateur jusqu'en 1643, époque où il entra à l'Hôtel de Bourgogne pour remplacer Belleroso également comme orateur et chef de la troupe.

LE GRAND PRÊTRE, à Colin.

Air : *Va t'en voir s'ils viennent*

Cet objet apparemment,
 Colin, vous enchante?

COLIN.

Jusqu'à mon dernier moment,
Je l'aimerai tendrement.

LE GRAND PRÊTRE, à Colinette.

Colin a raison, vraiment,
 Vous êtes charmante.

COLIN.

Air : *Allez à vêpres, nonettes.*

Lorsque je vois Colinette
Arriver dans un vallon,
Je prends vite ma musette,
J'en fais entendre le son.
Et quand je m'approche d'elle,
Pour prendre sa blanche main,
Je m'aperçois que la belle
Fait la moitié du chemin.

COLINETTE, au grand prêtre.

Air : *Trop de plaisir, cher Tircis, m'inquiète.*

Avec transport, à mes pieds il se jette;
Il m'entretient de son ardeur secrète.

LE GRAND PRÊTRE.

Et vous l'aimez, n'est-ce pas, Colinette?

COLINETTE.

Ah! ah! la faute en est faite!

Air : *Ne m'entendez-vous pas?*

Je ne me repens pas,
D'avoir livré mon âme
Au berger qui m'enflamme;
Mais nous sommes, hélas!
Dans un grand embarras.

COLIN.

Air : *Un inconnu.*

De nos parens la mésintelligence
Nous fait douter du bonheur de nos feux :

De l'espérance
D'un sort heureux.
Nous nous flattons peut-être en vain tous deux
Nous implorons ici votre assistance.

LE GRAND PRÊTRE.

Air : *Quel plaisir de voir Claudine.*

Vous allez bientôt apprendre
Si l'hymen doit vous lier,
Ou malgré votre amour tendre,
S'il faudra vous oublier.

(Au Destin, s'approchant du trône.)

Air : *Grimaudin.*

Destin, deux amans te demandent,
Pleins de frayeur,
Quel succès ils doivent attendre
De leur ardeur.

LE DESTIN, lentement.

Leur amour deviendra si fort,
Qu'il mettra leurs parents d'accord.

Ils s'en vont.

SCÈNE XIV.

LE DESTIN, LE GRAND PRÊTRE, UN VIEUX FRIPIER, SA JEUNE FEMME.

LE FRIPIER.

Air : *Laire la, laire lan laire.*

Vous voyez un bon marguillier,
Homme d'honneur, quoique fripier.

LE GRAND PRÊTRE, montrant sa femme.

De cet enfant êtes-vous père?

LE FRIPIER, souriant.

Laire la, laire lan laire,
Laire la, laire lan la.

Même air.

Non, parbleu, je suis son époux.

LE GRAND PRÊTRE.

J'en suis ravi. Qu'elle a l'air doux !
Je la crois d'un bon caractère.
 Laire la, laire lan laire, etc.

LE FRIPIER.

Air : *De Jean de Vert.*

Oui, nous passons tous nos momens
 En bonne intelligence.
Il ne vient point chez moi d'amans :
 Je dors en assurance.
Il n'est point de nœuds plus charmans.
Nous vivons tous deux comme au tems
 De Jean de Vert (*ter*) en France.

Air : *Il faut que je file, file.*

Je l'appelle : ma bichonne,
Je la flatte à tout moment.

LE GRAND PRÊTRE, à la femme.

Il ne vous fait point, mignonne,
De chagrin?

LA FEMME.

  Oh! non, vraiment.
Il m'en donne, donne, donne,
Il m'en donne rarement.

LE FRIPIER.

Air : *Pour faire honneur à la noce.*

Nous ne songeons qu'à nous plaire;
Mais nous ne sommes pas contens.
Il me faudroit, dans mes vieux ans,
Un enfant pour me satisfaire.
Nous ne songeons qu'à nous plaire,
Mais nous ne sommes pas contens.

LE GRAND PRÊTRE, au fripier.

Air : *Du cap de Bonne-Espérance.*

Vous paraissez jeune encore.

LE FRIPIER.

A peine ai-je soixante ans;

Je vous jure que j'ignore,
Pourquoi je n'ai point d'enfans.
Toujours même amour m'enflamme,
Je couve des yeux ma femme ;
En tous lieux, je suis ses pas.
LA FEMME, levant les yeux au ciel et soupirant.
Hélas ! nous n'en aurons pas.

LE FRIPIER.

AIR : *Le beau berger Tircis.*

J'y perds tout mon latin !
Par votre ministère,
Puis-je savoir du Destin
Si ma femme sera mère ?

LE GRAND PRÊTRE.

Tu vas sur ce mystère
Cesser d'être incertain.

(Il s'approche du trône, et dit au Destin.)

AIR : *Menuet d'Hésione.*

Impatient de faire souche,
Un bon bourgeois de soixante ans,
Vient te demander, par ma bouche,
Destin, s'il aura des enfans.

LE DESTIN.

AIR : *J'offre ici mon savoir-faire.*

Vieux fripier, malgré ton âge,
Je veux qu'il naisse en ta maison,
Un enfant qui porte ton nom.   } (*bis.*)
Je n'en dirai pas davantage.

Le fripier ne paroît pas content de cet oracle.

LE GRAND PRÊTRE, retorque au fripier ce qu'il a dit d'abord.

Il ira chez vous des galans :
Vous ne vivrez plus comme au tems
De Jean de Vert (*ter*) en France.

SCÈNE XV.

LE DESTIN, LE GRAND PRÊTRE, ARLEQUIN, SCARAMOUCHE.

ARLEQUIN.

Air : *Voulez-vous savoir qui des deux ?*
Ministre barbu du Destin,
Scaramouche, ainsi qu'Arlequin,
Conjurent votre seigneurie
De leur apprendre quel époux
Colombine aura.

SCARAMOUCHE.

Je vous prie
D'avoir cette bonté pour nous.

ARLEQUIN.

Air : *Menuet de monsieur de Grandval.*
Pour elle nous avons dispute.

SCARAMOUCHE.
Instruisez-nous de notre sort.

LE GRAND PRÊTRE.
Le Destin, dans une minute,
Va vous mettre tous deux d'accord.

(Au Destin.)

Air : *Quand je tiens de ce jus d'octobre.*
Destin, ces deux amans prétendent
De Colombine avoir la foi,
Parle. Là-dessus ils attendent
Un arrêt décisif de toi.

LE DESTIN.

Air : *Jardinier, ne vois-tu pas ?*
Colombine franchira
Les conjugales bornes.
Celui qui l'épousera,

Sur sa tête portera
Des cornes, des cornes, des cornes.
   ARLEQUIN, étonné.

Malepeste !

   Air : *Lanturlu.*

La beauté farouche
Qui nous a tant plu,
Doit mettre en sa couche
Ce soir un cocu !
Mon cher Scaramouche,
Je te la cède, en veux-tu ?
  SCARAMOUCHE, secouant la tête.
Lanturlu, lanturlu, lanturelu.

SCÈNE XVI.

LE DESTIN, LE GRAND PRÊTRE, ARLEQUIN, SCARAMOUCHE, LE DOCTEUR, COLOMBINE, PIERROT.

   LE DOCTEUR, au grand prêtre.
 Air : *Je veux boire à ma Lisette.*
Dans ce temple redoutable,
C'est l'amour qui me conduit.
Aurai-je un sort favorable ?
Je voudrois en être instruit.
Dans ce temple, etc.
   COLOMBINE, au grand prêtre.
 Air : *D'une main je tiens mon pot.*
Seigneur, daignez m'écouter.
 Je viens vous consulter
Sur le sort que l'on me destine.
Qui doit épouser Colombine ?
   LE GRAND PRÊTRE.
L'avenir va se révéler :
 Le Destin va parler.

LE DESTIN.

AIR : *Quand le péril est agréable.*

A sa Colombine chérie,
L'amoureux docteur s'unira.
Dès ce soir il augmentera
La grande confrérie.

ARLEQUIN, riant et montrant du doigt, le docteur, chante

Fin de l'air : *Jardinier, ne vois-tu pas?*

Celui qui l'épousera
Sur sa tête portera...

SCARAMOUCHE, au docteur.

AIR : *Je reviendrai demain au soir.*

Nous vous cédons de très bon cœur,
L'objet de notre ardeur. (bis.)

ARLEQUIN, au docteur.

Vous méritez bien mieux que nous,
D'en devenir l'époux. (bis.)

Arlequin et Scaramouche s'en vont en se moquant du docteur.

SCÈNE XVII.

LE DESTIN, LE GRAND PRÊTRE, LE DOCTEUR, COLOMBINE, PIERROT.

LE DOCTEUR, à Colombine.

AIR : *Tu croyais, en aimant Colette.*

Vous venez d'entendre l'oracle :
Belle, mon bonheur est certain,
Si vous n'y mettez point d'obstacle.

COLOMBINE, soupirant.

Qui peut résister au Destin ?

LE DOCTEUR.

AIR : *Réveillez-vous, belle endormie.*

Je vais, dans l'ardeur qui me presse,
Chez mon notaire, de ce pas.

(A Pierrot.)
Toi, Pierrot, conduis ta maîtresse
Au logis. Ne la quitte pas.
Il s'en va.

SCÈNE XVIII.

LE DESTIN, LE GRAND PRÊTRE, COLOMBINE, PIERROT.

PIERROT, à Colombine.
AIR : *Monsieur Lapalisse est mort.*
Prends pitié de mon malheur,
Charmant tison de ma flamme.
Je vais crever de douleur,
De ne t'avoir point pour femme.
COLOMBINE, lui souriant.
AIR : *Pierrot revenant du moulin.*
Tu te chagrines sans raison (*bis.*)
Te chasse-t-on de la maison,
Pierrot ?
Pierrot est un grand sot.
PIERROT, d'un air gai lui donnant la main pour la reconduire.
Un grand sot est Pierrot.

Ils s'en vont tous deux en dansant, et en répétant les derniers vers.

SCÈNE XIX.

LE DESTIN, LE GRAND PRÊTRE, LES HEURES.

LE GRAND PRÊTRE, aux Heures.
AIR : *Pour passer doucement la vie.*
Rassemblez-vous en diligence,
Fugitives filles du Tems,

Heures qui marquez la puissance
Du Destin par tous vos instans.

On voit aussitôt les Heures descendre des deux côtés de l'escalier. Elles forment une danse qui est suivie de ces couplets.

BRANLE.

Air de monsieur Gillier.

UNE HEURE BLANCHE.

Premier couplet.

Maris, dont l'humeur jalouse
Au devoir prétend ranger
Une jeune et coquette épouse,
Vous hâtez l'heure du berger.

UNE HEURE NOIRE.

Deuxième couplet.

Tel amant qui le jour pleure
M'attend pour le soulager.
De minuit enfin je suis l'heure,
L'heure ordinaire du berger.

UNE HEURE BLANCHE.

Troisième couplet.

Il faut qu'un galant, en France,
De soupirs soit ménager;
Mais qu'il prodigue la finance,
Il touche à l'heure du berger.

UNE HEURE NOIRE.

Quatrième couplet.

On voit des beautés discrètes
Qui craignent de s'engager;
Mais à Paris, près des coquettes,
Toute heure est l'heure du berger.

UNE HEURE BLANCHE.

Cinquième couplet

Beauté qu'un amant obsède,
Je vous vois fuir le danger;

Hélas! le moment qui succède
Souvent fait l'heure du berger.
UNE HEURE NOIRE, aux spectateurs.

Sixième couplet.

Rien n'est tel que l'affluence,
Pour nous bien encourager :
Quand nous touchons votre finance,
C'est pour nous l'heure du berger.

FIN

THÉATRE DE LA FOIRE.

ARLEQUIN TRAITANT

OPÉRA COMIQUE EN TROIS ACTES

EN PROSE ET EN VAUDEVILLE

DE DORNEVAL

Représenté le 22 mars 1715, à la foire Saint-Germain
(Troupe d'Octave.)

En 1709 Lesage avait répondu, en écrivant et faisant jouer son *Turcaret*, au besoin de revanche du public contre les exactions des financiers. Sa comédie, un réel chef-d'œuvre, n'eut pas plus raison de ces exploiteurs que *Tartufe* des faux dévots, mais il consola les victimes en ridiculisant et flagellant les gens de rapine. Et le mal continua de sévir sur les pauvres, toujours accablés de taxes nouvelles.

Il arriva pourtant que le scandale fut tel que l'État, sous peine de révéler sa complicité, dut faire mine de sévir. Au début de la régence, comme pour faire espérer des temps meilleurs, le duc d'Orléans fit paraître un édit qui établissait une chambre de Justice, pour connaître des abus de pouvoir, des exactions et des vols dont pouvaient s'être rendus coupables les financiers et leurs commis, leurs sous-fermiers qu'on nommait les Traitants, tant à cause des traités en vertu desquels ils avaient charge de percevoir telle ou telle portion des impôts, que du vieux mot de *traites* qu'on appliquait à des taxes locales de diverses natures qu'ils s'occupaient de faire rentrer.

Comme toujours, l'édit frappa les moins coupables et laissa en repos les gens puissants. Mais on vit au moins les plus compromis des traitants payer pour leurs chefs et pour eux-mêmes. Dorneval ne fit donc que flatter le goût du public et les passions du jour en écrivant son *Arlequin traitant*.

ARLEQUIN TRAITANT

OPÉRA COMIQUE

PERSONNAGES.

ARLEQUIN, traitant.
LE DOCTEUR.
ISABELLE, sa fille, promise à Arlequin.
LÉANDRE, amant d'Isabelle.
COLOMBINE, suivante d'Isabelle.
PIERROT, valet de Léandre.
M. BARBARIN, traitant.
M. BLAZONNET, généalogiste.
Mlle FURET, aventurière.
BONNEMAIN,
TRANSPARENT } commis d'Arlequin.
BORDEREAU,

LA ROSE,
JASMIN, } valets d'Arlequin.
BELPHÉGOR,
ASTAROT, } démons.
PLUTON,
COUPABLES DES ENFERS.
ACTEUR mêlé aux spectateurs.
VÉNUS ET QUATRE NAIADES.
UN EXEMPT ET SIX ARCHERS.
M. CABRIL, maître de danse et SIX DANSEURS.

Au premier acte la scène se passe à Paris ; le second est aux enfers ; et le troisième près de Charenton, devant la maison de campagne du docteur.

ACTE PREMIER.

Le théâtre représente un riche appartement.

SCÈNE I.

LÉANDRE, COLOMBINE.

LÉANDRE.

AIR : *Charmante Gabrielle*

Ma chère Colombine,
Je suis au désespoir.

COLOMBINE.
Votre sort me chagrine.
LÉANDRE.
Quoi je la perds ce soir!
COLOMBINE.
Oui, le docteur pour gendre,
Veut Arlequin.
Il préfère à Léandre
Ce laid matin.
LÉANDRE.

AIR : *Un sot qui veut faire l'habile.*
Ignore-t-il donc sa naissance?
Ne sait-il pas qu'il fut valet jadis?
Que ce maraud, sans la finance,
Seroit encor...
COLOMBINE.
C'est ce que je lui dis.
Il me répond : Léandre, qui vous touche,
Sort de meilleure souche,
J'en tombe d'accord;
Mais j'aime mieux ce qui sort
D'un bon coffre-fort.
LÉANDRE.

AIR : *Qu'on apporte bouteille.*
Et que dit Isabelle?
COLOMBINE.
Sans cesse dans les pleurs,
Elle maudit la loi cruelle,
Qui va causer tous ses malheurs.
LÉANDRE.

AIR : *Amis, sans regretter Paris.*
O ciel! que ne puis-je expirer
Avant ce mariage!
COLOMBINE.
Nous allons, pour le différer,
Mettre tout en usage.
LÉANDRE.

AIR : *Sois complaisant, affable, débonnaire*
Ah! faisons mieux,

Sauvons-nous avec elle,
Loin de ces lieux !
COLOMBINE.
L'entreprise est fort belle ;
Mais
Je vous réponds qu'Isabelle
Ne l'approuvera jamais.
LÉANDRE.
Et pourquoi ?

AIR : *Tes beaux yeux, ma Nicole.*

Recourons à la fuite :
L'amour a de tout tems
Rendu cette conduite
Pardonnable aux amans.
Une triste victime,
Qu'on est prêt à frapper,
Ne fait pas un grand crime
De vouloir s'échapper.
COLOMBINE.

AIR : *Grimaudin.*

Je vais lui proposer l'affaire,
Dans le moment.
LÉANDRE.
Mais dis-lui bien...
COLOMBINE.
Laissez-moi faire ;
Je sais comment
Il faut lui parler.
LÉANDRE.
Vas, tu peux
Compter sur un cœur généreux.
COLOMBINE.

AIR : *Réveillez-vous, belle endormie.*

Allez dans le jardin m'attendre.
Qu'Arlequin, qui demeure ici,
Ne vienne pas vous y surprendre.
Allez donc vite... Le voici.

SCÈNE II.

LÉANDRE, seul.

Air : *Nous sommes demi-douzaine.*

Ah ! réponds-moi d'Isabelle,
Amour, protège mes feux !
Je crains, quoique aimé d'elle,
Un traitant amoureux.
Hélas ! son or peut faire une infidèle !
Rien n'est si dangereux !
Hélas ! son or peut faire une infidèle
De l'objet de mes vœux !

Il s'en va.

SCÈNE III.

ARLEQUIN, seul.

Il est vêtu d'une robe de chambre de damas à fleurs d'or. Il a un bonnet à la financière de castor brodé, et à la main une tabatière garnie de pierreries. Il crie en entrant :

Laquais ! hé ! laquais !

Air : *Le fameux Diogène.*

La Rose ! La Jonquille !
En vain je m'égosille :
Point de laquais chez moi.
Me servir de la sorte !
Que le diable m'emporte,
S'ils ont jamais d'emploi.

SCÈNE IV.

ARLEQUIN, LA ROSE.

LA ROSE.
Monsieur, nous voici. Que souhaitez-vous ?
ARLEQUIN, le prenant à la gorge.
Parle donc, gueux, où étois-tu ?
LA ROSE.
J'écrivois dans l'antichambre pour me faire la main.
ARLEQUIN.
Je reçois l'excuse. Fais descendre mes commis.

SCÈNE V.

ARLEQUIN, seul.

La situation des affaires présentes m'oblige à donner de la casse à tous ces mange-pain. Je n'ai plus besoin d'eux ; je vais leur faire une querelle d'Allemand pour les chasser, sans les payer.

SCÈNE VI.

ARLEQUIN, BORDEREAU, TRANSPARENT, BONNEMAIN.

ARLEQUIN.
Vous voilà donc, mes petits Messieurs. Quoi, à sept heures du matin, personne dans mon bureau !
BORDEREAU.
Mais, Monsieur, on n'entre qu'à huit heures dans tous les bureaux.

ARLEQUIN.

Non. Et on s'amuse à jaser, à rire, à râper du tabac, tant que la journée est longue. Savez-vous bien que je me lasse de donner cinq cens livres d'appointemens à de mauvais écrivains comme vous, pendant que je trouve de jolis garçons, qui écrivent comme des Sauvages (1), et qui se jettent à ma tête pour quatre cens francs!

BORDEREAU.

Je crois que vous en trouvez beaucoup.

ARLEQUIN.

Oui, oui, j'en trouve. Mais, qui vous a mis ici, Monsieur Bordereau?

BORDEREAU.

Madame la vicomtesse de la Tripaudaye.

ARLEQUIN.

Qui? cette vieille Normande dont la nièce m'a joué un si vilain tour? Révoqué, allons, révoqué.

BORDEREAU.

Mais, Monsieur, si.....

ARLEQUIN.

Point de *mais*, point de *si*... Et vous, Bonnemain, qui avez-vous pour patron?

BONNEMAIN.

Monsieur Subtil, l'agent de change.

ARLEQUIN.

Monsieur Subtil! fort bien. Il m'a fait éprouver sa subtilité. Révoqué, révoqué... Pour vous, Transparent, je suis fort mécontent de votre écriture.

TRANSPARENT, lui montrant un papier écrit de sa main.

Quoi, vous trouvez cette écriture-là?...

ARLEQUIN, après avoir jeté les yeux sur le papier.

L'horrible chose! quels pieds de mouche! A la considération de qui vous ai-je reçu?

TRANSPARENT, bas, à Arlequin.

De mademoiselle Catin.

ARLEQUIN, branlant la tête.

Je ne connois point cela.

---

(1) Maîtres écrivains célèbres de l'époque.

TRANSPARENT, *toujours bas.*

Pardonnez-moi, vous allez quelquefois souper avec elle, et...

ARLEQUIN.

Ah! je me la remets. C'est la brune de la rue Tire-Boudin (1).

TRANSPARENT.

Vous y êtes.

ARLEQUIN, *prenant le papier des mains de Transparent.*

Voyons encore une fois votre écriture. (Regardant le papier.) Mais elle n'est pas si mauvaise; je ne l'avois pas bien considérée. Oui, ces jambages sont bien déliés, ces liaisons bien nourries. Vous resterez chez moi, vous.

BORDEREAU.

Air : *Adieu paniers, vendanges.*

Enfin, Monsieur, puisque vous êtes
Résolu de nous renvoyer,
Il faut, s'il vous plaît, nous payer.

ARLEQUIN, *secouant la tête.*

Adieu, paniers, vendanges sont faites.

BONNEMAIN, *s'en allant.*

Air : *Flon, flon.*

Que le diable t'entraîne.
Tu nous voles, maraud.
Notre temps, notre peine.

ARLEQUIN, *les chassant à coups de batte.*

Voilà ce qu'il vous faut,
Flon, flon, larira dondaine,
Flon, flon, larira dondon.

SCÈNE VII.

ARLEQUIN, TRANSPARENT.

ARLEQUIN.

Oh! çà, Transparent, je veux prendre soin de toi. Je te rendrai honnête homme.

(1) Aujourd'hui rue Marie-Stuart.

TRANSPARENT, *lui faisant la révérence.*

Monsieur...

ARLEQUIN.

Mais, mon enfant, il faut renoncer à la bagatelle. Tu t'amuses, dit-on, à faire des vers, à lire des poëtes. Veux-tu aller à l'hôpital.

TRANSPARENT.

Non, parbleu.

ARLEQUIN.

Ne songe donc qu'au solide.

Air : *Vous qui vous moquez par vos ris.*

Renonce au mérite indigent ;
Cherche le nécessaire.
Ne sais-tu pas que sans l'argent
On ne sauroit rien faire ;
Que, pour en avoir, un sergent
Emprisonna son père.

TRANSPARENT.

Je le connois. Cela est véritable.

ARLEQUIN.

Air : *Amis, sans regretter Paris.*

L'argent donne de la beauté,
Fournit de la naissance ;
Il joint même à la qualité,
Le cœur et la science.

TRANSPARENT.

Peste.

ARLEQUIN.

Air : *Malheureuse journée.*

Veux-tu qu'une cruelle
Réponde à ton ardeur ?
Que l'époux de la belle
Cesse d'être grondeur ?
Accompagne ta flamme
De ce métal chéri.
Il fait parler la femme,
Et taire le mari.

TRANSPARENT.

Vive l'argent ! qu'il est doux d'en avoir !

ARLEQUIN TRAITANT.

ARLEQUIN.

Air : *La verte jeunesse.*

Il vient tout se rendre,
Chez le maltôtier.
Je m'offre à t'apprendre
Le fin du métier.
Je prétends plus faire :
Je veux que Catin
Avec toi, compère,
Joigne son destin.

TRANSPARENT, froidement.

Je vous suis bien obligé, Monsieur ; mais, ma foi...

ARLEQUIN.

Air : *Zon, zon, zon.*

Tu ne trouveras rien
D'égal à cette fille...

TRANSPARENT.

Monsieur, je le sais bien ;
(Souriant d'un air malin.)
Mais vous êtes un drille...
Et zon, zon, zon...

ARLEQUIN, l'interrompant.

Air : *Allons, gai.*

J'attache à cette brune,
Un emploi fort joli ;
Et par là ta fortune
Ne fera pas un pli.

TRANSPARENT, sautant de joie.

Allons, gai,
D'un air gai, etc.

ARLEQUIN.

Air : *Ramonez-ci, ramonez-là.*

Je vivrai d'une manière
Chez toi toute familière ;
J'y donnerai des repas.

TRANSPARENT.

Ramonez-ci, ramonez-là,
La, la, la,

La cheminé du haut en bas.

ARLEQUIN.

J'aperçois un de mes confrères. Va reprendre l'ouvrage, mon enfant... Nous finirons cette affaire-là incessamment.

SCÈNE VIII.

ARLEQUIN, BARBARIN.

ARLEQUIN.

Air : *Voulez-vous savoir qui des deux?*
Eh! bonjour, mon cher Barbarin!

BARBARIN, d'un air triste.
Bonjour.

ARLEQUIN.
Vous paroissez chagrin.
D'où procède votre tristesse?

BARBARIN.
Hélas! j'ai lieu d'être affligé.

ARLEQUIN.
Qu'avez-vous donc? Votre maîtresse
Auroit-elle déménagé?

BARBARIN.

Air : *Talalerire.*
Vraiment, vous avez bonne grâce
De railler dans ce tems fatal.
Ignorez-vous ce qui se passe?

ARLEQUIN.
Je m'en ris.

BARBARIN.
Mais au tribunal,
Sur vos faits qu'aurez-vous à dire?

ARLEQUIN.
Talaleri, talaleri, talalerire.

BARBARIN.
Fort bien. Et vous croyez qu'on se payera de cette monnoie-là?

ARLEQUIN.

Je ne crains rien, allez. J'ai un bon défenseur.

Air : *Du cap de Bonne-Espérance.*

Ami, je suis créature
D'un diable des plus méchans,
A qui, par ma signature,
Je me donne dans trente ans.
Si l'on me faisoit outrage,
Vous verriez un beau tapage.

BARBARIN, à part.

Ciel! est-il devenu fou?

(Haut.)

Mais il vous tordra le cou.

ARLEQUIN.

Oh! alors, comme alors!... Il y a aujourd'hui trois ans que j'ai fait pacte avec lui. J'en ai encore vingt-sept à mener bonne vie.

BARBARIN.

Je ne suis plus surpris à présent si vous avez fait tant de chemin en si peu de tems.

ARLEQUIN.

Air : *Amis, sans regretter Paris.*

Ma foi, je n'ai jamais connu
D'homme plus véritable.
Belphégor m'a toujours tenu
Parole en brave diable.

BARBARIN.

Parlons d'autre chose.

ARLEQUIN.

Air : *Vous m'entendez bien.*

Très volontiers. Expliquez-vous.

BARBARIN.

Mon cher, vous savez qu'entre nous,
Certaine manigance...

ARLEQUIN.

Hé bien!

BARBARIN.

Mérite récompense,
Vous m'entendez bien.

18.

ARLEQUIN.
Non, parbleu.

BARBARIN, sur le même air.
Pour vous l'expliquer en deux mots,
C'est par moi que nombre de sots
Vous ont ouvert leur bourse.

ARLEQUIN.
Hé bien !

BARBARIN.
Reconnoissez la source.

ARLEQUIN.
Vous n'en aurez rien.

BARBARIN, avec colère.
Quoi ! vous ne voulez pas me faire raison d'un gain aussi légitime que celui-là ?

ARLEQUIN.
Mais vous, Monsieur Barbarin, m'avez-vous fait raison du gain que vous avez fait sur l'escompte des billets de notre compagnie ? Vous avez compté de la perte à huit sols en dedans, et vous avez négocié à quatre sols en dehors.

BARBARIN.
Mais vous, m'avez-vous fait part du profit de ces doubles emplois de dépense que vous savez ?

ARLEQUIN.
Mais vous, quel compte m'avez-vous tenu de ce coup hardi que j'imaginai dans l'affaire des vivres ? Après le naufrage concerté de ces dix bateaux de farine, vous m'avez fait accroire qu'il n'y en avoit que quinze cens sacs de plâtre, et je sais qu'il y en avoit plus de quatre mille. Allez, vous êtes le plus grand des fripons.

BARBARIN, ôtant son chapeau.
Après vous, Monsieur.

AIR : *Quand je tiens de ce jus d'octobre.*
On n'a point vu d'un misérable
Barbarin escroquer d'avis.

ARLEQUIN.
Aussi les plaisirs et la table,
N'en ont pas été mieux servis

BARBARIN.
Je n'ai jamais retenu, comme vous, un sac de louis d'or donné
par un confrère pour un sac de mille livres en argent.
ARLEQUIN.
Pourquoi se méprenoit-il? Ce n'est pas ma faute.
BARBARIN.
On ne me reprochera pas, comme à vous...
ARLEQUIN.

AIR : *Mon père, je viens devant vous.*

Taisez-vous, insigne coquin.
BARBARIN.
Oui, j'en suis un, je vous le passe ;
Mais jamais, ainsi qu'Arlequin,
Je n'ai pillé la populace.
Tous ceux que mes vols ont lésés,
Étoient presque tous gens aisés.
ARLEQUIN.
Voler des gens riches!

AIR : *Tu croyois en aimant Colette.*

Oh! voilà de belles prouesses!
N'ai-je pas, moi, mieux mérité?
J'ai puisé toutes mes richesses
Dans le sein de la pauvreté.

Voilà ce qui s'appelle savoir travailler.
BARBARIN.

AIR : *Et zon, zon, zon.*

Ne discourons point tant.
Terminons cette affaire :
Il me faut du comptant.
ARLEQUIN.
Je vais vous satisfaire,
  Le frappant de sa batte.
Et zon, zon, zon.
BARBARIN.
Ah! maraud de confrère.
ARLEQUIN, *continuant à le frapper.*
Et zon, zon, zon,
Vous aurez du bâton.

BARBARIN, outré de colère.

Tiens, traître.

Air : *Et vogue la galère.*

Dans ma juste colère,
Je cours tout déclarer
Au tribunal sévère,
Dussé-je y demeurer.

Il sort.

ARLEQUIN, faisant l'action de ramer.

Eh bien, après?
Et vogue la galère.
Tant qu'elle, tant qu'elle,
Et vogue la galère,
Tant qu'elle pourra voguer.

SCÈNE IX.

ARLEQUIN, LE DOCTEUR, ISABELLE, COLOMBINE.

LE DOCTEUR, à Arlequin.

Air : *Réveillez-vous, belle endormie.*

Je vous amène ici ma fille.

ARLEQUIN.

En me donnant ce beau trésor,
Vous faites l'acquit d'un bon drille.

COLOMBINE, à part.

Oh! tu ne le tiens pas encor.

ARLEQUIN, prenant la main d'Isabelle.

Air : *Bannissons d'ici l'humeur noire.*

Vous allez, ma belle maîtresse,
Recevoir dans cet heureux jour,
Tout le produit de ma tendresse
Dans la caisse de votre amour.

Isabelle soupire.

ARLEQUIN.

Air : *Je suis la fleur des garçons du village.*

Je vous fais faire un superbe équipage.

On nous prendra pour gens de haut étage,
Ou pour le moins nous le croirons.
LE DOCTEUR, à Isabelle.
Air : *Landeriri.*

Mon gendre est grec dans son métier.
C'est un honnête maltôtier,
Landerirette.
Il a l'air d'être bon mari.
COLOMBINE, d'un ton moqueur.
Landeriri.
ARLEQUIN, au docteur.
Air : *Voulez-vous savoir qui des deux ?*
Elle est muette apparemment.
LE DOCTEUR, à Isabelle.
Ma fille, fais ton compliment.
ISABELLE, d'un air chagrin.
Je demande un délai, mon père,
De six mois...
ARLEQUIN, à Isabelle.
Vous avez grand tort :
L'amour ne veut pas qu'on diffère.
ISABELLE, à Arlequin.
Monsieur, rien ne presse si fort.
ARLEQUIN.
Air : *Comme un coucou que l'amour presse.*
Quand vous pouvez payer à vue,
Pourquoi demandez-vous du temps ?
LE DOCTEUR.
C'est une chose résolue :
Il faut finir : je le prétends.
La noce se fera à ma maison de campagne.
ARLEQUIN, au docteur.
Allez toujours m'attendre,
J'irai vous y trouver.
COLOMBINE, bas, à Isabelle.
Je vais dire à Léandre,
Qu'il vienne nous sauver.

Le docteur, Isabelle et Colombine sortent.

SCÈNE X.

ARLEQUIN, JASMIN.

ARLEQUIN.

Toi, Jasmin, vas de ma part chez ce fameux maître à danser, M. Cabril, dont on m'a parlé. Qu'il nous vienne trouver, avec ses danseurs, à la maison de campagne du docteur.

SCÈNE XI.

ARLEQUIN, M. BLAZONNET.

ARLEQUIN.

Eh bien, Monsieur Blazonnet, m'apportez-vous mes armes?

M. BLAZONNET.

J'en ai là à choisir.

ARLEQUIN.

Voyons.

M. BLAZONNET.

Voici d'abord un champignon d'or en champ de sable.

ARLEQUIN.

Un champignon! cela n'est pas mauvais; mais je ne voudrois point d'un vilain fond noir comme cela.

M. BLAZONNET.

Si vous voulez, on y mettra du sinople.

ARLEQUIN.

Quelle drogue est-ce que du sinople?

M. BLAZONNET.

C'est du vert.

ARLEQUIN.

Je suis las des couleurs.

M. BLAZONNET.

Vous aimerez peut-être mieux ce pourceau d'or en champ de gueules.

ARLEQUIN.

Très bien!

M. BLAZONNET.

Il a trois glands dans le groin, avec cette devise latine : *Virtuti debita merces.*

ARLEQUIN.

Fi! la vilaine devise!

M. BLAZONNET.

Mais, Monsieur....

ARLEQUIN.

Mais, je n'en veux point. On diroit que j'ai été mercier. Oui, *debita merces*, il a débité de la mercerie.

M. BLAZONNET, souriant.

Laissez-moi faire; je sais ce qu'il vous faut.

ARLEQUIN.

Combien me demanderiez-vous, Monsieur Blazonnet, pour faire passer une noblesse en fraude à mon profit?

M. BLAZONNET.

Diable! Il y a bien du travail à cela!... Un millier d'écus...

ARLEQUIN.

Comment!

M. BLAZONNET.

En conscience, ce n'est pas trop de mille écus.

ARLEQUIN.

Je ne sais point marchander; je vous donnerai les deux sols pour livre de cette somme-là.

M. BLAZONNET.

Hé, morbleu! vous ne savez pas la peine qu'il coûte à embrouiller certaines rotures qui...

ARLEQUIN.

Quelle peine trouvez-vous à cela?

M. BLAZONNET.

Malepeste! tenez, Monsieur, pour vous parler net, c'est que plus le linge est sale, plus il y faut de savon.

ARLEQUIN, en colère.

Attends, attends, insolent, je vais te donner du savon, moi.

Il conduit M. Blazonnet à coups de batte.

M. BLAZONNET, s'enfuyant.

A l'aide! au meurtre! on m'assassine!

SCÈNE XII.

ARLEQUIN, LA ROSE.

LA ROSE.

Air : *Pour passer doucement la vie.*
Une dame à tous nous tient tête,
Et malgré nous reste là-bas.
ARLEQUIN.
Ne t'ai-je pas ordonné, bête,
De dire que je n'y suis pas?

SCÈNE XIII.

ARLEQUIN, LA ROSE, MADEMOISELLE FURET.

MADEMOISELLE FURET, faisant une profonde révérence.
Air : *Je ne suis né ni roi, ni prince.*
Pardonnez-moi, je vous supplie,
Monsieur...
ARLEQUIN, à part.
Peste! qu'elle est jolie!
MADEMOISELLE FURET.
Ce procédé trop indiscret.
ARLEQUIN, haut.
Entrez, ma fille.
MADEMOISELLE FURET.
Je suis femme.
ARLEQUIN.
Tant mieux.
MADEMOISELLE FURET.
Je me nomme Furet.
ARLEQUIN, à La Rose.
Pourquoi faire attendre madame?

LA ROSE.
Air : *La verte jeunesse.*
Mais, monsieur l'ordonne,
Et dit, en un mot,
Qu'on n'ouvre à personne.
ARLEQUIN.
Vas, tu n'es qu'un sot,
Jamais de ma porte
Doit-on repousser,
Un minois qui porte
Son laissez-passer.

La Rose se retire.

SCÈNE XIV.

ARLEQUIN, MADEMOISELLE FURET.

MADEMOISELLE FURET.
Air : *Les filles de Nanterre.*
Je vous suis redevable.
ARLEQUIN.
Tudieu ! quel embonpoint !
Permettez, mon aimable,
Que... (Il lui met la main sous le menton.)
MADEMOISELLE FURET.
Ne badinez point.
(Arlequin continue de badiner.)
Air : *Les filles de Montpellier.*
Ah ! Monsieur...
ARLEQUIN.
Point de rigueur:
Bannissez toute grimace.
Voulez-vous dans votre cœur,
Me sous-fermer une place?
MADEMOISELLE FURET.
Ahi ! ahi ! ahi !
Ahi ! ahi ! ahi ! de grâce,
De grâce, ahi ! ahi ! ahi !

ARLEQUIN.

Air : *Ma raison s'en ra bon train.*

Oh! ça donc, venons au fait.
Que voulez-vous?

MADEMOISELLE FURET, lui passant la main sous le menton.

Mon poulet,
Je voudrois de vous,
Un bon...

ARLEQUIN.

Mes yeux doux,
Que faut-il pour vous plaire?

MADEMOISELLE FURET.

Un bon emploi pour mon époux.

ARLEQUIN.

Je ferai son affaire,
Lon la.
Je ferai son affaire.

Air : *Quel plaisir d'aimer sans contrainte.*

Voulez-vous qu'il soit sédentaire?

MADEMOISELLE FURET.

Mais vraiment, non, Monsieur, au contraire.

ARLEQUIN.

Bon, nous l'enverrons à la campagne.
Je le fourre au fond de la Bretagne.

MADEMOISELLE FURET.

Monsieur, c'est un gâte-ménage;
Défaites-m'en par quelque emploi.
Depuis trois ans de mariage,
Il faut que tout roule sur moi.

ARLEQUIN.

Air : *Hélas! la pauvre fille.*

Hélas! la pauvre femme!
Elle a le mal de tout!

Air : *Réveillez-vous, belle endormie.*

Je vous délivrerai, princesse,
De cet incommode mâtin.

MADEMOISELLE FURET.

Quand tiendrez-vous votre promesse?

ARLEQUIN.
Mais... repassez quelque matin.
MADEMOISELLE FURET, passant la main sous le menton d'Arlequin.
AIR : *Joconde*.

Maintenant, ne pourriez-vous pas?.
ARLEQUIN.
Non, ma foi, dont j'enrage.
Je me trouve dans l'embarras,
D'un nouveau mariage;
Mais, sans cela, mon petit cœur,
Vous sortiriez contente...
Je suis bien votre serviteur.
MADEMOISELLE FURET, d'un air mécontent, faisant la révérence.
Je suis votre servante.
ARLEQUIN.
Dame! ce n'est pas ma faute.

SCÈNE XV.

ARLEQUIN, LA ROSE, BELPHÉGOR, sous les habits d'un homme.

LA ROSE, arrêtant Belphégor à la porte.
Je vous dis que vous n'entrerez pas.
BELPHÉGOR.
AIR : *Du haut en bas*. (Rondeau.)
Oh! j'entrerai.
LA ROSE.
En ce jour, il n'entre personne.
BELPHÉGOR, le repoussant.
Oh! j'entrerai.
LA ROSE, s'opposant toujours à Belphégor.
Mais, Monsieur....
BELPHÉGOR, lui donnant un coup dans l'estomac.
Je t'étranglerai.

ARLEQUIN.
Quel est l'insolent qui raisonne?
LA ROSE, à Belphégor.
Vous voyez bien qu'on nous l'ordonne.
BELPHÉGOR, renversant La Rose.
Oh! j'entrerai.

La Rose se relève et se sauve.

SCÈNE XVI.

ARLEQUIN, BELPHÉGOR.

ARLEQUIN.
AIR : *Je ne suis pas si diable.*
Eh bien! quelle est l'affaire...
BELPHÉGOR, lui montrant un papier.
C'est un billet, seigneur.
ARLEQUIN à part.
Tant pis.
BELPHÉGOR.
Auquel j'espère
Que vous ferez honneur.
ARLEQUIN.
Oh! prenez patience.
BELPHÉGOR.
Vous serez obligeant.
ARLEQUIN.
Ma caisse, en conscience,
Est sans argent.
BELPHÉGOR, souriant.
AIR : *Le fameux Diogène*
Le billet qui m'amène,
De votre caisse pleine
Ne prétend rien ôter.
ARLEQUIN.
C'est parler en brave homme.

BELPHÉGOR.
Vous même êtes la somme.
Que je veux emporter.
ARLEQUIN, riant.
Ah! j'entends! (A part.) C'est quelque courtier de Cythère qui vient me chercher.

Belphégor laisse tomber ses habits d'homme, et paroît sous la figure d'un diable avec deux cornes qui s'élèvent tout à coup sur sa tête.

ARLEQUIN, épouvanté de cette métamorphose.

AIR : *Foudres d'Alceste.*

Quel fantôme en ces lieux,
O justes dieux!
Tout à coup s'offre à mes yeux!

BELPHÉGOR, arrêtant Arlequin qui fuit.
Halte-là, monstre odieux.

ARLEQUIN.
Venez, laquais, à mon secours.
A qui puis-je avoir recours?

BELPHÉGOR.
Tes gens viendroient vainement
Tous dans ce moment.
Tiens ton serment.
Ne m'as-tu pas donné ta foi? (Le prenant au collet,)
Scélérat, subis ma loi.

ARLEQUIN.
Qui? moi?

BELPHÉGOR.
Ne reconnois-tu pas Belphégor?

ARLEQUIN.
Mais à vous je ne suis point encor.

BELPHÉGOR, lui montrant son billet.
Regarde ton billet, butor.

ARLEQUIN.
Je sais le tems;
C'est dans trente ans.

BELPHÉGOR.
Voilà ton seing.
Démens ta main.

ARLEQUIN,
Repassez demain.

BELPHÉGOR.

Non, non, il faut soudain
Venir dans les enfers,
Y payer dans les fers
Tous les maux que par toi les peuples ont soufferts.
Lis ton billet.

ARLEQUIN, prend son billet et lit :

Air : *Joconde.*

Puisque Belphégor m'a promis
L'infernale assistance,
Qui fait d'un malheureux commis
Un traitant d'importance,
Je veux, par un juste retour,
Digne de son élève,
Que dans trois ans, à même jour,
Ce grand diable m'enlève.

A Paris, le 22 mars 1713.

Arlequin.

Arlequin, prévenu qu'il doit y avoir trente ans, dit d'abord *trente*; mais Belphégor le reprend, et le fait recommencer jusqu'à ce que Arlequin, ne pouvant plus douter qu'il n'y ait *trois* et non trente, s'écrie :

Ah! le traître! Il a gratté le zéro! Il y avoit trente; il n'y a plus que trois.

BELPHÉGOR.

Maraud, que veux-tu dire? Si je...

ARLEQUIN.

Air : *Voulez-vous savoir qui des deux?*

Ce n'est pas là mon numéro;
Remettez, de grâce, un zéro.
C'est à vos griffes charitables
Demander peu. Vous savez bien
Qu'entre nous traitans et vous diables
Un zéro ne nous coûte rien.

BELPHÉGOR, prenant Arlequin entre ses bras.

Non, non, point de quartier.

ARLEQUIN.

Air : 2e *Rigaudon de Galatée.*
Mais ce soir Isabelle

Couronne mon amour.
En faveur de la belle,
Accordez-moi ce jour.
Je voudrois bien danser.
BELPHÉGOR.
Oh ! tu viendras
Cabrioler là-bas.

Dans ce moment la terre s'ouvre. Belphégor s'abime avec Arlequin. Il sort du gouffre quatre démons, qui forment une danse, par laquelle ils expriment la part qu'ils prennent à la tromperie que Belphégor a faite à Arlequin.

FIN DU PREMIER ACTE.

ACTE DEUXIÈME.

Le théâtre représente le Tartare, où paroissent plusieurs personnes dans différens supplices.

SCÈNE I.

BELPHÉGOR, ARLEQUIN, COUPABLES.

BELPHÉGOR, aux coupables.
Air : *Je suis la fleur des garçons du village.*
Tristes sujets de cet empire sombre,
Je vous amène un gros traitant ;
Des malheureux il vient grossir le nombre.
Chantez ce nouvel habitant.

CHOEUR DE COUPABLES.

Air : *Y avance, y avance.*

Goûtons dans nos tourmens affreux
Le seul plaisir des malheureux.
Viens, camarade de souffrance,
Y avance, y avance, y avance :
Viens recevoir ta récompense.

ARLEQUIN.

Air : *Menuet de Monsieur de Grandval.*

Ah! quelle musique endiablée!
Quel chien de chorus est-ce là?
Je démêle en cette assemblée,
Nombre de voix de l'Opéra.

BELPHÉGOR.

Eh! mais, nous n'en manquons pas.

Air : *Quand je tiens de ce jus d'octobre.*

Puisque désormais tu dois être
Compagnon de ces garnemens,
Il faut qu'on te fasse connoître
La cause de leurs châtimens.

ARLEQUIN, *montrant un criminel à qui un vautour déchire le cœur.*

Air : *Comme un coucou que l'amour presse.*

Ne vois-je pas là Prométhée
Qui filouta le feu des cieux?

BELPHÉGOR.

Non. Sa peine étoit limitée;
Nous l'avons mis en d'autres lieux.
Dans les Champs-Élysées.

ARLEQUIN.

Air : *Le démon malicieux et fin.*

Et qui donc le remplace à présent?

BELPHÉGOR.

Un gascon, vain, fripon, médisant.

ARLEQUIN.

Qu'a-t-il fait?

BELPHÉGOR.

De mainte honnête femme
Il déchira la réputation.

Ce vautour, en lui déchirant l'âme,
Au crime égale la punition.
ARLEQUIN.
Air : *Bannissons d'ici l'humeur noire.*

Si vous mettez à telle gêne
Ceux qui tiennent pareils discours,
Seigneur Démon, je suis en peine
Où vous trouverez des vautours.

BELPHÉGOR, lui montrant un homme attaché à une roue.

Air : *Mon père, je viens devant vous.*

Regarde avec attention.
Cet homme qu'on tourne sans cesse,
A pris la place d'Ixion.
ARLEQUIN.
Eh bien, dites-moi quel homme est-ce ?
BELPHÉGOR.
C'est un célèbre médecin.
ARLEQUIN.
Ergo, très célèbre assassin.
BELPHÉGOR.
Justement.

Air : *Du cap de Bonne-Espérance.*

Sur celui de certain livre
Il établissoit son plan;
Croyant que l'homme pour vivre
N'avoit pas besoin de sang.
ARLEQUIN.
Il le tiroit ?
BELPHÉGOR.
Oui, sans doute;
Jusqu'à la dernière goutte
Monsieur le laissoit couler,
Pour le faire circuler.
ARLEQUIN.
Fort bien. Et vous faites circuler le docteur à son tour.

Air : *Tu croyais en aimant Colette.*

Mais quel est ce grand escogriffe
Qui roule un rocher sur ce mont ?
N'est-ce pas le pauvre Sisyphe ?

BELPHÉGOR.

C'est le poète Rodomont.

ARLEQUIN.

Oh! oh!

BELPHÉGOR.

AIR : *L'autre jour au bord d'une fontaine.*

Ce pied-plat de poète lyrique
   Fit grand nombre d'opéra ;
Partout il y défigura
Les Dieux et la gent diabolique.
Aussi les vit-on trébucher
   Toujours comme ce rocher.

ARLEQUIN.

AIR : *Quand on a prononcé ce malheureux oui.*

Y sera-t-il longtemps? Quand lui ferez-vous grâce?

BELPHÉGOR.

Lorsqu'un pareil auteur viendra prendre sa place.

ARLEQUIN.

S'il ne faut qu'un auteur d'un mauvais opéra,
J'en vois un près d'ici qui le remplacera.

Arlequin montre du doigt un homme assis sur le théâtre, parmi les spectateurs. Cet homme se lève en colère, et apostrophant Arlequin, lui dit :

L'HOMME.

A qui en veut donc ce maraud? (Aux personnes qui sont à côté de lui.) Laissez-moi passer, s'il vous plaît, Messieurs (1).

Il s'avance sur le théâtre d'un air furieux, et dit, en donnant de ses gants par le visage d'Arlequin et de Belphégor.

Vous êtes de plaisantes canailles de...

ARLEQUIN, se démasquant.

Comment, Monsieur, est-il permis de venir ainsi sur un théâtre interrompre un spectacle?

L'HOMME, lui donnant un coup de poing.

Tais-toi, gueux.

ARLEQUIN, criant de toutes ses forces :

A la garde! à la garde!

---

(1) Cet incident peut être regardé comme l'origine des « *Scènes dans la salle* » dont on a tiré tant de parti et si souvent par la suite.

La garde arrive sur le théâtre, ce qui laisse le spectateur dans l'attente d'un événement sérieux ; mais l'homme, qui se trouve être un acteur, chante :

AIR : *Voulez-vous savoir qui des deux ?*

Je vous trouve bien insolens
De critiquer d'honnêtes gens.

Il est interrompu en cet endroit par les cris de surprise des spectateurs qui reconnoissent agréablement leur erreur.

C'est bien à des acteurs de foire,
Trop indignes de mon courroux,
D'oser ici flétrir ma gloire.

ARLEQUIN, remettant son masque.

Hé, pourquoi le prendre pour vous ?

BELPHÉGOR.

AIR : *Je ne suis né ni roi, ni prince.*

Cet homme de peu de cervelle
Vient se brûler à la chandelle :
Il arrive fort à propos.
Oui, pour prix de son incartade,
Je vais lui mettre sur le dos
La pierre de son camarade.

Belphégor l'emmène au fond du théâtre, où il lui met sur les épaules a pierre de Sisyphe, mais l'acteur la replace sur le dos du poète qui en étoit chargé, et il se retire. Belphégor revient et continue à faire remarquer à Arlequin les criminels :

AIR : *Réveillez-vous, belle endormie.*

Observe ces femmes perfides
Qui veulent remplir ce tonneau.

ARLEQUIN.

Seroient-ce encor les Danaïdes ?

BELPHÉGOR.

Non, vraiment ; c'est du fruit nouveau.

AIR : *On n'aime point dans nos forêts.*

Ce sont des filles de Paris,
Qui, pour fournir à leur dépense,
Réduisirent leurs favoris
A la plus affreuse indigence,
Sans en avoir jamais assez.

ARLEQUIN.

C'étoient de vrais tonneaux percés.

Et ces pauvres diables qui sont en presse sous cette grosse montagne?

BELPHÉGOR.

Air : *Si dans le mal qui vous possède.*

C'est une clique téméraire
D'auteurs, grands ennemis du grec ;
Des modernes qui, sans respect,
Se sont élevés contre Homère (1).

ARLEQUIN.

Vous recevrez en peu de tems
Un café plein de ces Titans.

BELPHÉGOR.

Air : *Je ne veux point troubler votre ignorance.*

Tourne les yeux sur cette onde fatale.
Reconnois-tu cet honnête habitant?

ARLEQUIN.

A son maintien, je le prends pour Tantale.

BELPHÉGOR.

Ce n'est plus lui, c'est un fameux traitant.

ARLEQUIN.

Un traitant! Ciel! qu'a-t-il donc fait?

BELPHÉGOR.

Demande-le lui.

ARLEQUIN.

Air : *Perroquet mignon.*

Traitant, mon garçon,
Dis-moi sans façon
Pour quel sujet te punit-on
De cette manière?

LE TRAITANT.

J'ai calculé,
J'ai doublé,
J'ai triplé.
J'ai volé.
En faisant ma carrière,

(1) Allusion à la grande querelle des anciens et des modernes qui partagea le monde littéraire de cette époque et aux polémiques de Lamotte-Houdard contre Mme Dacier.

De même que toi,
Le peuple et le roi.

ARLEQUIN.

Air : *Comme un coucou que l'amour presse.*

Que je te plains, mon cher confrère !
Hélas ! je voudrois te sauver.

BELPHÉGOR.

Vraiment, l'ami, tu vas le faire ;
C'est toi qui dois le relever. (Il tiraille Arlequin.)

ARLEQUIN.

Miséricorde ! Mais, mais, attendez donc...

BELPHÉGOR.

Ta résistance est vaine.

ARLEQUIN.

Et quand me relèvera-t-on, moi ?

BELPHÉGOR.

Air : *Je ne suis né ni roi, ni prince.*

Lorsque dans ces lieux quelque diable
Nous amènera ton semblable.

ARLEQUIN.

Hélas ! j'y suis donc pour longtems !
Mes pareils ne pouvant plus mordre
Vont devenir honnêtes gens :
Là-haut on y donne bon ordre.
Ahi-ouf. (Il pleure.)

Belphégor veut le mettre à la place de l'autre traitant, lorsque Astarot arrive.

SCÈNE II.

ARLEQUIN, BELPHÉGOR, ASTAROT, COUPABLES.

ASTAROT.

Air : *Les Trembleurs.*

Que l'on me prête silence.
Pluton veut qu'en diligence,

Pour célébrer sa naissance,
On déchaîne tous ces gens.
Il prétend qu'en son empire
Nul aujourd'hui ne soupire.
(A Belphégor.)
Il m'a chargé de te dire
De lâcher jusqu'aux sergens.

ARLEQUIN.

Bon. C'est autant de rabattu.

BELPHÉGOR.

Air : *Menuet d'Hésione.*

Quoi ! n'a-t-il pas assez de diables
Pour cet effet, dans son enfer ?

ASTAROT.

Il le veut.

BELPHÉGOR.

A ces misérables
Ces plaisirs coûteront bien cher !

Astarot s'en retourne.

SCÈNE III.

ARLEQUIN, BELPHÉGOR, COUPABLES.

ARLEQUIN.

Air : *O reguingué, ô lon lan là.*

Hélas ! qu'as-tu fait, Arlequin
En traitant avec ce coquin ?

BELPHÉGOR.

Comment donc ? Que dit ce faquin ?

ARLEQUIN.

Un procureur dans son étude
A ses clercs n'est guère plus rude.

BELPHÉGOR, aux coupables, après les avoir déchaînés.

Air : *Bouchez, naïades, vos fontaines.*

Pour quelques momens je vous laisse.
Je vais revenir. (Il sort.)

ARLEQUIN TRAITANT.

ARLEQUIN.
Rien ne presse.
Puisses-tu te casser les bras !
UN DES COUPABLES.
Tu te fais de belles affaires.
Quand on ne le ménage pas,
Il vous met avec les notaires.
ARLEQUIN.
Hoüné.

SCÈNE IV.

ARLEQUIN, COUPABLES.

DEUX FILLES.

AIR : *Bannissons d'ici l'humeur noire.*

Profitons d'un jour favorable ;
Goûtons ces momens précieux.
Quand le plaisir est peu durable,
Il en est plus délicieux.

UN DES COUPABLES.

AIR : *Cotillon des Fêtes de Thalie.*

Dansons le nouveau cotillon,
Rions, chantons tous, faisons carillon :
Venez, danseuses,
Tricoteuses,
Montrez-nous ces pas,
Qui faisoient valoir vos appas.
Dansons le nouveau cotillon ;
Rions, chantons tous, faisons carillon.

Alors quatre Danseurs et quatre Danseuses, vêtus à la Romaine, viennent danser. Après la danse, un des coupables va prendre Arlequin qui s'étoit retiré au fond du théâtre, où, pendant la danse, il a paru triste et rêveur, et lui dit :

UN DES COUPABLES.

AIR : *On n'aime point dans nos forêts.*

Viens te divertir avec nous ;
Quitte ton air mélancolique.

ARLEQUIN.

Ma foi, vous êtes de grands fous.
Laissez la danse et la musique.
Mes amis, il vaut beaucoup mieux
Tâcher de sortir de ces lieux.

UN DES COUPABLES.

AIR : *Du cap de Bonne-Espérance.*
Par où veux-tu qu'on en sorte ?

ARLEQUIN.

J'en trouverai le moyen.

LE COUPABLE.

Nous avons à cette porte
Un épouvantable chien,
Le Cerbère à triple tête.

ARLEQUIN.

Allez, ce n'est qu'une bête.
Fondez sur lui tout à coup
Et vous en viendrez à bout.

CHOEUR DE COUPABLES.

Fondons sur lui tout à coup
Et nous en viendrons à bout.

LE POÈTE, qui étoit à la place de Sysiphe.

AIR : *Je ne suis né ni roi, ni prince.*
Combattans, courez à la gloire :
Je chanterai votre victoire.

ARLEQUIN.

A propos, l'ami, tu peux bien
Nous aider de ton ministère.
Tu fais des vers à tuer chien.
Fais-nous en pour tuer Cerbère.

Çà, camarades, pendant que les diables sont en débauche, profitons de l'occasion. (L'orchestre joue un air de combat.)

CHOEUR DE COUPABLES.

AIR *De monsieur de la Croix.*
Allons, amis, tenons pied ferme !

Arlequin, pendant le choc, saute par-dessus Cerbère et se sauve.

Notre libérateur a déjà su passer.

Cerbère terrasse tous les coupables, qui demeurent immobiles, et la porte des Enfers se referme avec grand bruit.

UN DES COUPABLES, effrayé.
Mais quoi, la porte se referme :
Cerbère vient tout terrasser.
L'antre éclate, Pluton menace,
Ah! quels affreux mugissemens.
Tristes effets de notre vaine audace,
Que vous nous annoncez de rigoureux tourmens.

SCÈNE V.

PLUTON, BELPHÉGOR, COUPABLES, DÉMONS.

Les Démons, par une marche de fureur, annoncent l'arrivée du Dieu des Enfers.

PLUTON.

AIR : *Quand on a prononcé ce malheureux oui.*

Comment donc, malheureux, vous avez l'insolence,
De vouloir vous soustraire à mon obéissance.

CHOEUR DE COUPABLES.

Pluton, ô grand Pluton, ayez pitié de nous!

PLUTON.

Vos larmes, scélérats, redoublent mon courroux.

BELPHÉGOR.

AIR : *Voulez-vous savoir qui des deux?*

De tes bontés vois les effets.

PLUTON.

Qu'on les renchaîne pour jamais.

BELPHÉGOR.

Mais, quoi? Je ne vois point paroître
Notre partisan Arlequin?

UN DES COUPABLES.

Il s'est sauvé.

BELPHÉGOR, *s'apprêtant à poursuivre Arlequin.*

Cherchons le traître.

PLUTON, *le retenant.*

Ne cours point après ce coquin.

AIR : *Joconde.*

Puisque nous sommes dans un tems
Contraire à la finance,
Et que, délivré des traitans,
Chacun respire en France,
Nous pouvons compter qu'un maraud
Dont l'âme est si vénale,
Mieux qu'ici va souffrir là-haut
Le tourment de Tantale.

CHOEUR DE DÉMONS ET DE COUPABLES.

AIR *De monsieur de la Croix.*

Que la faim lui livre la guerre ;
Que le bonheur d'autrui blesse toujours ses yeux ;
Qu'il puisse souffrir sur la terre
Les maux qu'il méritoit de souffrir en ces lieux.

L'acte finit par une danse de Démons.

FIN DU DEUXIÈME ACTE

ACTE TROISIÈME.

Le théâtre représente une maison de campagne dans les ailes, et une rivière dans l'enfoncement.

SCÈNE I.

ISABELLE.

AIR : *Le jeune berger qui m'engage.*
Tendres oiseaux de ce bocage,
Hélas ! que vous êtes heureux !

Vous pouvez, par un doux ramage,
Chanter vos plaisirs amoureux.
Vous n'avez point de loi sévère.
Tous libres dans ce beau séjour,
Vous ne connoissez plus de père,
Dès que vous connoissez l'amour.

SCÈNE II.

ISABELLE, COLOMBINE.

COLOMBINE.

Air : *J'entends déjà le bruit des armes.*
Allons! Madame le tems presse ;
Léandre ici vient d'arriver,
N'écoutez que votre tendresse,
Venez, il va nous enlever.

ISABELLE, soupirant.

Hélas !

COLOMBINE.

Partons : point de foiblesse,
Peut-on autrement vous sauver?

ISABELLE.

Air : *L'autre jour ma Chloris.*
O devoir rigoureux !
Hélas ! que dois-je faire?
Dois-je immoler mes feux,
Ou fuir loin de mon père?
J'écoute tour à tour,
Le devoir et l'amour.

SCÈNE III.

ISABELLE, COLOMBINE, LÉANDRE.

LÉANDRE.

Air : *Réveillez-vous, belle endormie.*
Madame, une nacelle est prête
Pour vous éloigner de ces lieux.
ISABELLE, tremblante.
O juste ciel !
COLOMBINE.
Qui vous arrête ?
Craignez un hymen odieux.
LÉANDRE.
Air : *Ah ! qu'il y va gaîment.*
Ah ! si vous m'aimez tendrement,
Venez dans ce moment,
Sauvez-vous avec votre amant.
Tout le long de la rivière,
Ah ! qu'il ira, ma bergère,
Ah ! qu'il ira gaîment.
ISABELLE.
Je veux bien suivre votre sort ;
Mais, pour me satisfaire,
Employons un dernier effort
Sur l'esprit de mon père.
LÉANDRE.
Je l'aperçois : il vient à nous.
Parlons tous deux, Madame.
COLOMBINE.
Tombons tous trois à ses genoux.
Pour mieux toucher son âme.

SCÈNE IV.

ISABELLE, COLOMBINE, LÉANDRE, LE DOCTEUR.

LE DOCTEUR, d'un air brusque.

AIR : *Quel plaisir de revoir Claudine.*

Vous, ici ! Seigneur Léandre,
Je suis surpris de vous voir.
Hé, que pouvez-vous prétendre ?
LÉANDRE.
Vous marquer mon désespoir.
(Se jetant aux pieds du docteur.)

AIR : *Malheureuse journée.*

Entrez dans les alarmes
Que me cause ce jour.
ISABELLE, tombant aux genoux de son père.
Voyez couler mes larmes.
LÉANDRE.
Écoutez mon amour.
COLOMBINE, se jetant aussi aux pieds du docteur.
De ces amans fidèles
N'aurez-vous point pitié ?
Ce sont deux tourterelles
Qui vont sécher sur pié.
LE DOCTEUR, attendri, tire son mouchoir pour essuyer ses pleurs.

AIR : *O reguingué, ô lon lan la.*

Mes enfants, je sens vos douleurs ;
Je ne puis retenir mes pleurs.
COLOMBINE, à part.
Il est touché de nos malheurs.
LE DOCTEUR.
Mais, je suis homme de parole.
(A Isabelle.)
Ma fille, à regret je t'immole.

ISABELLE, apercevant La Rose.
Air : *Pour passer doucement la vie.*
Oh ciel! Arlequin va paroître!
Un de ses laquais vient ici.

SCÈNE V.

ISABELLE, COLOMBINE, LÉANDRE, LE DOCTEUR, LA ROSE.

LE DOCTEUR.
Quelles nouvelles de ton maître?
LA ROSE, essoufflé.
Ah! Monsieur, j'ai bien du souci.
LE DOCTEUR.
Qu'y a-t-il donc?
LA ROSE.
Air : *Je ne suis né ni roy ni prince.*
Il a disparu...
LE DOCTEUR.
Quoi! La Rose!
LA ROSE.
Sans qu'on puisse en savoir la cause.
Je l'ai cherché dans cent maisons,
J'ai parcouru toute la ville,
Visité toutes les prisons,
J'ai pris une peine inutile.
Il faut que le diable l'ait emporté.
LÉANDRE, à part.
Qu'entends-je!
COLOMBINE.
Oh! oh!
ISABELLE.
Que vient-on nous dire?
LÉANDRE.
Air : *Quand le péril est agréable.*
Il a peut-être pris la fuite.

LA ROSE.
C'est ce que pensent ses amis.
On dit même que l'on a mis
　　Des gens à sa poursuite.
ISABELLE.
AIR : *L'autre nuit, j'aperçus en songe.*
Ce bruit n'est pas sans vraisemblance,
Puisqu'il ne paroît point ici.
LE DOCTEUR.
Je commence à le croire aussi.
COLOMBINE.
Déterminez-vous.
LE DOCTEUR.
　　Patience,
Attendons encore un moment.
COLOMBINE.
Pourquoi ce vain retardement?
LÉANDRE, au docteur.
AIR : *Comme un coucou que l'amour presse.*
Un pareil bruit doit vous suffire,
Pour rompre tout engagement.
COLOMBINE.
Oui, vous n'avez qu'à vous dédire.
LA ROSE.
Et vous ferez fort sagement.
COLOMBINE.
AIR : *Menuet de M. de Grandval.*
Où pourrez-vous trouver un gendre
Qui soit égal à celui-ci?
LE DOCTEUR.
A vos raisons il faut se rendre,
Le traitant ne... Mais le voici.

SCÈNE VI.

LE DOCTEUR, ISABELLE, LÉANDRE, COLOMBINE, LA ROSE, ARLEQUIN, habillé richement.

LÉANDRE.

Que vois-je!

ISABELLE.

O ciel!

COLOMBINE.

Que la peste le crève.

ARLEQUIN, sans les apercevoir.

Air : *Robin, turelure lure.*

Ma foi, monsieur Belphégor,
Vous perdez votre capture;
Et je vais au peuple encor.
Turelure,
Donner de la tablature,
Robin, turelure lure.

(Apercevant le docteur, qui vient au-devant de lui, et l'esprit encore plein de Démons, il dit avec effroi :)

Comment! encore des diables!

LE DOCTEUR.

Air : *Je passe la nuit et le jour.*

Eh! mon gendre, d'où sortez-vous?
Vous nous avez mis fort en peine.

ARLEQUIN, tout essoufflé.

J'étois.....

LE DOCTEUR.

Parlez, dites-le nous.

ARLEQUIN.

Oh! laissez-moi reprendre haleine...
Vous ne savez peut-être pas
Que je sors... d'un grand embarras,
Grand embarras (*bis*).
Que je sors d'un grand embarras.

LE DOCTEUR.

Comment donc?

ARLEQUIN.

Je viens d'être arrêté en chemin par une comtesse qui est folle de moi, et que je n'aime point.

LÉANDRE, à part.

Le fat!

ARLEQUIN.

Air : *J'ai fait souvent résonner ma musette.*

Cette beauté, me voyant peu traitable,
De m'enlever avoit fait les apprêts.
Elle vouloit... Tenez. C'étoit un diable,
Qui fort longtems m'a serré de bien près.

LE DOCTEUR, riant.

Air : *Du cap de Bonne-Espérance.*

Ah! la méchante comtesse!

COLOMBINE.

Admirez le bel oiseau.

ARLEQUIN, regardant Léandre, qui parle bas à Isabelle.

Mais auprès de ma maîtresse,
Quel est donc ce damoiseau?

LE DOCTEUR.

Comme ami de la famille,
Il félicite ma fille.

ARLEQUIN.

Ami, tant qu'il vous plaira,
Le drôle décampera.
Oh! ventrebleu! j'ai vu le feu, moi.

(A Léandre d'un air menaçant.)

Air : *On n'aime point dans nos forêts.*

Parlez, monsieur le doucereux.
Vous plaît-il de quitter la place?

LÉANDRE, mettant la main sur la garde de son épée.

Que veux-tu dire, malheureux?

ARLEQUIN, au docteur.

Mais, voyez un peu son audace.
Il se fera rouer de coups.

LE DOCTEUR, à Léandre.

Allez, Monsieur, retirez-vous.

Je ne veux point de bruit chez moi.

LÉANDRE, à Isabelle.

Air : *Je reviendrai demain au soir.*

Si je ne puis vous conquérir,
Je veux du moins périr (*bis*).
(Il met l'épée à la main, et courant sur Arlequin.)
Il faut que ton sang répandu...

ARLEQUIN, se cachant derrière le docteur.

A moi, je suis perdu! (*bis*).

COLOMBINE.

Heu! le poltron!

LE DOCTEUR, retenant le bras de Léandre.

Arrêtez, Léandre... Vous oubliez...

LÉANDRE, remettant son épée.

Air : *Réveillez-vous, belle endormie.*

Eh! bien, soit, je vous sacrifie
Ma fureur.

ARLEQUIN.

Je ne te crains pas.

LÉANDRE.

Insolent, tu ne dois la vie
Qu'au respect qui retient mon bras.

ARLEQUIN.

Voilà un rival bien redoutable!

Air : *Tu croyois, en aimant Colette.*

Ton fer est ta seule ressource.
Tu veux te battre en estafier;
Moi, je mets la main à la bourse :
C'est le combat du financier.

Le docteur s'approche d'Arlequin, pour lui parler à l'oreille.

LÉANDRE, s'adressant alors à Isabelle.

Air : *Menuet d'Hésione.*

Sauvons-nous, ma chère Isabelle;
Vous ne devez plus balancer.

ISABELLE.

Je me rendrois trop criminelle,
Léandre, il n'y faut plus penser.

LÉANDRE.
O ciel! que dites-vous?

LE DOCTEUR, prenant Arlequin par la main.

Air : *Ce n'est point par effort qu'on aime.*
Rentrons tous. Suivez-moi, mon gendre.

LÉANDRE, à Isabelle.
Vous n'avez-point pitié de moi.

ISABELLE, saluant tristement Léandre.
Hélas! je ne puis me défendre
De suivre une barbare loi.

COLOMBINE, suivant sa maîtresse, qui se retire.
Nous voilà sans espoir, Léandre.

ARLEQUIN, à Léandre, d'un air insultant.
Vous êtes tondu, par ma foi.

LÉANDRE, avec désespoir.
Grands Dieux!

ARLEQUIN, effrayé du regard de Léandre.
Hoïmé! ce n'est pas moi.

Il pousse, fait tomber le docteur, et saute par-dessus pour se sauver dans la maison.

SCÈNE VII.

LÉANDRE, seul.

Air : *Menuet de monsieur de Grandval.*
Tout près d'épouser Isabelle,
Je vois renverser mon espoir.
Quel coup! O fortune cruelle,
Tout fléchit sous votre pouvoir.

SCÈNE VIII.

LÉANDRE, PIERROT.

PIERROT, tout essoufflé.

Air : *L'amour me fait, lon, lon la.*
Qui, diantre, vous arrête?
Vous me faites courir...
Monsieur, la barque est prête.

LÉANDRE.
Ah! laissez-moi périr!
L'amour me fait, lon-lan-la,
L'amour me fait mourir.

PIERROT.

Air : *L'autre nuit j'aperçus en songe.*
Qui vous trouble donc la cervelle?

LÉANDRE.
L'événement le plus fatal.
Apprends qu'un indigne rival
Va posséder mon Isabelle.
Il faut, pour terminer mon sort,
Que je me donne ici la mort.

(Il tire son épée, et veut s'en percer.)

PIERROT, lui saisissant le bras.

Air : *Quand on a prononcé ce malheureux oui.*
Mais vous n'y pensez pas. Morgué, quelle sottise.
De faire tant de train pour cette marchandise!
Vous en aurez un jour tout chargé votre cou,
Et vous direz alors : Bon Dieu, que j'étais fou!

LÉANDRE, cherchant à se débarrasser.

Air : *La ceinture.*
Laisse-moi.

PIERROT, lui arrachant son épée.
Non, je ne veux pas.

LÉANDRE.
Rends-moi ce fer.

PIERROT.
Vaine prière.

LÉANDRE.
Je vais donc chercher le trépas
Dans cette profonde rivière.

Léandre s'échappe des mains de Pierrot, le renverse, et va se précipiter dans la rivière. N'ayant pas le courage de se jeter à l'eau pour sauver son maître, Pierrot s'écrie :

Ah! mon pauvre maître!.. Au feu! au feu!... Allons chercher monsieur le docteur.

Il sort en courant.

SCÈNE IX.

VÉNUS, seule, dans sa conque.

AIR : *Amis, sans regretter Paris.*

Naïades, courez au secours
De cet amant fidèle.
Vénus s'intéresse à ses jours :
Marquez-lui votre zèle.

Vénus disparoît. En même temps on voit sortir du sein des eaux quatre Naïades, qui prennent Léandre entre leurs bras et le portent sur le rivage.

SCÈNE X.

LÉANDRE, QUATRE NAIADES.

LES NAIADES.

AIR : *L'autre jour, mon beau serviteur.*

Témoignons notre empressement
A l'aimable déesse.
Qu'à sauver ce fidèle amant,

A l'envi l'on s'empresse.
Vénus a voulu de son sort
Changer l'arrêt funeste.
(A Léandre.)
Amant, nous vous mettons à bord,
L'amour fera le reste.

Les Naïades déposent Léandre sur le rivage; puis elles disparoissent en plongeant.

SCÈNE XI.

LÉANDRE, LE DOCTEUR, ISABELLE, COLOMBINE, ARLEQUIN, PIERROT.

PIERROT.

Air : *Mon père, je viens devant vous.*

Oui, tenez, c'est dans ce lieu-là
Qu'il s'est jeté dans la rivière.
(Apercevant Léandre couché sur le rivage.)
Mais, Dieu me sauve, le voilà
Tout étendu sur la poussière.
(A Léandre, en le soulevant.)
Monsieur...

LE DOCTEUR.

Nos soins sont superflus.

ISABELLE.

Ah! mon cher amant ne vit plus!

COLOMBINE.

Quel malheur!

ISABELLE.

Air : *Qu'on apporte bouteille.*

Léandre, mon fidèle,
Répondez à ma voix.

LÉANDRE, entr'ouvrant les yeux.

Hé quoi, c'est ma chère Isabelle!

PIERROT, gaîment, en relevant Léandre.

Mon cher maître, je vous revois.

ARLEQUIN.
Oh! oh! le défunt n'est pas mort!

ISABELLE.
Je n'en puis plus.
(Elle s'évanouit dans les bras de Colombine.)

COLOMBINE, au docteur.
Vous allez perdre votre fille, Monsieur, si vous ne la donnez à Léandre.
(Elle frotte les narines d'Isabelle d'eau de la reine de Hongrie.)

LE DOCTEUR, à Léandre.
J'admire des feux si constans,
Un si rare courage;
(Montrant Arlequin.)
Mais à monsieur, depuis longtems,
Ma parole l'engage.

PIERROT, montrant son maître.
Dites, monsieur le médecin,
Qu'on lui baille un verre de vin.

C'est le plus pressé. Ça l'accommodera mieux à cette heure qu'une femme.

LE DOCTEUR.
AIR : *Tout le long de la rivière.*
Chez moi qu'on l'emmène.

ARLEQUIN.
Il faut le jeter
Plutôt dans la Seine.
Laissons-le flotter
Tout le long de la rivière.
Laire, lon lon la,
Tout le long de la rivière,

COLOMBINE, à Arlequin.
Je te voudrois là.

SCÈNE XII.

LE DOCTEUR, ISABELLE, LÉANDRE, COLOMBINE, ARLEQUIN, UN EXEMPT, six ARCHERS.

ARLEQUIN.
Air : *Allons-nous-en, toutes ces filles.*
Mais ici quel homme s'avance?
C'est justement ce que j'attends.
(A l'exempt.)
L'ami, serons-nous bien contens?
Vous êtes, je pense,
Le maître de danse...
L'EXEMPT.
Oui, Monsieur, depuis quelque tems,
Je montre à danser aux traitans,
(Montrant ses archers.)
Air : *D'une main je tiens mon pot.*
Et voici les violons.
(Aux archers.)
Allons, enfans, allons;
Empoignez-moi ce misérable.
ARLEQUIN, tirant sa bourse.
Oh! je vais vous rendre traitable!
Acceptez...
L'EXEMPT.
Non, point de raison.
Vous viendrez en prison.
Les archers prennent Arlequin au collet.
ARLEQUIN.
Ah, morbleu! me voilà tombé de fièvre en chaud mal!
LÉANDRE, appuyé sur Pierrot.
Quel espoir me rappelle à la vie?
ISABELLE.
Dois-je croire ce que j'entends?

COLOMBINE.

Quel bonheur!

LE DOCTEUR, à l'exempt.

AIR : *Menuet de monsieur de Grandval.*

Vous vous méprenez; c'est mon gendre.
  L'EXEMPT.
N'est-il pas traitant?
  LE DOCTEUR.
    Oui, Monsieur.
  L'EXEMPT.
Je ne saurois donc me méprendre,
Quand je le prends pour un voleur.

ARLEQUIN, se jetant aux pieds du docteur.

Monsieur le médecin, ne m'abandonnez pas.

L'EXEMPT, voulant faire marcher Arlequin.

AIR : *Le fameux Diogène.*

Ça, marchons.
  ARLEQUIN.
   Eh! beau-père,
Par votre savoir-faire,
Rendez-les moi perclus!
Lâchez-moi, je vous prie,
Quelque paralysie
Sur tous ces pousse-culs.
  LE DOCTEUR.
Mais, monsieur l'exempt...
  L'EXEMPT.
Mais, monsieur le docteur, ne vous mêlez point de cet homme-là.

AIR : *Sens dessus dessous.*

C'est bien le plus grand des fripons;
Et c'est moi qui vous en réponds.
Il auroit mis la France entière,
  Sens dessus dessous,
  Sens devant derrière.
Si l'on n'eût arrêté ses coups,
  Sens devant derrière,
  Sens dessus dessous.

LE DOCTEUR, à Arlequin.

AIR : *Un petit moment plus tard.*

Je t'abandonne, malheureux.
(A Léandre.)
Approchez, Léandre.
C'en est fait, je comble vos vœux.

LÉANDRE.

Que viens-je d'entendre?

COLOMBINE, à Isabelle.

C'est un grand coup de hasard
Qui vous a secourue.

ISABELLE.

Un petit moment plus tard,
J'étois, j'étois perdue.

L'EXEMPT, poussant Arlequin.

Dépêchons-nous... Marche!

Dans ce moment, le maître à danser qu'on attendoit arrive avec des danseurs.

SCÈNE XIII.

LES ACTEURS DE LA SCÈNE PRÉCÉDENTE, M. CABRIL, maître à danser, SIX DANSEURS.

M. CABRIL, à ses danseurs.

AIR : *L'autre jour dans un bocage.*

Avancez, troupe brillante.
Il faut faire de votre mieux,
Dans ces lieux.
Ma foi, mon ballet m'enchante!
Ah! ah! ah! qu'il est gracieux!
Il plaira, je vous assure,
Mais allez donc, plus de mesure,
Ta ra la, la, la.
(Apercevant Arlequin.)
Ah! vous voilà.
Remarquez bien cela.

ARLEQUIN.
Non, mon cher, il n'est plus tems;
(Montrant l'exempt.)
Voici le maître que je prends;
Mais c'est malgré moi, je vous jure.

Le maître à danser croit que l'exempt est un autre maître qui vient sur ses brisées. Il enfonce son chapeau, et mettant la main sur la garde de son épée.

M. CABRIL.
Comment? quel soufflet
Pour mon ballet!
Nous allons voir
Qui des deux doit l'avoir.

Il tire son épée et attaque l'exempt. Les archers d'une part et les danseurs de l'autre se chargent avec furie.

ARLEQUIN, se sauve dans la maison du docteur, en criant.
Sauve qui peut!

LE DOCTEUR.
Messieurs, ne faites point de bruit. C'est une méprise. On attendoit...

L'EXEMPT.
AIR : *Mon père, je viens devant vous.*

Je crois que tous ces gens sont fous.
Ai-je l'air d'un maître de danse?
(Regardant M. Cabril d'un air dédaigneux.)
Si je n'avois pitié de vous,
Je rabattrois votre insolence.

M. CABRIL.
Comment donc? Voyez ce faquin.

L'EXEMPT, inquiet.
Mais je ne vois plus Arlequin.

L'exempt et les archers vont à la recherche d'Arlequin dans la maison du docteur.

SCÈNE XVI.

LE DOCTEUR, ISABELLE, LÉANDRE, COLOMBINE, PIERROT, M. CABRIL, LES DANSEURS.

M. CABRIL, à Colombine.
AIR : *Charivari.*

Dites-moi que signifie
  Tout ce beau train.
COLOMBINE.
On vient, pour friponnerie,
  Prendre Arlequin,
Et voilà ce qui cause ici,
  Charivari.

M. CABRIL, à la compagnie.
AIR : *Par bonheur ou par malheur.*

Que deviendra mon ballet?
COLOMBINE, lui caressant le menton.
On s'en servira, poulet.
LE DOCTEUR.
Allez..... j'en fais mon affaire.
LÉANDRE.
L'ami, vous serez content.
PIERROT.
Il saura vous satisfaire,
Quoiqu'il ne soit pas traitant.

SCÈNE XV.

LES ACTEURS DE LA SCÈNE PRÉCÉDENTE, L'EXEMPT, Archers, ARLEQUIN.

Arlequin arrive ayant du foin sur son chapeau, dans ses manches et entre le juste-au-corps et la chemise. Deux archers le tiennent par les bras.

L'EXEMPT.

Air : *On n'aime point dans nos forêts.*
A la fin, nous l'avons trouvé.
ARLEQUIN.
Hélas! quartier, je vous en prie.
LE DOCTEUR.
Mais où s'étoit-il donc sauvé?
L'EXEMPT.
Dans le grenier, sur l'écurie.
ARLEQUIN.
Ma foi, je n'étois pas bien loin;
Je m'étois caché dans le foin (1).
COLOMBINE.
On le voit bien.
L'EXEMPT.

Air : *Quel plaisir de voir Claudine.*
Archers, vite qu'on l'entraîne;
Paris compte les instans.
Il ne peut être à la chaîne
Assez tôt ni trop longtems.
ARLEQUIN, au docteur.

Air : *Le Ciel bénisse la besogne.*
Docteur, cette affaire n'est rien;

---

(1) Dorneval fait ici allusion à un incident très récent. Les exempts à la recherche d'un traitant l'avaient trouvé dans son grenier caché sous des bottes de foin.

Allez, je m'en tirerai bien.
Suivi d'un très nombreux cortège,
J'en sortirai (1) blanc comme neige.

L'EXEMPT, pressant Arlequin.

Marche, coquin.

ARLEQUIN.

Attendez donc, attendez donc... (Les archers l'emportent et il crie :) A moi, traitans ! à moi, la livrée !

COLOMBINE.

La belle débâcle !

SCÈNE XVI.

LE DOCTEUR, ISABELLE, LÉANDRE, COLOMBINE, PIERROT, M. CABRIL, LES DANSEURS.

M. CABRIL.

Air : *Si dans le mal qui me possède.*

Par ma foi, c'eût été dommage
Qu'un beau ballet comme le mien,
Eût servi pour un tel vaurien.
(A Léandre.)
Pour vous Monsieur, nous ferons rage.
(Aux danseurs.)
Allons, enfans, faites-nous voir
Comment vous danserez ce soir.

(On danse.)

(1) Les arrêts se complétaient souvent par « l'amende honorable ».

FIN DU TROISIÈME ET DERNIER ACTE.

THÉATRE DE LA FOIRE

LES AMOURS DE NANTERRE

OPÉRA COMIQUE EN UN ACTE

PAR AUTREAU, LESAGE ET DORNEVAL

Représenté à la foire Saint-Laurent de 1718.

La foire Saint-Laurent de 1718 fut une des plus brillantes dont les contemporains aient gardé le souvenir. On savait quelles luttes soutenaient les directeurs de l'Opéra-Comique d'alors, on devinait que les théâtres de la foire ne tarderaient pas à être fermés et l'on y courait en foule pour jouir de cette saison, peut-être la dernière.

Les *Amours de Nanterre* sont dans le genre villageois une des plus agréables pièces de l'époque. Favart s'en est visiblement inspiré dans la *Chercheuse d'Esprit*. Ce petit opéra comique fort bien joué par Mlle D'Aigremont, dite *la Camuson*, par Mlle Delisle, par Francisque, un excellent arlequin fut transporté sur le théâtre du Palais-Royal et repris en 1731.

LES AMOURS DE NANTERRE

OPÉRA COMIQUE

PERSONNAGES

MADAME THOMAS, riche fermière.
COLETTE, fille de madame Thomas.
MATHURINE, cousine de Colette.
M. GRIFFART, procureur fiscal, père de Valère.
VALÈRE, officier d'infanterie, amant de Colette.

LUCAS, valet de madame Thomas.
LE MAGISTER.
ARLEQUIN, tambour de Valère.
TROUPE DE PAYSANS ET DE PAYSANNES DANSANTS.

La scène se passe dans le village de Nanterre.

SCÈNE I.

COLETTE, MATHURINE.

MATHURINE.

AIR : *Je ne suis né ni roi, ni prince.*

Qu'as-tu donc, ma chère Colette ?
Tu parois chagrine, inquiète.
Eh ! d'où vient cette sombre humeur ?
Ne me cache rien, ma mignonne :
Découvre-moi ton petit cœur.
COLETTE.
Tu ne le vois que trop, friponne.

AIR : *Nanette, dormez-vous?*

Qu'une fille à vingt ans (*bis*)
Est fille avec chagrin, dans de certains instans!
Peut-on l'être toujours, quand on l'est trop longtems!

MATHURINE.

Paix, ma cousine.

AIR : *J'offre ici mon savoir-faire.*

Fille sage, avec constance
Attend l'hymen.

COLETE.

Ah! que dis-tu?
Plus elle est fille de vertu,
Et plus elle a d'impatience.

MATHURINE.

Il est vrai que cela coûte.

COLETTE.

Je t'en réponds.

AIR : *Nanon dormoit.*

Quand un amant
Auprès de nous badine
Trop librement,
On fait bien la mutine;
Mais, hélas! en secret
On sent (*ter*) qu'on la fait à regret!

Imite ma franchise, cousine. Ne serois-tu pas bien aise aussi d'être mariée?

MATHURINE.

Hé, mais...

COLETTE.

Tu fais la sotte. Achève.

MATHURINE.

Je n'en serois pas fâchée.

COLETTE.

Tu t'imagines que c'est un grand bonheur, n'est-ce pas?

MATHURINE.

Sans doute.

COLETTE.

AIR : *Trop de plaisir, cher Tircis.*

Même en dormant un faux hymen peut plaire.

Dans un sommeil je revois à Valère :
On m'éveilla : que j'en fus en colère!
Ah! ah! l'hymen s'alloit faire!
MATHURINE.
Ah! ah! c'est donc Valère que vous aimez?
COLETTE.
N'en vaut-il pas bien la peine?
MATHURINE.
Oui, vraiment.
COLETTE.
Il est déjà sous-lieutenant d'infanterie.
MATHURINE.
Peste! il est bien avancé!
COLETTE.
C'est qu'il a de grands amis, aussi.
MATHURINE.
Mais il est fils du procureur fiscal, et toi, la fille de madame Thomas.
COLETTE.
Ma cousine, je comprends. Je sais que le procureur fiscal et ma mère sont brouillés. Peut-être ma mère ne voudra-t-elle pas que j'épouse Valère. Je vais prier le magister Nicolas de les réconcilier.
MATHURINE.
Le magister est homme d'esprit : je compte beaucoup sur lui.
COLETTE.
Je vais le trouver pour le presser de faire cet accommodement... Ma mère vient, je te laisse avec elle.

SCÈNE II.

MATHURINE, Mme THOMAS.

MATHURINE.
Bonjour, ma tante.
MADAME THOMAS, d'un air chagrin.
Bonjour, ma nièce.

MATHURINE.

Air : *Le beau berger Tircis.*

D'où vient ce sérieux,
Cet air triste et sauvage?
Tout vous rit dans ces beaux lieux;
Au plaisir tout vous engage.

MADAME THOMAS.

Que l'état de veuvage,
Me paroît ennuyeux!

MATHURINE.

Vous ne pleurez pas votre mari, peut-être?

Air : *Quand le plaisir est agréable.*

Un vieil époux sombre et sévère,
N'est regretté que faiblement :
L'époux même le plus charmant,
Quelquefois ne l'est guère.

MADAME THOMAS.

Ah! ma chère nièce, tel que fut mon pauvre mari, il m'était d'un grand secours!

Air : *Je ne suis né ni roi, ni prince.*

Que de soins mon état renferme!
Une grande fille, une ferme;
Toujours des procès sur les bras;
Tantôt acheter, tantôt vendre.
Sans mon pauvre valet Lucas,
Saurois-je par quel bout m'y prendre?

Oui. Ce garçon-là fait toute ma consolation.

MATHURINE.

Oh! pour cela, il a bien du mérite!

MADAME THOMAS.

N'est-ce pas, ma nièce?

MATHURINE.

Oui, vraiment, ma tante.

MADAME THOMAS.

Air : *Tique, tique, taque.*

Il n'est rien de plus parfait   (bis)
Que cet aimable valet.   (bis)
A l'ouvrage il se démène :

Tique, tique, taque, et lon l'an la :
Il en vaut une douzaine.
MATHURINE.
Le bon valet que voilà !
MADAME THOMAS.
Tous les autres sont des fainéants; lui seul est né pour le travail.
MATHURINE.
C'est la pièce de résistance.
MADAME THOMAS.
Vous avez de l'esprit, ma nièce; et je vous crois capable de me donner conseil sur une affaire importante. Je songe à me remarier.
MATHURINE, surprise.
Ah, ah !
MADAME THOMAS.
AIR : *Quand on a prononcé ce malheureux oui.*
Ne t'imagine pas que ce soit par caprice;
Mais je veux empêcher que mon bien ne périsse.
J'ai besoin d'un mari vigilant, entendu;
Et je pense à Lucas. Que me conseilles-tu ?
MATHURINE, froidement.
Tout ce qu'il vous plaira, ma tante.
MADAME THOMAS.
AIR : *Quand le péril est agréable.*
Il est grand, il a belle face.
Là, franchement, ne crois-tu pas,
Qu'il puisse du défunt Thomas,
Fort bien remplir la place ?
MATHURINE, d'un air mécontent.
C'est votre affaire, ma tante.
MADAME THOMAS.
Mais, est-ce que tu n'approuves pas mon choix ?
MATHURINE.
Si vous voulez que je vous parle naturellement, je ne vois pas qu'il soit nécessaire que vous l'épousiez, puisqu'il fait vos affaires avec zèle.
MADAME THOMAS.
AIR : *Pour passer doucement la vie.*
Oh ! ce sera bien autre chose,

21.

Quand j'aurai joint son sort au mién.
MATHURINE.
Quelle erreur !
Valet qui jamais ne repose,
Devenu maître, ne fait rien.
MADAME THOMAS.
Je ne pense pas comme cela moi. Je trouve que ce garçon-là est bien mon fait.
MATHURINE.
Croyez-moi, vous devriez plutôt penser à marier ma cousine.
MADAME THOMAS.
Oh! cela ne presse pas.
MATHURINE.
Mais songez à ce que dira tout le village, si...
MADAME THOMAS.

AIR : *Le cabaret est mon réduit.*

Je sais qu'il en sera grand bruit ;
Mais, ma foi, je n'en fais que rire :
Quand les gens auront tout dit,
Ils n'auront plus rien à dire,
Ils n'auront plus rien (*ter*) à dire.
MATHURINE.
C'est fort bien fait à vous.
MADAME THOMAS, fièrement.
Ne suis-je pas maîtresse de mes volontés ?
MATHURINE.
Assurément. Tenez, voilà votre Lucas. Je vous laisse libres. Allez. (D'un air moqueur.) Adieu, ma tante.
MADAME THOMAS, sèchement.
Adieu, ma nièce. Allez, on n'a pas besoin de votre consentement pour faire cette affaire-là. (En colère.) Voyez un peu cette bégueule.

(Mathurine lui fait la révérence, et s'en va.)

SCÈNE III.

Mᵐᵉ THOMAS, LUCAS.

LUCAS.

Qu'y a-t-il donc, notre maîtresse? Il semble que vous soyez en grogne.

MADAME THOMAS.

Air : *Tu croyais, en aimant Colette*
Mon ami, c'est contre ma nièce,
Qui veut me donner des leçons.

LUCAS.

Voyez un peu la bonne pièce.
Mais, ma foi, je nous en gaussons.

MADAME THOMAS.

Pour cela, oui. Et, dans le fond, je suis bien bonne de m'amuser à consulter une petite bête.

LUCAS.

C'est, morgué, bian dit. Vous ne devez consulter que vous-même, surtout pour la chose dont il s'agit.

MADAME THOMAS.

Comment donc, Lucas! Sais-tu de quoi il était question entre nous?

LUCAS.

Oh! pargué, je ne suis pas un sot. Tenez, vous li parliaiz de ça.

(Il se met un doigt sur le cœur, et il montre celui de Mᵐᵉ Thomas; ce qu'li fait deux ou trois fois de suite.)

MADAME THOMAS.

De quoi?

LUCAS.

Air : *Ne m'entendez-vous pas?*
Ne m'entendez-vous pas?
Est-ce un si grand mystère?
Vous voulez un compère?
Fait tout comme Lucas.
Ne m'entendez-vous pas?

MADAME THOMAS.

Je l'entends à merveille. Tu as fort bien deviné.

LUCAS.

Oui, dame! Je devine les fêtes quand elles sont arrivées.

MADAME THOMAS, d'un air attendri.

Que tu as d'esprit, coquin!

LUCAS.

D'autres que moi en avont itout de l'esprit, je vous en avertis.

MADAME THOMAS.

Hé, qui donc?

LUCAS.

Gros-Jean, maître Piarre le tavarnier et Blaise le veigneron. Je les accoutis tous trois jaboter hier au soir au travers d'une haie. Tâtigué, comme il en dégoisiont!

MADAME THOMAS.

Que disoient-ils?

LUCAS.

Voyez-vous ste madame Thomas, ce faisiont-ils, voyez-vous comme alle se redresse. (D'une voix grosse.) Je gagerois, ce disoit Gros-Jean, qu'al' ne sera pas encor tres mois sans reprendre du poil de la bête. (D'une voix aigre.) Pargué, ce faisoit maître Piarre, est-ce qu' vous ne savez pas bian qu'alle lorgne son valet Lucas? (D'une voix enrouée.) Par ma foi, ce disoit Blaise, ils se connoissont bien tous deux; et si alle fait ce marché-là, al' n'achetera pas chat en poche.

MADAME THOMAS.

Voyez un peu les médisans! Mais je sais le moyen de les faire taire.

LUCAS.

Et moi itout. Je n'avons besoin pour ça que du curé et du tabellion.

MADAME THOMAS.

C'est ce que je voulois dire, mon cher Lucas.

AIR : *Lampons, lampons.*

Oui, malgré tous les jaloux,   (*Bis.*)
Tu deviendras mon époux;   (*Bis.*)
Je ferai ce mariage.
A la barbe du village.
Je veux, je veux,
Mon ami, te faire heureux.

LUCAS, ôtant son chapeau.

C'est bien de l'honneur pour moi, dà. Mais il faudra que cela vase.

(Il fait l'action de compter de l'argent.)

MADAME THOMAS.

Tu seras content. Mais sais-tu bien, mon poulet, ce que j'ai fait pour toi?

Air : *Ton humeur est, Catherine.*

J'ai méprisé la tendresse,
Des plus huppés du canton.

LUCAS.

Je vous pourrois bien, maîtresse,
Parler sur le même ton.
Vingt filles des plus fringantes,
Qui grillont pour mon musiau,
Se trouveriont bian contentes
De se charger de ma piau.

MADAME THOMAS.

Si j'avois voulu écouter certaines propositions, je serois à l'heure qu'il est une grosse madame de Paris; mais j'aime mieux un bon paysan qu'un monsieur.

LUCAS.

Vous avez raison. Les paysans avont l'amiquié plus farme.

MADAME THOMAS.

Cours vite t'acquitter de la commission que je t'ai donnée. Je vais t'attendre au logis.

LUCAS.

Air : *Quand le péril est agréable.*

Allez, je vas biantôt vous suivre.

MADAME THOMAS.

Mon cher ami, ne tarde pas :
Tu sais que la pauvre Thomas
Sans toi ne sauroit vivre.

(Ils ortent tous deux, l'un d'un côté et l'autre de l'autre.)

SCÈNE IV.

COLETTE, LE MAGISTER.

LE MAGISTER.

Air : *Réveillez-vous, belle endormie.*

Cela suffit, belle Colette;
J'entreprends l'accommodement.
La chose sera bientôt faite :
Je n'entreprends rien vainement.

COLETTE.

Air : *Tu croyois, en aimant Colette.*

Vous allez donc trouver ma mère?

LE MAGISTER.

Oui, ma mignonne, de ce pas.

COLETTE.

Parlez-lui bien...

LE MAGISTER.

Laissez-moi faire.

COLETTE.

Mais...

LE MAGISTER, s'en allant.

Ne vous embarrassez pas.

SCÈNE V.

COLETTE, seule.

Laissons agir maître Nicolas, et si par malheur il ne réussit pas dans son entreprise, nous aurons recours à d'autres expédients.

Air : *La jeune Isabelle.*

L'amour, cher Valère,
Nous unit tous deux.
Si le sort contraire
Traverse nos feux,

Le Dieu de Cythère,
Propice à nos vœux,
Fera son affaire
De nous rendre heureux.

SCÈNE VI.

COLETTE, VALÈRE.

COLETTE.

AIR : *Malheureuse journée.*
Ah ! je vous vois, Valère !
VALÈRE.
Eh ! Colette, c'est vous !
(Se jetant avec transport à ses genoux.)
Permettez-moi, ma chère,
D'embrasser vos genoux.
COLETTE.
Vous faites trop paroître
D'empressement...
VALÈRE.
Hélas !
De moi puis-je être maître,
Quand je vois tant d'appas ?
Un baiser, ma chère Colette.

AIR : *Ma raison s'en va beau train.*
Un doux baiser seulement.
COLETTE, le repoussant.
Ah ! Valère, doucement.
VALÈRE.
Ma reine, quel tort ?...
COLETTE.
Calmez ce transport :
Votre ardeur est trop grande,
C'est à Paris qu'on prend d'abord ;
Au village on demande,

Lonla,
Au village on demande.

VALÈRE.

Je vous le demande aussi. Allons, ne faites donc point la villageoise. Un peu moins de sévérité.

COLETTE.

Air : *Je suis Madelon Friquet.*

Vous allez bien vite au fait ;
Connoissez un peu mieux Colette,
Vous allez bien vite au fait.
Quittez ce trop libre caquet ;
Vous en seriez mal satisfait.
Je pourrois de ma main blanchette
Je vous le dis franc et net...

VALÈRE.

Oh ! Je vais m'exposer à tout (Il veut la baiser, elle lui donne un soufflet.)

COLETTE.

Je prendrai mon sérieux.

VALÈRE.

Vous vous fâchez ! Cela ne vous convient pas : un air enjoué vous sied mieux.

COLETTE.

Air : *Sois complaisant, affable, débonnaire.*

Mon enjoûment
Vous donne un faux présage :
D'un tendre amant
J'aime fort le langage ;
Mais,
Avant notre mariage,
Rengaînez tous vos souhaits.

VALÈRE.

Mais je ne vous demandois que les arrhes du marché.

COLETTE.

Plus on donne de gages pour ce marché-là, et moins il tient

VALÈRE.

Franchement, votre vertu sent le village.

COLETTE.

Je suis là-dessus paysanne et demie.

VALÈRE.

Ah ! belle Colette, connoissez mieux Valère à votre tour.

AIR : *Je me plaignois d'une inhumaine.*

Votre sévérité m'enchante,
Bien loin de me rendre confus,
Plus la faveur paroit charmante,
Et plus j'en aime le refus.

COLETTE.

Parlons sérieusement de nos affaires. Notre magister s'est chargé de réconcilier nos parents.

VALÈRE.

Mais, s'il n'y réussit pas?

COLETTE.

J'ai un autre moyen tout prêt.

VALÈRE.

J'en ai aussi imaginé un, qu'Arlequin, mon tambour, est sur le point d'exécuter; mais si tous ces moyens deviennent inutiles, que ferons-nous?

COLETTE.

Il faudra nous séparer.

VALÈRE.

AIR : *On n'aime point dans nos forêts.*

Nous séparer! qu'ai-je entendu!
Non, non, vous n'aimez plus Valère.

COLETTE.

Mais, quand tout est perdu,
Cher amant, que voulez-vous faire?

VALÈRE.

En attendant un meilleur sort,
Nous aimer jusques à la mort.

J'aperçois mon père avec maître Nicolas. Retirons-nous.

SCÈNE VII.

LE MAGISTER, M. GRIFFART, PROCUREUR FISCAL.

LE MAGISTER.

Or sus, monsieur le procureur fiscal, je crois vous en avoir assez dit pour vous persuader que vous devez vous réconcilier avec madame Thomas.

MONSIEUR GRIFFART.

Je me rends à vos raisons. Mon ressentiment s'éteint ; et je suis prêt à vivre en bonne union avec madame Thomas, si elle le veut.

LE MAGISTER.

Oh! je vous réponds d'elle. La voici. Tenez-vous un peu à l'écart. Je vais la prévenir.

SCÈNE VIII.

LE MAGISTER, M. GRIFFART, Mme THOMAS.

LE MAGISTER.

Air : *Voulez-vous savoir qui des deux?*

Arrêtez, Madame. Deux mots.
Vous arrivez fort à propos.
Ne faites plus mauvaise mine
A notre procureur fiscal ;
Je vous prétexte, ma voisine,
Qu'il veut...

MADAME THOMAS, brusquement.

Que veut cet animal!

MONSIEUR GRIFFART, à part.

Elle fait la fâchée.

LE MAGISTER.

Air : *Le fameux Diogène.*

Eh! parlez sans colère!

MADAME THOMAS.

Vraiment, j'ai bien affaire...

LE MAGISTER.

Oh! point d'emportement!
D'un cœur franc et sincère,
Avec vous il veut faire
Son raccommodement.

MADAME THOMAS.
Ah! il veut se raccommoder tout de bon?
LE MAGISTER.
Tout de bon.

Air précédent.
Répondez, je vous prie,
Madame, à son envie.
MADAME THOMAS.
Eh bien, soit. J'y consens.
LE MAGISTER.
Ma foi, c'est un bon diable.
MADAME THOMAS.
Puisqu'il est raisonnable,
C'est assez. Je me rends.
LE MAGISTER, au procureur fiscal.
Monsieur Griffart, vous l'entendez. Madame Thomas est un bon petit cœur de femme. Allons, embrassez-vous.
MONSIEUR GRIFFART, après avoir salué Mme Thomas lui présente
la main en disant :

AIR : *La ceinture.*
Oublions tous deux le passé ;
Vivons en bonne intelligence.
MADAME THOMAS.
De mon cœur tout est effacé.
(L'embrassant.)
Voilà quelle en est l'assurance.
Malgré mon courroux, Monsieur Griffart, je n'ai pas cessé de vous estimer.
LE MAGISTER.
J'en suis témoin.
MONSIEUR GRIFFART.
Quoique prévenu contre vous, Madame Thomas, je vous ai toujours regardée comme une femme de mérite.
LE MAGISTER.
Pour cela, oui.
MADAME THOMAS.
Quand j'ai rencontré des gens qui vouloient attaquer votre probité, je vous ai toujours rendu justice.
LE MAGISTER.
Elle est généreuse.

MONSIEUR GRIFFART.

Quand je me suis trouvé avec des médisans qui vouloient me rendre votre vertu suspecte, oh! je leur ai bien dit ce que j'en pensois!

LE MAGISTER.

Il est charitable, monsieur le procureur fiscal. Jarnicoton! Je ne me sens pas d'aise d'avoir rapatrié deux esprits d'un si bon caractère. Que je vous embrasse. (Il les embrasse.)

Air : *Je reviendrai demain au soir.*

Que cette paix, mes chers enfans,
    Puisse durer longtems.   (*Bis.*)
Maudit le festin malheureux
    Qui vous brouilla tous deux.   (*Bis.*)

MADAME THOMAS.

Il est vrai que ce jour-là monsieur le procureur fiscal n'étoit pas de bonne humeur.

MONSIEUR GRIFFART.

De bonne humeur! Oh! pardi, c'est vous qui prîtes un travers.

MADAME THOMAS.

Un travers! Moi, prendre un travers! Oh! j'ai trop d'esprit pour cela. C'est vous qui n'entendez quelquefois ni rime ni raison.

LE MAGISTER.

Eh! laissons-là ce festin!

MADAME THOMAS.

Vous n'êtes qu'un bourru, qu'un brutal, qu'un emporté.

MONSIEUR GRIFFART, d'un ton menaçant.

Madame Thomas!

MADAME THOMAS, du même ton.

Monsieur Griffart!

LE MAGISTER.

Que diable...

MADAME THOMAS, en colère.

Allez. Si je vous jetai une assiette à la tête, vous le méritiez bien.

LE MAGISTER.

Eh! Madame Thomas!

MONSIEUR GRIFFART.

Et vous, vous méritiez bien aussi tous les noms que je vous donnai.

LE MAGISTER.

Mais, mais, mais...

MADAME THOMAS, criant de toute sa force.

Tous les noms! Tous les noms! Allez, mon ami, vous êtes un plaisant sot.

MONSIEUR GRIFFART, fort irrité.

Vous croyez parler encore à votre benêt de mari. Vous êtes une extravagante.

MADAME THOMAS, voulant se jeter sur lui.

Ah! fripon, il faut que je te...

LE MAGISTER, arrêtant Mme Thomas.

Que voulez-vous faire?

MADAME THOMAS.

Le dévisager.

MONSIEUR GRIFFART, bouillant de colère.

Allez. Vous êtes une... Vous êtes une... Vous êtes une femme.

M. Griffart et Mme Thomas se retirent chacun de son côté fort irrités.

SCÈNE IX.

LE MAGISTER, seul.

Voilà de la besogne bien faite! Je les ai mis plus mal ensemble qu'ils n'étoient.

SCÈNE X.

LE MAGISTER, COLETTE, MATHURINE.

COLETTE, au magister.

AIR : *Vous y perdez vos pas, Nicolas.*

Eh bien, quelles nouvelles
Avez-vous fait la paix ?

LE MAGISTER.
Hélas! Ils sont, mes belles,
Plus divisés que jamais. (Il s'en va).
MATHURINE, à Colette.
Il a perdu ses pas,
Nicolas,
Voilà votre hymen à bas.

SCÈNE XI.

COLETTE, MATHURINE.

COLETTE.
Oh! que non! Puisque le magister n'a pas réussi, je vais employer la ruse que je t'ai dite.
MATHURINE.
Feindre de l'amour pour Lucas?
COLETTE.
Justement. Cela donnera de la jalousie à ma mère.
AIR : *Les feuillantines.*
Qui, dans son jaloux effroi,
Je le crois,
Va se défaire de moi.
MATHURINE.
Vous êtes ingénieuse.
COLETTE.
C'est que je (*bis*) suis amoureuse.
MATHURINE, bas.
Eh! Le voilà, Lucas!
COLETTE.
Parlons de lui, sans faire semblant de l'apercevoir.

SCÈNE XII.

COLETTE, MATHURINE, LUCAS, à l'écart.

COLETTE.
AIR : *Iris au bord de Seine.*
Apprends, mais sois discrète,

Que j'aime ce Lucas.
S'il savait sur Colette
Ce qu'ont fait ses appas,
Que deviendrais-je, hélas!

LUCAS.

Oh! oh! Elles parlent de moi! Écoutons.

MATHURINE.

AIR : *Quel plaisir de voir Claudine.*

Lucas a donc su vous plaire?

COLETTE.

Je te l'avoue aujourd'hui,
T'étonnes-tu que ma mère
Ait pris tant de goût pour lui?

MATHURINE.

Non, vraiment.

LUCAS, à part.

Colette m'aime! Qui diantre l'auroit deviné?

COLETTE.

AIR : *Tourelourirette.*

Sa taille est charmante.

MATHURINE.

J'admire sa voix.

LUCAS, riant.

Hé, hé, hé, hé, hé, hé!

COLETTE.

Mais, ce qui m'enchante,
C'est son beau, tourelourirette,
C'est son beau, lan la derirette,
C'est son beau minois,

LUCAS, à part.

Tâtigué, comme alle en tient!

COLETTE.

AIR : *Quand ma mère était jeunette.*

Oui, je prétends satisfaire
  Ma nouvelle flamme;
De Lucas, malgré ma mère,
  Je veux être femme.
Si l'on ne m' donn' ce garçon-là
On verra tout ce qu'on verra.

J'en ferai la folie,
Ma mie,
J'en ferai la folie.

LUCAS, paraît et chante.

Air : *Vous avez raison, La Plante.*

Vous avez raison, La Plante,
Il est bon sur ce ton-là,
Larira.

COLETTE, feignant d'être surprise, pousse un grand cri.

Ah!

LUCAS.

Oh, oh! vous m'aimez donc, Mademoiselle Colette? Eh! vous n'en sonniez mot.

COLETTE.

Air : *Un petit moment plus tard.*

Mais qui t'a donc mis dans l'esprit.
Que Colette t'aime?
Puis-je savoir qui te l'a dit?

LUCAS.

Parguié, c'est vous-même
Vous disiez présentement...

COLETTE.

Quoi! tu m'as entendue?

LUCAS.

Que vous m'aimiez tendrement

COLETTE.

Je suis, je suis perdue!

LUCAS.

Le grand malheur!

COLETTE.

Assurément, c'est est un; car tu l'iras peut-être dire à ma mère.

LUCAS.

Nennin, nennin, je ne li dirai pas. Al' ne sait morgué pas tout ce que je fais. Après tout, quand al' le sauroit, est-ce qu'al me rabattroit ça sur mes gages?

MATHURINE.

Tu la connois. Elle feroit un beau vacarme.

LUCAS.

Hé! palsangué, qui s'en soucie! Acoutez, Mademoiselle Colette. Il gn'y a qu'un mot qui sarve. Si vous v'lez je l'enverrai au barniquet.

MATHURINE.

C'est parler net.

COLETTE.

AIR : *La ceinture.*

Quoi, Lucas, tu voudrois pour moi,
Renoncer au cœur de ma mère?

LUCAS.

J'aime mieux être, par ma foi,
Son gendre, que votre biau-père

MATHURINE, à Colette.

Te voilà ravie, ma cousine.

LUCAS.

AIR : *Talalerire.*

Ah! j'ai le cœur chaud comme braise,
Charmante Colette, pour vous!

COLETTE.

Fripon, tu seras donc bien aise,
Quand tu deviendras mon époux?

LUCAS.

Nuit et jour, vous m'entendrez dire :
Talaleri, talaleri, talalerire.

(Il veut l'embrasser.)

COLETTE, se défendant.

AIR : *De quoi vous plaignez-vous?*

Ah! Lucas, tenez-vous!
Gardez la politesse,
Ah! Lucas, tenez-vous!
Et craignez mon courroux.

LUCAS.

Moi, j'aime à rire sans cesse,
A batifoler toujours,
Et j'exprime ma tendresse,
Sans faire de longs discours.

MATHURINE.

Quel drôle!

COLETTE.

Tu prends un mauvais parti.

LUCAS.

Air : *Est-ce ainsi qu'on prend les belles?*

On dit qu'avec les fumelles,
Il faut être comme ça.

COLETTE.

Non, non, toujours auprès d'elles,
Un air poli l'emporta.
C'est ainsi qu'on prend les belles.
Lon, lan la, o gué, lon la.

LUCAS.

Serpedié! vous ne chassez pas de race.

COLETTE.

Que veux-tu dire par là?

LUCAS.

Je veux dire que votre mère n'aime pas tant la politesse que vous.

SCÈNE XIII.

COLETTE, MATHURINE, LUCAS, Mme THOMAS,
derrière eux, sans être aperçue.

MADAME THOMAS, à part.

Ah, ah! Lucas avec ma fille!

LUCAS, riant.

Hé, hé, hé, hé, hé.

COLETTE.

Qu'as-tu à rire?

MATHURINE.

Pourquoi ris-tu?

LUCAS.

Je ris de ce que... (Il rit encore.) Hé, hé, hé, hé, hé.

COLETTE.

Explique-toi donc.

LUCAS.

Je ris de ce que votre mère... (Il continue à rire.) Hé, hé, hé, hé, hé!

MATHURINE.

Hé bien?

LUCAS.

Alle croit bonnement que je l'épouserai ; mais, prrr.

MADAME THOMAS, à part.

Qu'entends-je ?

LUCAS.

Al' a déjà fait avartir les ménétriers pour noto noce. Alle payera les violons ; mais, jarnonbille, je danserons pas pour elle.

MADAME THOMAS, à part.

Le coquin !

COLETTE.

Diantre ! cela est déjà bien avancé.

LUCAS.

Le bon de l'affaire, c'est qu'al' ne sait pas que Colette m'aime, et que j'aime itout Colette.

MADAME THOMAS, à part.

Le traître !

LUCAS.

Air : *Mirlababibobette*.

Tatigué ! madame Thomas,
Mirlababibobette,
Queu fracas,
Alle fera, belle Colette.
Mirlababi, sarlababo, mirlababibobette...

MADAME THOMAS, en furie, se montrant tout à coup, et continuant l'air.

Sarlababorita.

COLETTE, contrefaisant l'épouvantée.

Ah !

MATHURINE.

O ciel !

LUCAS, étonné, et achevant l'air.

Oh ! la voilà.

MADAME THOMAS, à Colette.

Air : *Malheureuse journée*.

Petite impertinente,
Comment donc à mes yeux...

MATHURINE.

Ne grondez point, ma tante.

MADAME THOMAS, à Colette et à Mathurine.
Otez-vous de ces lieux.
(A Lucas.)
Et toi, traître, volage!...
LUCAS, à part.
Que ne suis-je en un trou?
MADAME THOMAS, se jetant sur Lucas.
Il faut que dans ma rage,
Je te coupe le cou.
MATHURINE.
Air : *Voici les dragons qui viennent.*
Quelle fureur est la sienne!
Vite sauvons-nous.
(Elles s'en vont.)
LUCAS.
Couper le cou, fatiguienne!
Il est bon que le cou tienne.
(A Mme Thomas, qui le houspille).
Arrêtez-vous. (*bis.*)

SCÈNE XIV.

LUCAS, Mme THOMAS.

MADAME THOMAS, toujours en colère.
Air : *Quand on a prononcé ce malheureux oui.*
Tu m'abandonnes donc aujourd'hui pour Colette,
Toi que depuis quinze ans j'élève à la brochette!
LUCAS.
Mais, Madame Thomas...
MADAME THOMAS.
Ah! perfide, tais-toi!
Où seras-tu jamais plus heureux que chez moi?
Air : *Mon père je viens devant vous*
Ne trouves-tu pas le matin,
Pour te raccommoder la panse,
Du pain blanc et d'excellent vin?

On double au dîner ta pitance;
Au souper, ne garde-t-on pas
Le jus de l'éclanche à Lucas?

LUCAS.

Si vous me nourrissez bian, je travaille de même. La besogne est forte cheux vous.

MADAME THOMAS.

Eh bien, petit inconstant, petit scélérat, j'y consens. Va, épouse Colette. Mais tu n'auras pas le sou, je t'en avertis.

LUCAS, à part.

Ah! ce n'est pas là mon compte.

MADAME THOMAS.

Tu mourras de faim.

LUCAS, à part.

Malepeste! serviteur à Colette. Tenons-nous au gros de l'arbre.

MADAME THOMAS.

Grand-Jacques profitera de la folie; je l'épouserai.

LUCAS, haut.

Ah! voyez donc comme alle se fâche!

MADAME THOMAS.

Je n'en ai pas sujet, n'est-ce pas?

LUCAS.

Bon. Allez, tout ce que j'ai dit à Colette n'étoit que pour rire.

MADAME THOMAS.

Pour rire!

LUCAS.

Vous croyez donc que je ne vous ai pas aparçue? Eh non! j'ai dit comme ça, à part moi : V'là madame Thomas qui vient à pas de loup pour nous écouter; baillons-li un peu la venette.

MADAME THOMAS.

Quoi, Lucas, il n'est donc pas vrai que tu aimes Colette?

LUCAS.

Fi donc! v'là encore une plaisante morveuse. Vous m'avez dégoûté, Madame Thomas, vous m'avez dégoûté de la jeunesse.

MADAME THOMAS.

AIR : *L'autre jour j'aperçus en songe.*

Est-il bien vrai, m'es-tu fidèle?

LUCAS.

Oui, je le suis n'en doutez pas.
Vos écus ont bien plus d'appas
Que les yeux d'une péronnelle.

MADAME THOMAS, lui tendant la main.

Sur ce pied-là, faisons la paix :
Lucas, lions-nous pour jamais.

Attends-moi ici. Je vais parler au tabellion. Je reviendrai te joindre.

SCÈNE XV.

LUCAS, seul, riant.

Comme les femmes qui aiment baillent dans le pagniau...
Ah, ah! voici le tambour de la compagnie de monsieur Valère.

SCÈNE XVI.

LUCAS, ARLEQUIN, tambour.

Il a une bouteille pendue à sa ceinture et deux verres à son chapeau.

ARLEQUIN, chante en battant du tambour.

Air : *Grand-duc de Savoie, à quoi penses-tu?*

 Fi des villageoises
 Avec leur fierté!
 Vivent nos grivoises!
 J'en suis enchanté.
 Souvent au village,
 On nous fait souffrir;
 Au camp, la plus sage
 A nous vient s'offrir.

LUCAS.

Courage, courage, monsieur Arlequin. Vous êtes toujours un drôle de corps.

ARLEQUIN.

Air : *Du haut en bas.* (Rondeau.)
Tambour battant,
Mon cher Lucas, je me promène,
Tambour battant,
De mon sort je suis fort content ;
Bon pain, bon vin, bon capitaine,
Avec un tendron que je mène
Tambour battant.

LUCAS.

Pardi ! vous n'engendrez pas de mélancolie, monsieur Arlequin.

ARLEQUIN.

Non vraiment. Ni vous non plus, monsieur Lucas, vous qui êtes la coqueluche de Nanterre, et le *factoton* de madame Thomas.

LUCAS.

Je ne suis encore que le garçon de la ferme, mais entre nous, j'en serai bientôt quelque chose de plus, dà...

Air : *Et je l'ai pris pour un valet.*
Je vais de madame Thomas,
Terminer le veuvage.

ARLEQUIN, sautant au cou de Lucas.
Que je t'embrasse, cher Lucas.
C'est une veuve sage.
Elle te prend pour son mari,
A cause de ton teint fleuri.

LUCAS, sautant et répétant les deux derniers vers.
Elle me prend pour son mari,
A cause de mon teint fleuri.

ARLEQUIN.

Je l'en estime davantage. C'est une brave femme. Il faut boire à sa santé.

LUCAS.

Tope.

ARLEQUIN, ayant donné un verre à Lucas, et lui ayant versé du vin

Air : *Les fanatiques.*
Allons, buvons à la santé
De cette grosse mère. (Ils boivent.)

Sans oublier la beauté,
  Dont est charmé Valère. (Ils boivent encore.)
Trinquons à la postérité,
  Dont tu dois être père. (Ils recommencent à boire.)

LUCAS.

Morgué! v'là du bon vin. Varsez-m'en encore. A vous et à moi présentement.

ARLEQUIN, choquant avec lui.

Allons, à nous deux.

LUCAS, après avoir vidé son verre.

Hoça, à st'heure, à qui boirons-je? Pargué, à votre amoureuse, monsieur Arlequin.

ARLEQUIN, lui versant encore du vin.

Je vous remercie, mon ami.

AIR : *Pavane d'Énée.*

Lucas est un bon garçon,
Il s'entend bien à vider un flacon.
Oh! par ma foi, c'est grand dommage
  Qu'il croupisse en un village!
  Il auroit fait l'ornement
  Du plus célèbre régiment.

LUCAS.

Oui, mais il ne faut qu'un coup seulement,
  Pour bouttre un homme au monument.

ARLEQUIN.

Tu crains la mort, parce que tu n'y es pas fait. Si tu avois seulement deux campagnes par devers toi, tu écouterois ronfler le canon comme une flûte douce.

LUCAS.

Jarni! si je savois ça, je me bouttrois tout à l'heure dans le sarvice.

ARLEQUIN.

Tu t'y accoutumeras, te dis-je.

LUCAS.

J'aimerois à ne sarvir que dans les revues.

ARLEQUIN.

Sur ce pied-là, tu peux t'engager à présent. Nous sommes en paix; il n'y a rien à risquer. Buvons un coup. Un verre de vin porte conseil.

(Ils boivent de nouveau.)

LUCAS, après avoir bu.

Air : *Bannissons d'ici l'humeur noire.*

Oh! ce n'est pas que je balance!
J'ai du cœur comme un enragé ;
Mais, si la guerre recommence,
Je prétends avoir mon congé.

ARLEQUIN.

Cela va sans dire. Allons, mon brave, à la santé du roi. (Il lui verse encore du vin.)

LUCAS, choquant son verre.

Allons, oui. Vive la guerre pendant la paix.

(Il signe un papier qu'Arlequin lui présente.)

SCÈNE XVII.

LUCAS, ARLEQUIN, VALÈRE.

ARLEQUIN, à part.

Bon, voici monsieur Valère.

VALÈRE, à part.

Je ne sais si Arlequin aura réussi.

ARLEQUIN, à Lucas.

Camarade, saluez votre officier. (A Valère.) Monsieur, vous voyez dans ce garçon-là un des meilleurs soldats de votre compagnie.

VALÈRE.

Cela me fait plaisir. Lucas est un bon enfant. Çà, mes amis, j'ai ordre de partir demain pour aller joindre le régiment en Flandre. Nous allons apparemment recommencer la guerre.

LUCAS.

Oui? Je demande donc mon congé. Je ne me suis engagé qu'à condition que je ne servirois pas pendant la guerre.

VALÈRE, prenant Lucas par l'épaule.

Allons, allons, point tant de raisons. Tu es engagé, tu marcheras.

(Lucas se met à pleurer et crier de toutes ses forces.)

SCÈNE XVIII ET DERNIÈRE.

VALÈRE, ARLEQUIN, LUCAS, Mme THOMAS, COLETTE, MATHURINE. TROUPE DE PAYSANS ET DE PAYSANNES DANSANTS.

MADAME THOMAS, effrayée.

Qu'y a-t-il donc, Lucas? Quo t'a-t-on fait?

LUCAS, pleurant.

Ce sont ces vendeurs de chair humaine qui m'avont enroullé pour la guerre.

MADAME THOMAS, à Valère.

AIR : *Menuet de monsieur de Grandval.*

Allez, allez, monsieur Valère,
Je m'en souviendrai plus d'un jour.
Vous voulez venger votre père,
En me jouant ce mauvais tour.

VALÈRE.

Madame, vous me jugez mal... La suite vous désabusera.

LUCAS, d'un ton piteux.

Oui; mais il faudra donc toujours que je marche à bon compte.

ARLEQUIN.

Sans doute; c'est déjà trop perdre de temps. Partons.

LUCAS, pleurant.

Eh! madame Thomas!

MADAME THOMAS.

Tout beau, Messieurs. J'ai de quoi le racheter. Combien vous faut-il?

ARLEQUIN.

Cent pistoles.

AIR : *Les feuillantines.*

Grand, carré, de bon aloi,
Dans l'emploi,

Il servira bien le roi.
Peut-on trop payer sa taille?

MADAME THOMAS.

Mais, cent pistoles!

ARLEQUIN.

Sans en rabattre une maille.

MADAME THOMAS.

Même air.

S'il est propre pour le roi,
Par ma foi,
Il l'est encor plus pour moi.
Pour payer sa délivrance
Voilà de bonne finance.

(Tirant sa bourse). Puisqu'il n'y a rien à rabattre, je vais vous compter les cent pistoles. (A Lucas). Heu! l'étourdi! vois ce que tu me coûtes.

LUCAS.

Air : *Ma raison s'en va beau train.*

Eh! là, là, maman Thomas,
Ne me le reprochez pas!
Je bêcherai tant,
Je piocherai tant :
Un peu de patience ;
Ne pleurez pas votre comptant,
J'en tirerons quittance,
Lon la,
J'en tirerons quittance.

(Mme Thomas présente sa bourse à Valère, qui la refuse.)

VALÈRE.

Votre argent ne me tente point, Madame ; la possession de l'aimable Colette peut seule me toucher. Ce n'est qu'à cela que la liberté de Lucas est attachée.

ARLEQUIN.

Vous voyez bien que nous nous mettons à la raison.

MADAME THOMAS, regardant Colette.

Air : *Tes beaux yeux, ma Nicole.*

Je vois tout le mystère.
Ah! coquine, c'est vous...

COLETTE.

Maman, point de colère.
Donnez-moi cet époux.
Par là, vous allez faire,
D'une pierre deux coups;
En m'accordant Valère,
Lucas sera pour vous.

LUCAS.

C'est bian dit.

MADAME THOMAS, à Valère.

Monsieur, j'ai des raisons pour vous refuser ma fille.

VALÈRE.

Madame, j'ai aussi les miennes pour vous refuser Lucas.

MADAME THOMAS.

Ma fille demeurera auprès de moi.

VALÈRE.

Lucas demeurera dans le régiment. (A Lucas, le prenant au collet et le secouant.) Allons, marche.

LUCAS, pleurant.

Madame Thomas!

VALÈRE.

Vous avez pris votre parti, Madame. Adieu.

ARLEQUIN, à Lucas, lui donnant un coup de poing dans l'estomac.

Marche.

LUCAS, pleurant.

Vous m'abandonnez donc, madame Thomas?

MADAME THOMAS, à Valère.

Arrêtez, Valère. J'aime mieux vous donnez deux cents pistoles.

COLETTE.

Ma chère mère, épargnez votre argent.

VALÈRE.

Madame, cela est inutile.

ARLEQUIN.

Non, non, nous allons joindre le régiment. (A Lucas, lui appuyant le pied sur le ventre). Marche, gueux, marche.

LUCAS, criant de toutes ses forces.

Madame Thomas. Eh! baillez-li votre fille!

MADAME THOMAS, à Valère.

Monsieur, voulez-vous mille écus?

VALÈRE.
Madame, vous m'en offririez cent mille inutilement.
ARLEQUIN.
Il n'en démordra pas.
MADAME THOMAS, poussant un grand soupir.
Puisqu'on ne peut s'en tirer autrement, je vous accorde donc ma fille.
COLETTE, transportée de joie.
Ma chère mère !...
VALÈRE, embrassant Mme Thomas.
Madame, vous me rendez le plus heureux des hommes.
LUCAS, sautant.
Vivat ! mon enrouillement a fait merveilles.
ARLEQUIN, présentant Lucas à Mme Thomas.
Et moi, par reconnaissance, je vous donne Lucas.
MADAME THOMAS.
Que tous ceux que j'avois invités à mes noces viennent célébrer ce double mariage.
(On danse.)
MATHURINE, après la danse chante l'air suivant.

Air *De monsieur Gillier.*

Madame Thomas
Épouse Lucas.
Célébrons ce mariage.
Elle agit en femme sage !
Il fait déjà son tracas ;
Il est fait à son ménage.

ARLEQUIN, à Mme Thomas.

Air *De monsieur Gillier.*

Madame Thomas,
En prenant Lucas,
Vous prenez la fleur de Nanterre.
Vous ôtez au Dieu des combats
Un vrai fier-à-bras,
Un foudre de guerre.

(La danse reprend et finit la pièce.)

FIN DES AMOURS DE NANTERRE.

COMEDIE ITALIENNE.

ŒDIPE TRAVESTI

PARODIE DE LA TRAGÉDIE D'ŒDIPE
DE M. DE VOLTAIRE

PAR M. DOMINIQUE, COMÉDIEN DU ROY

Représentée pour la première fois par les Comédiens italiens ordinaires du Roy, le 17 avril 1719.

L'*Œdipe* de Voltaire, sa première tragédie, avait été représentée pour la première fois le 18 novembre 1718. La pièce qui se rapprochait davantage de Sophocle que l'*Œdipe* de Corneille eut un succès des plus vifs, mit Voltaire à la mode, et tout naturellement son œuvre fut visée par les parodistes, la parodie étant en grande faveur aux Théâtres de la Foire et à la Comédie Italienne. Il ne se produisait pas alors un ouvrage important sans qu'il donnât naissance à trois ou quatre parodies. Parfois même la parodie avait plus de succès que la pièce qu'on s'était amusé à travestir. Celle d'Œdipe compte parmi les meilleures.

ŒDIPE TRAVESTI

ACTEURS.

COLOMBINE, hôtesse du Bourget.
CLAUDINE, servante de Colombine.
SCARAMOUCHE, garçon de cabaret.
TRIVELIN, mari et fils de Colombine.
FINEBRETTE, soldat gascon.

LE MAGISTER du village.
LUCAS, paysan.
PLUSIEURS PAYSANS.
SIMON, vieillard.
GUILLAUME, cuisinier de Montmartre.
BLAISE, ami de Finebrette.

La scène est au Bourget.

SCÈNE PREMIÈRE.

FINEBRETTE, BLAISE.

BLAISE.
Finebrette au Bourget! à quoi donc pensiez-vous?
Morgué, gardez-vous bien d'habiter parmi nous :
Ces lieux sont infectés, et j'y mourons par bande :
Que la témérité de votre pied est grande!
Du reste des vivans je semblons séparés,
Et je sommes ici tretous pestiférés :
La mort a moissonné la moitié du village.
Ça, rebroussez chemin.....
           FINEBRETTE.
                    Non : j'ai trop de courage,
Va, va, j'ai vu la mort de plus près sans effroi ;
Elle n'ose attaquer un héros tel que moi.
Je ne crains point les coups de sa faulx meurtrière.
Pour peu qu'elle voulût terminer ma carrière,
Je la ferois, sandis, reculer de cent pas.

BLAISE.
Croyez-moi, cependant, ne vous y fiez pas.
FINEBRETTE.
De cette affreuse mort la fureur vengeresse,
A-t-elle respecté les jours de ma maîtresse?
Colombine...
BLAISE.
Elle vit, je ne sçai pas comment...
FINEBRETTE.
Cette femme eut toujours un bon tempérament :
Mais d'où peut provenir tout ce remue-ménage?
Et pourquoi donc la peste est-elle en ce village?
BLAISE.
Depuis que notre ami Pierrot est trépassé.....
FINEBRETTE.
Qu'entens-je! cadedis ; qui l'eût jamais pensé!
Pierrot n'est plus au monde? ah l'heureuse nouvelle!
Sa femme est veuve, hé bien je m'unis avec elle.
Dans mon cœur se réveille un espoir décevant...
Elle oubliera bientôt le mort pour le vivant.
Mais pourquoi le deffunt n'est-il donc plus en vie?
BLAISE.
Depuis plus de quatre ans une main ennemie,
Lui fit en un moment perdre le goût du pain.
Il fut assassiné.
FINEBRETTE.
Le trait est inhumain!
Mais la perte pourtant n'est pas irréparable.
Je veux bien l'avouer, Pierrot étoit bon diable ;
Mais quel rang tenoit-il ? il étoit gargotier ;
Quant à moi je suis noble, et de plus, bon guerrier ;
La Déesse à cent voix, de mes exploits charmée,
Les a tant publiés, qu'elle en est enrhumée.
Blaise, de mon ardeur je te ferai l'aveu,
L'absence ni le tems n'ont point éteint mon feu :
Mars n'a pu triompher de ma flamme fidèle,
Pour Colombine, ami, j'en ai toujours dans l'aile.
Dès nos plus jeunes ans, nous nous aimions tous deux,
Et nous jouions ensemble à mille petits jeux.
Ah! qu'elle étoit alors sémillante, badine!

Et cependant malgré sa jeunesse enfantine,
Elle aimoit le solide, et déjà l'on voyoit
Que la condition de fille l'ennuyoit.
J'admirois en secret son penchant pour la noce ;
Dès ce tems elle étoit une femme précoce.
Pierrot fut son époux, pour mes feux quel échec !
Le drôle me passa la plume par le bec.
Je m'enrôlai d'abord, et partis pour la Flandre ;
Mais de l'aimer toujours je n'ai pu me défendre.
Pour ravir cette gloire à l'enfant de Cypris,
J'ai rendu de mes faits tout l'univers surpris ;
De lauriers immortels j'ai vu ceindre ma tête.
Il est bien juste, après mainte et mainte conquête,
Que Colombine ici me couronne à son tour,
Et que l'hymen succède à mon parfait amour ;
J'ai fait loin de ses yeux d'assez rudes épreuves.

BLAISE.
Vous n'êtes pas de taille à consoler les veuves,
Vous occuperiez mal la place de Pierrot :
Vous êtes trop fluet.

FINEBRETTE.
   Me prens-tu pour un sot ?
BLAISE.
Attendez que du moins la place soit vacante.
FINEBRETTE.
Blaise, que me dis-tu ?
BLAISE.
   Quoi le diable vous tente ?...
Feriez-vous cet affront à son second mari ?
Trivelin de sa femme est tendrement chéri,
Et vous ne pouvez pas en bonne conscience,
De son lit, lui vivant, avoir la survivance.

FINEBRETTE.
Je ne puis revenir de mon étonnement !
Je ne le cèle point, ce coup est assommant,
Je n'aurois jamais pu former cette pensée...
De ses nécessités, la veuve étoit pressée.
Réfléchissons un peu, sans nous mettre en courroux :
La mort la délivra de son premier époux,
Sans doute du second elle en fera de même :

Il faut patienter, je serai son troisième.
BLAISE.
Oui vous l'épouserez, vous devez l'espérer,
Peut-être pourra-t-elle aussi vous enterrer.
(Ils sortent.)

SCÈNE II.

COLOMBINE, SCARAMOUCHE, CLAUDINE.

SCARAMOUCHE.

Oui, tous nos paysans accusent Finebrette,
Madame, il est l'objet d'une haine secrète ;
Le peuple furieux, animé de courroux,
Assure que Pierrot expira sous ses coups.
Son retour à nos maux donnera quelque trêve,
Et va faire cesser la peste qui nous crève.
Car depuis le trépas de notre ami Pierrot,
Tous les malheurs ici s'avancent au grand trot :
Nos moutons sont galeux ; la campagne stérile,
Nous prive tous les ans de son secours utile ;
Et dans tout le Bourget, il n'est point de roussin,
Qui ne soit attaqué d'un dangereux farcin ;
Les garçons n'osent plus aller jouer aux quilles,
Et la jaunisse enfin gâte toutes nos filles.
COLOMBINE.
Q'ai-je entendu, grands Dieux ? on peut le soupçonner !
Une telle injustice a lieu de m'étonner,
Claudine, se peut-il...
CLAUDINE.
Ma surprise est extrême.
COLOMBINE.
Finebrette, dit-on...
SCARAMOUCHE.
Oui, Madame, lui-même ;
Tout franc, je ne crois pas qu'on puisse s'abuser.
Et quel autre en effet pourroit-on accuser ?
On sait que le gaillard vous a compté fleurette,

Que vous alliez souvent ensemble à la guinguette,
Et que votre mari jaloux avec raison,
Craignoit de votre part un peu de trahison...
COLOMBINE.
Scaramouche, cessez de tenir ce langage,
Vous en avez menti, vous et tout le village,
Sortez.

SCÈNE III.

COLOMBINE, CLAUDINE.

COLOMBINE.
De l'accuser on peut avoir le front ?
A sa vertu, c'est faire un trop cruel affront.
CLAUDINE.
Que je vous plains, Madame !
COLOMBINE.
Ah ma chère Claudine !
Cet injuste soupçon désole Colombine :
Finebrette accusé ! peut-on l'imaginer ?
CLAUDINE.
On a quelques raisons, et pour le condamner..
COLOMBINE.
Lui, qu'un assassinat ait pu souiller son âme !
Des lâches scélérats c'est le partage infâme.
Non, il n'a point commis cette indigne action,
Car il est tout ensemble honnête homme et Gascon.
Apprends que ces soupçons irritent ma colère,
Et qu'il est vertueux puisqu'il m'avait su plaire.
CLAUDINE.
Finebrette longtemps vous a fait les yeux doux,
Pourquoi donc n'est-il pas devenu votre époux ?
COLOMBINE.
Nous brûlâmes tous deux d'une inutile flamme;
Et malgré tout le feu qui dévorait son âme,
Il ne put obtenir l'aveu de mes parents,
Des désirs d'une fille indomptables tyrans.

Mon père qui voyait Pierrot dans l'abondance,
Sur l'autre lui donna d'abord la préférence.
Il fallut oublier, dans ses embrassements,
Et mes premiers amours, et mes premiers sermens.
Finebrette se fit soldat dans la milice.
Il partit ; cet hymen pour lui fut un supplice.
Depuis ce temps fatal, ce généreux Gascon,
Par ses exploits guerriers s'est acquis un grand nom :
On vante son courage, et même la gazette
A parlé plusieurs fois du vaillant Finebrette.

CLAUDINE.

Après avoir perdu votre premier époux,
Puisqu'il vous plaisoit tant, que ne l'épousiez-vous ?

COLOMBINE.

Un gros loup furieux désolait le village,
Nul n'osait contre lui signaler son courage ;
Le brave Trivelin, sans craindre le danger,
De ce fier animal s'offrit à nous venger ;
Ce héros exigea pour prix de sa vaillance,
Qu'une femme du lieu devînt sa récompense,
Qu'à la plus opulente il pût donner la main :
Tu sais bien que le choix ne fut pas incertain,
Pour l'intérêt commun il fallut y souscrire ;
Finebrette pour lors sur moi n'eut plus d'empire :
Trivelin triomphant obtint d'abord ma foi,
Et le vainqueur d'un loup étoit digne de moi.

CLAUDINE.

Ah ! Madame, en ces lieux Finebrette s'avance.

COLOMBINE.

Je crains de succomber, évitons sa présence.

SCÈNE IV.

FINEBRETTE, COLOMBINE, CLAUDINE.

FINEBRETTE.

Hé donc, vous me fuyez ! quoi, vous fais-je trembler ?
Osez me voir, osez m'entendre, et me parler.

Je ne viens point ici vous chanter votre gamme.
Puisqu'enfin je n'ai pu vous obtenir pour femme,
J'en suis tout consolé, que faire à tout cela?
Se pendre? bagatelle, il en faut rester là :
Vous n'étiez point du tout faite pour le veuvage.
Hé bien, ma chère enfant, comment va le ménage?
Ce Trivelin a-t-il de l'esprit, du bon sens?
En êtes-vous contente, avez-vous des enfants?

COLOMBINE.

Oui, seigneur.

FINEBRETTE.

Cadedis, que vous êtes féconde !
J'en suis charmé; pour moi, j'ai trimé par le monde,
J'ai fait plus d'une fois trembler mes ennemis;
Tel que vous me voyez, j'ai vu bien du pays :
Hé mais, vous n'en avez pas mal vu, ma charmante,
Deux maris! cadédis, vous êtes prévoyante.
Je ne vous blâme pas, chacun sent son besoin.
Ma belle, cependant, si je n'eusse été loin,
Quand ici ce gros loup faisoit le diable à quatre,
Contre cet animal vous m'auriez vu combattre :
Par moi facilement il eût été dompté,
Et moi-même à vos pieds je l'aurois apporté.
Trivelin plus heureux triompha de la bête,
Et fort mal à propos me ravit ma conquête.

COLOMBINE.

Oubliez ce qui peut encor vous chagriner.
On forme un grand soupçon qui va vous étonner,
Du meurtre de Pierrot, le village en furie,
Vous accuse, et soutient...

FINEBRETTE.

Vous vous moquez, ma mie,
Qui, moi, de tels forfaits? moi, des assassinats?
Et que de votre époux... vous ne le croyez pas.

COLOMBINE.

Non, je ne le crois point, et c'est vous faire injure,
Que vouloir un moment combattre l'imposture;
Mais cependant, mon cher, puisqu'on a ce soupçon,
Les archers vous pourroient fort bien mettre en prison.

FINEBRETTE.

En prison? dites-vous : ah ! je les en deffie.
Finebrette, morbleu, n'entend pas raillerie;
Qu'ils viennent contre moi, Messieurs les pousseculs,
Sandis, fussent-ils trente, ils seront tous vaincus.

SCÈNE V.

TRIVELIN, SCARAMOUCHE, FINEBRETTE, COLOMBINE, CLAUDINE.

TRIVELIN.
Scaramouche, est-ce là le seigneur Finebrette?
FINEBRETTE.
Oui, c'est lui qu'on outrage à tort, et qu'on maltraite,
Lui qui n'a jamais fait une lâche action,
Et qui soutient si bien sa réputation.
On fait à mon honneur une sensible offense,
Je sçai qu'on ose ici noircir mon innocence :
Je vous estimois fort, et je ne pensois pas,
Que vous pussiez descendre à des soupçons si bas.
L'injustice est criante, et ma valeur s'étonne,
Qu'on accuse un héros des bords de la Garonne;
Joli-Cœur, la Ramée, et moi, braves soldats,
Nous avons fait parler de nous dans les combats.
Que de sang répandu, dans plus d'une bataille!
On sçait bien, que j'allois, et d'estóc et de taille :
Qu'il faisoit beau me voir affronter les hazards!
Rien ne me fait trembler, je suis un second Mars,
Plus vaillant que César, plus brave que Pompée.
Si par quelque malheur je perdois mon épée,
J'en abattois plus d'un avec le seul fourreau.
TRIVELIN.
Vous êtes, je l'avoue, un Alcide nouveau
FINEBRETTE.
Ce que je vous dis-là n'est point fanfaronade.
Quoique je sois Gascon, je hais la gasconade.
Je suis connu partout, j'ai bon cœur et bon bras,

Et dans l'occasion, je ne recule pas ;
Votre femme le sçait, elle peut vous le dire.
Vous m'accusez pourtant, sandis, je vous admire ;
Je veux bien l'avouer, je croyois qu'un Gascon,
Devoit être toujours au-dessus du soupçon.

TRIVELIN.

Certes, je ne veux point vous imputer ce crime,
Mais le ciel en courroux demande une victime.
Par le sang du coupable il le faut appaiser,
Seigneur, tout le village a sçu vous accuser.

FINEBRETTE.

Quelle raison a-t-il? je n'y puis rien comprendre.

TRIVELIN.

Croyez-moi, sans tarder, songez à vous défendre.

FINEBRETTE.

Pour un garçon d'honneur, partout on me connoît,
Ma foi, si c'étoit moi, je le dirois tout net :
Pourquoi tant finasser ? allez je suis un drôle,
Que l'on peut aisément croire sur sa parole.
Un valeureux soldat, un grivois tel que moi,
Quand il a dit un mot, en est cru sur sa foi.

SCÈNE VI.

LE MAGISTER, LUCAS, plusieurs PAYSANS, COLOMBINE,
FINEBRETTE, TRIVELIN, CLAUDINE.

TRIVELIN.

Que veut le Magister ?

LE MAGISTER.

Je viens pour vous apprendre,
Un funeste secret, qui va bien vous surprendre.
Écoutez-moi, village... au milieu de la nuit,
L'ombre du grand Pierrot a paru dans mon lit.

COLOMBINE.

Que dites-vous ?

LE MAGISTER.

J'ai vu son image sanglante,
Lui-même m'a parlé d'une voix menaçante ;

Finebrette, a-t-il dit, n'a pas percé mon sein,
Un autre plus cruel...

TRIVELIN.

Nommez son assassin,
Qui peut vous retenir?... dites donc...

LE MAGISTER.

Ah! je n'ose.

FINEBRETTE.

Parlez, l'ami, parlez, voici bien autre chose :
Non, cadedis, il faut me tirer d'embarras.

LE MAGISTER.

Ne me demandez rien.

TRIVELIN.

Expliquez-vous.

LE MAGISTER.

Hélas!

LUCAS.

Non, morgué, s'il vous plaît, cette affaire nous touche,
Et je voulons sçavoir de votre propre bouche,
Qui fut l'assassineur; ça, point tant de façons :
Ce ne sont point ici des fables, des chansons,
Dégoisez au plutôt : je mourrons de la peste,
Si vous ne le nommez.....

LE MAGISTER.

O contrainte funeste!
Malheureux paysans, que me demandez-vous?

LUCAS.

Quand il sera branché, je nous sauverons tous.

LE MAGISTER.

Lorsque je vous aurai découvert le coupable,
Vous frémirez d'horreur.

LUCAS.

Non, je me donne au diable,
J'en aurons du plaisir, et du soulagement.

LE MAGISTER.

Pierrot veut que l'exil soit son seul châtiment :
Mais cet infortuné, se punissant lui-même,
Se livrera bientôt à sa fureur extrême,
Et dans son désespoir, se pochant les deux yeux,
Il ne jouira plus de la clarté des cieux.

TRIVELIN.
Obéissez, morbleu, je perdrai patience.
LE MAGISTER.
C'est vous qui me forcez à rompre le silence.
TRIVELIN.
Que ces retardemens irritent mon courroux.
LE MAGISTER.
Vous le voulez? hé bien, c'est...
TRIVELIN.
Achevez, qui?
LE MAGISTER.
Vous.
TRIVELIN.
Moi! bon, vous vous mocquez.
LE MAGISTER.
Non, le diable m'emporte.
TRIVELIN.
Quel mensonge! peut-on m'outrager de la sorte?
COLOMBINE à Trivelin.
Quoi! du pauvre Pierrot, vous seriez l'assassin?
FINEBRETTE.
Hé bien, vous m'accusiez, monsieur de Trivelin,
J'avois assassiné Pierrot, à vous entendre;
Jugez, qui de nous deux à présent on va pendre.
Qu'en dites-vous, l'ami? vous voilà bien camus.
Je me retire, adieu, vous ne me verrez plus;
On me dégraderoit de noblesse, à bon titre,
Si je me faufilois avec un tel belitre.
Colombine, je pars: mon cœur, console-toi,
En m'éloignant d'ici, je fais ce que je doi;
Je ferois d'y rester, une folie extrême:
Tu m'aimois tendrement, et je t'aimois de même,
Mais tu n'ignores pas, que j'ai trop de vertu,
Pour vouloir épouser la veuve d'un pendu.
(Il s'en va.)
LUCAS.
Dans le village encor, osez-vous bien paroître?
Assassiner Pierrot! morgué le tour est traître.
Il faut que cela soit, le Magister le dit;
Il ne se trompe pas, c'est un homme d'esprit:

Pour nous je n'irons point demander votre grâce,
Il faut tout au plutôt que justice se fasse.
TRIVELIN au Magister.
Non! je ne reviens point de mon saisissement,
Et ma rage est égale à mon étonnement.
Je rendrois par la mort ma vengeance certaine :
Mais non, vieux radoteur, tu n'en vaux pas la peine...
Va, fuis loin de ces lieux, fourbe, infâme, menteur.
LE MAGISTER.
Vous me traitez toujours de traître et d'imposteur,
Votre père autrefois me croyoit plus sincère.
TRIVELIN.
Arrête... que dis-tu, quoi maître André mon père...
LE MAGISTER.
Non, il ne s'agit point ici de maître André.
Vous apprendrez par qui vous fûtes engendré,
Il ne faut pas toujours en croire l'apparence :
Rien n'est plus incertain, mon cher, que la naissance
Je vais faire à l'instant sortir le gros Simon
Retenu dans les fers pour un simple soupçon.
(à Colombine.)
Du meurtre de Pierrot vous le crûtes complice,
Il fut livré par vous aux mains de la justice.
(à Trivelin.)
L'ami, vous n'êtes pas encore où vous pensez.
Adieu, songez à vous, je vous en dis assez.
(Il s'en va avec les paysans.)

SCÈNE VII.

TRIVELIN, COLOMBINE.

TRIVELIN.
Quel cruel embarras! mon âme inquiettée,
De soupçons importuns n'est que trop agitée :
Le Magister me gêne, et prêt à l'excuser,
Je commence en secret, moi-même à m'accuser.
COLOMBINE.
Quoi donc, n'êtes-vous pas sûr de votre innocence!

TRIVELIN.
On est plus criminel quelquefois qu'on ne pense.
COLOMBINE.
Non, non, le Magister est un extravagant,
Il vous a tenu même un discours arrogant.
TRIVELIN.
Ma mie, un petit mot : sans vous parler du reste,
Quand Pierrot entreprit ce voyage funeste,
Trois ou quatre valets ne le suivoient-ils pas?
COLOMBINE.
Non, son compère seul accompagnoit ses pas.
TRIVELIN.
Un seul homme!
COLOMBINE.
Pierrot, ce sublime génie,
Dédaignoit, comme vous, la grande compagnie.
Il allait tous les jours faire un tour dans les champs,
Il n'avait point, mon cher, d'autres amusements :
Avec tous ses voisins, uni dès son enfance,
Comme il était sans crainte, il marchait sans défense.
Avec un ami seul, comme je vous l'ai dit,
Un samedi matin mon pauvre époux partit :
Montés sur deux bidets, Pierrot et son compère,
Se mirent en voyage, hélas!
TRIVELIN.
Pour quelle affaire!
COLOMBINE.
Il allait en Bourgogne à l'emplette du vin,
Quand il fut rencontré par un lâche assassin.
TRIVELIN.
Des bons marchands de vin, exemple auguste et rare,
Aurai-je pu sur toi porter ma main barbare!
Dépeignez-moi du moins cet époux malheureux.
COLOMBINE.
Puisque vous rappelez ce souvenir fâcheux,
Il était déjà vieux, mais malgré sa vieillesse,
Il avait quelquefois des retours de jeunesse;
Ses yeux étaient petits, même fort enfoncés,
Et le pauvre Pierrot vous ressemblait assez...
Mon cher, qu'a ce discours qui doive vous surprendre?

TRIVELIN.

J'entrevois des malheurs que je ne puis comprendre :
Le magister peut-être a dit la vérité.

COLOMBINE.

Non, tout ce qu'il a dit n'est qu'une fausseté.
Pour avoir cru jadis une vieille sorcière,
Il m'en coûte mon fils, ô douleur trop amère!

TRIVELIN.

Votre fils! par quels coups l'avez-vous donc perdu?
Pourquoi jusqu'à présent n'en avais-je rien su?

COLOMBINE.

Apprenez, apprenez dans ce péril extrême,
Ce que j'aurais voulu me cacher à moi-même;
Et de vous alarmer ne soyez plus si sot.
Je vous l'ai déjà dit, j'eus un fils de Pierrot;
Mais à peine avait-il commencé sa carrière,
Que j'allai consulter une vieille sorcière.
Pardonnez si je tremble à ce seul souvenir,
Voici ses propres mots, j'ai dû les retenir :
Ton fis tuera Pierrot, et ce fils téméraire...
Achèverai-je?

TRIVELIN.

   Hé bien!

COLOMBINE.

    Fera cocu son père...
Que vois-je, Trivelin? vous changez de couleur.

TRIVELIN.

De grâce, poursuivez, je suis saisi d'horreur...
Qu'en fîtes-vous?

COLOMBINE.

   Je crus cette laide mégère,
Et renonçant enfin aux sentiments de mère,
Je voulus l'arracher aux rigueurs de son sort,
Et qu'aux enfants trouvés on le porta d'abord.
Cet ordre fut suivi ; malgré mon injustice,
Celui qui me rendit ce funeste service,
Alla, deux jours après, s'informer de mon fils,
Il sut qu'il était mort, ô rigoureux ennuis!
Vaine précaution! sentiments trop sévères!
Pierrot fut massacré par des mains étrangères,

Ce ne fut point son fils qui lui porta ces coups,
Et j'ai perdu mon fils sans sauver mon époux.
TRIVELIN.
Qu'entends-je! mais il faut que par reconnaissance,
Je vous fasse à mon tour une autre confidence;
Et que vous connaissiez par ce triste entretien,
Le rapport étonnant de votre sort au mien.
Je suis né dans Montmartre, et tout franc j'en enrage,
Je ne me plaisais point du tout dans ce village;
Mon père y fait encor le métier d'hôtellier.
Un jour j'allai tirer du vin dans le cellier...
O malheur! tout à coup les tonneaux s'entr'ouvrirent.
Le vin coula partout, et les murs se rougirent;
Ma chandelle soufflée augmenta ma terreur :
A vous dire le vrai, j'avais diablement peur.
Une effrayante voix me parla de la sorte :
Eloignes-toi d'ici, gagne au plutôt la porte,
Ne viens plus du bon vin souiller la pureté;
Bacchus est contre toi justement irrité...
Cette voix me prédit, le croirez-vous, Madame?
Que ma mère devait un jour être ma femme,
Que je tûrais mon père...
COLOMBINE.
O ciel, que dites-vous?
L'ai-je bien entendu? je frissonne...
TRIVELIN.
Tout doux.
Vraiment j'ai bien encore autre chose à vous dire,
Laissez-moi respirer, et je vais vous instruire.
Lorsque de cet effroi mes sens furent remis,
Je résolus d'abord de quitter mon pays;
J'abandonnai Montmartre, et sans beaucoup de peine
J'allai deux jours après courir la prétentaine.
Je déguisai partout ma naissance et mon nom,
Un jeune plâtrier fut mon seul compagnon :
Nous avions l'un pour l'autre une amitié sincère.
Un jour, près de Dijon (il m'en souvient, ma chère,
Je ne sais pas comment je l'avais oublié,
L'oracle de la cave est trop vérifié.)
Trouvant deux cavaliers dans un étroit passage;

Le vin qui me guidait seconda mon courage;
J'avais un peu trinqué, la bacchique liqueur
M'échauffait la cervelle, et me donnait du cœur;
Je voulus disputer, comme un homme peu sage,
Des vains honneurs du pas le frivole avantage.
J'étais ivre en un mot, mon camarade aussi.
Je marche donc vers eux, et comme un étourdi
J'arrête des bidets la fougue impétueuse :
Les voyageurs saisis, sous ma main furieuse,
Succombent à l'instant, et sont percés de coups;
Ils tombent à mes pieds...

COLOMBINE.

    Ah! que m'apprenez-vous
Simon vers nous s'avance, il était le compère
De Pierrot...

TRIVELIN.

Il pourra dévoiler ce mystère.

SCÈNE VIII.

SIMON, COLOMBINE, TRIVELIN.

TRIVELIN.

Je veux être éclairci : viens malheureux vieillard,
Approche... mais je crois t'avoir vu quelque part.

SIMON *à Colombine*.

Hé bien, est-ce aujourd'hui qu'il faut que l'on me pende?
A ce funeste sort, faut-il que je m'attende?
N'avez-vous point encor calmé votre courroux?

COLOMBINE.

Rassurez-vous, Simon, parlez à mon époux.

SIMON *à Trivelin*.

Quoi donc? Pierrot est mort, et voilà votre femme!

à Colombine.

Vous n'avez pas été longtemps veuve, Madame.

TRIVELIN.

Simon, venons au fait, je ne dis plus qu'un mot,
Tu fus le seul témoin du meurtre de Pierrot,
Tu fus blessé, dit-on, en voulant le défendre?

SIMON.

L'ami, Pierrot est mort, laissez en paix sa cendre
Et cessez d'insulter au rigoureux destin,
D'un malheureux vieillard blessé de votre main.

TRIVELIN.

Moi, je t'aurais blessé? quoi c'est toi que ma rage
Attaqua vers Dijon dans cet étroit passage?...
Oui je te reconnais : que je suis étonné!

SIMON.

Vous avez fait le crime, et j'en fus soupçonné :
De cet affreux forfait, j'ai seul porté l'endosse ;
On m'a donné pour gîte un cul de basse-fosse.

TRIVELIN.

Que je suis un grand chien!

COLOMBINE.

Ne vous emportez pas.
Ce n'est pas votre faute.

TRIVELIN.

Il faut mourir.

COLOMBINE.

Hélas!

TRIVELIN.

Vous devez vous venger de ma fureur extrême ;
Punissez-moi, Madame, étranglez-moi vous-même,
Ou de mes propres mains...

COLOMBINE.

Que faites-vous, ô Dieux!
Trivelin, épargnez ce spectacle à mes yeux :
Êtes-vous possédé, quel démon vous tourmente?
Je ne puis plus rester, ici tout m'épouvante.

Elle sort avec Simon.

SCÈNE IX.

TRIVELIN seul.

Elle fait bien de fuir un monstre tel que moi,
J'assassine Pierrot, et sans savoir pourquoi ;
Ah! je suis un infâme, un gibier de potence,
Et je mérite enfin...

SCÈNE X.

SCARAMOUCHE, GUILLAUME, TRIVELIN.

SCARAMOUCHE.
L'étranger qui s'avance,
Veut vous entretenir.
TRIVELIN.
C'est assez, laissez-moi.
GUILLAUME.
Cher Trivelin!
TRIVELIN.
Guillaume, est-ce vous que je vois?
Oui, c'est le cuisinier de maître André, mon père,
C'est lui dont l'amitié m'a toujours été chère,
Comment se porte-t-il? répondez.
GUILLAUME.
Il est mort.
TRIVELIN.
Quoi, maître André n'est plus? il a vraiment grand tort.
Partons, Guillaume, allons; je veux dans ma patrie,
Prendre possession de son hôtellerie :
Tu m'accompagneras.
GUILLAUME.
Il n'y faut plus penser;
A Montmartre, mon cher, vous devez renoncer :
Si vous y paraissez, votre mort est jurée.
TRIVELIN.
Qui de mon cabaret me défendrait l'entrée?
Parbleu je plaiderai, nous verrons si je puis
Par la...
GUILLAUME.
De maître André, vous n'étiez point le fils.
TRIVELIN.
Je n'étais pas son fils! et qui donc est mon père?
GUILLAUME.
La chose, à dire vrai, n'est pas encor bien claire.

Vous fûtes, mais surtout, n'en faites point de bruit,
Sur le haut de Montmartre exposé dans la nuit.
TRIVELIN.
Près de Paris?
GUILLAUME.
Sans doute.
TRIVELIN.
Éclaircis ce mystère
GUILLAUME.
Un vieillard vous porta dans ce lieu solitaire.
TRIVELIN.
Qu'entends-je!
GUILLAUME.
Le hasard vous offrit sous mes pas;
La pitié me saisit, je vous pris dans mes bras,
Je vous portai d'abord dans notre hôtellerie;
Du pauvre maître André l'âme fut attendrie;
Il vous plaint, vous caresse : admirez votre sort!
Maître André vous adopte, au lieu de son fils mort.
Mais la taverne enfin n'était point votre place,
La pitié vous y mit, le remords vous en chasse.
TRIVELIN.
Guillaume, ce vieillard, de qui tu m'as reçu;
Depuis ce temps fatal, ne l'as-tu jamais vu?
GUILLAUME.
Jamais : lui seul savait le nom de votre père,
Et pourrait aisément éclaircir ce mystère;
Il était fort ventru : si je le rencontrais,
Je suis persuadé, que je le connaîtrais.
TRIVELIN.
Pourquoi m'annonces-tu cette triste nouvelle?
Je ne puis résister à ma douleur mortelle,
J'entrevois ma naissance, et j'ai quelque soupçon,
En vérité je suis un fort joli garçon...
Simon, approchez-vous,

SCÈNE XI.

SIMON, GUILLAUME, TRIVELIN.

GUILLAUME.
Aurais-je la berlue !
Non, sans doute, sur lui plus j'attache ma vue...
C'est lui...

SIMON.
Pardonnez-moi, si vos traits inconnus...
GUILLAUME.
De Montmartre, l'ami, ne vous souvient-il plus ?
SIMON.
Comment ?
GUILLAUME.
Quoi ! cet enfant, qu'une nuit vous portâtes ?
Ce malheureux enfant, qu'enfin vous exposâtes ?
SIMON.
Morbleu, qu'avez-vous dit ?
GUILLAUME.
Vous êtes trop discret ;
Vous devez révéler cet important secret :
Je sais ce que je fais en parlant de la sorte,
Trivelin est l'enfant...
SIMON.
Que le diable t'emporte.
Voyez un peu la langue !
GUILLAUME *à Trivelin*.
Allez, n'en doutez pas ;
Quoi que ce vieillard dise, il vous mit dans mes bras,
Et voilà votre père.
TRIVELIN.
A la fin je respire.
à Simon.
Mais quoi, vous vous taisez, n'avez-vous rien à dire ?
Vous êtes donc mon père, et le ciel a permis...

ŒDIPE TRAVESTI.

SIMON.
Vous en avez menti, vous n'êtes point mon fils.

GUILLAUME.
De grâce expliquez-vous, pourquoi tout ce mystère?
Parlez, ne craignez rien.

SIMON.
Colombine est sa mère
Au lieu de le porter chez les Enfants Trouvés,
J'allai droit à Montmartre;

GUILLAUME.
Et fi donc, vous rêvez.

SIMON.
Il est fils de Pierrot.

TRIVELIN.
Tu redoubles ma rage;
Malheureux oses-tu me tenir ce langage?
Éloignez-vous tous deux, ou cent coups de bâton.
De vos funestes soins vont me faire raison.

SCÈNE XII.

TRIVELIN, seul.

Hé bien, es-tu content, Magister détestable?
Ton oracle à la fin n'est que trop véritable.
Je n'ai pû me soustraire à mon cruel destin,
De mon père je suis l'odieux assassin;
Moi-même sur son front j'osai planter des cornes :
Pour moi, barbare sort, les rigueurs sont sans bornes.
Non, un crime si noir ne peut se pardonner.
Que de gens à l'envi vont me turlupiner!
Il n'en faut point douter, les plumes satyriques,
Écriront contre moi plusieurs lettres critiques.
Tandis que d'un côté l'on me critiquera,
De l'autre vainement l'on m'apologira...
Mais quoi le jour s'enfuit!.. que vois-je? le village,
Vient avec des flambeaux me brûler le visage;
Arrêtez... où fuirai-je... il va fondre sur moi.

L'enfer s'ouvre... ô Pierrot! ô mon père est-ce toi?
Je vois, je reconnois cette honteuse crête,
L'annache injurieux que j'ai mis sur ta tête;
Punis-toi, venge-toi d'un fils dénaturé,
D'un fils, qui non content de l'avoir massacré,
Livrant à ses forfaits son âme toute entière,
Ose mettre en son lit son épouse, et sa mère;
C'en est trop, frappons-nous... mais je le veux en vain;
Je crains de me blesser, la peur retient ma main.
C'est à toi de punir mes crimes effroyables :
Approche, entraîne-moi toi-même à tous les diables.
Pour moi d'affreux tourmens doivent être inventés :
Je ne m'en plaindrai point, je les ai mérités.
Viens vite, je te suis.

SCÈNE XIII.

COLOMBINE, CLAUDINE, TRIVELIN.

COLOMBINE.
Quel horrible tapage.
Faites-vous donc ici? vous n'êtes pas trop sage.
Ah! tranquillisez-vous, mon cher petit mari,
Votre cœur à ce nom n'est-il point attendri?

TRIVELIN.
Qui moi, votre mari? ce titre abominable,
Irrite en ce moment la douleur qui m'accable.

COLOMBINE.
Qu'entends-je!

TRIVELIN.
C'en est fait, nos destins sont remplis,
Pierrot étoit mon père, et je suis votre fils.
(Il s'en va.)

www.ingramcontent.com/pod-product-compliance
Lightning Source LLC
Chambersburg PA
CBHW070925230426
43666CB00011B/2311